"船舶与海洋结构物先进设计方法"丛书编委会

船舶与海洋结构物先进设计方法

船舶管路智能布局优化设计方法
Intelligent Layout Optimization Design Methods of Ship Piping

王运龙　林　焰　著

科 学 出 版 社
北 京

内 容 简 介

　　本书主要对船舶管路智能布局优化设计问题进行研究，探索智能优化算法在船舶管路布局中的应用。本书内容如下：介绍相关概念和国内外相关技术的研究现状；介绍船舶管路智能布局优化设计数学建模研究，包括布局空间环境模型、方向指导机制、约束条件和目标函数；介绍基于遗传算法的船舶管路布局优化设计；介绍基于蚁群优化算法的船舶管路布局优化设计；介绍基于协同进化算法的船舶管路布局优化设计；介绍基于人机合作的船舶管路布局优化设计。

　　本书可以作为高等院校船舶与海洋工程领域相关专业的本科生、研究生的教材或参考书，亦可作为相关领域科研人员参考用书。

图书在版编目（CIP）数据

船舶管路智能布局优化设计方法=Intelligent Layout Optimization Design Methods of Ship Piping/王运龙，林焰著.—北京：科学出版社，2017.5
　（船舶与海洋结构物先进设计方法）
　ISBN 978-7-03-052451-5

　Ⅰ.①船…　Ⅱ.①王…　②林…　Ⅲ.①船舶管系-最优设计
Ⅳ.①U664.84

　中国版本图书馆 CIP 数据核字（2017）第 068775 号

责任编辑：张　震　杨慎欣 / 责任校对：李　影
责任印制：吴兆东 / 封面设计：无极书装

科学出版社 出版
北京东黄城根北街 16 号
邮政编码：100717
http://www.sciencep.com
北京厚诚则铭印刷科技有限公司 印刷
科学出版社发行　各地新华书店经销
＊
2017 年 5 月第　一　版　　开本：720×1000　1/16
2017 年 5 月第一次印刷　　印张：13 3/4
字数：288 000
定价：98.00 元
（如有印装质量问题，我社负责调换）

"船舶与海洋结构物先进设计方法"丛书序

　　船舶与海洋结构物设计是船舶与海洋工程领域的重要组成部分,包括设计理论、原理、方法和技术应用等研究范畴。其设计过程是从概念方案到基本设计和详细设计;设计本质是在规范约束条件下最大限度地满足功能性要求的优化设计;设计是后续产品制造和运营管理的基础,其目标是船舶与海洋结构物的智能设计。"船舶与海洋结构物先进设计方法"丛书面向智能船舶及绿色环保海上装备开发的先进设计技术,从数字化全生命周期设计模型技术、参数化闭环设计优化技术、异构平台虚拟现实技术、信息集成网络协同设计技术、多学科交叉融合智能优化技术等方面,展示了智能船舶的设计方法和设计关键技术。

　　(1)船舶设计及设计共性基础技术研究。针对超大型船舶、极地航行船舶、液化气与化学品船舶、高性能船舶、特种工程船和渔业船舶等进行总体设计和设计技术开发,对其中的主要尺度与总体布置优化、船体型线优化、结构形式及结构件体系优化、性能优化等关键技术进行开发研究;针对国际新规范、新规则和新标准,对主流船型进行优化和换代开发,进行船舶设计新理念及先进设计技术研究、船舶安全性及风险设计技术研究、船舶防污染技术研究、舰船隐身技术研究等;提出面向市场、顺应发展趋势的绿色节能减排新船型,达到安全、经济、适用和环保要求,形成具有自主特色的船型研发能力和技术储备。

　　(2)海洋结构物设计及设计关键技术研究。开展海洋工程装备基础设计技术研究,建立支撑海洋结构物开发的基础性设计技术平台,开展深水工程装备关键设计技术研究;针对浮式油气生产和储运平台、新型多功能海洋自升式平台、巨型导管架平台、深水半潜式平台和张力腿平台进行技术设计研究;重点研究桩腿、桩靴和固桩区承载能力,悬臂梁结构和极限荷载能力,拖航、系泊和动力定位、主体布置优化等关键设计技术。

　　(3)数字化设计方法研究与软件系统开发。研究数字化设计方法理论体系,开发具有自主知识产权的船舶与海洋工程设计软件系统,以及实现虚拟现实的智能化船舶与海洋工程专业设计软件;进行造船主流软件的接口和二次开发,以及船舶与海洋工程设计流程管理软件系统的开发;与 CCS 和航运公司共同进行船舶系统安全评估、管理软件和船舶技术支持系统的开发;与国际专业软件开发公司共同进行船舶与海洋工程专业设计软件的关键开发技术研究。

　　(4)船舶及海洋工程系统分析与海上安全作业智能系统研制。开展船舶运输系统分析,确定船队规划和经济适用船型;开展海洋工程系统论证和分析,确定海洋工程各子系统的组成体系和结构框架;进行大型海洋工程产品模块提升、滑移、滚装及运输系统的安全性分析和计算；进行水面和水下特殊海洋工程装备及组合体的可行性分析和技术设计研究；以安全、经济、环保为目标，进行船舶及海洋工程系统风险分析与决策规划研究；在特种海上安全作业产品配套方面进行研究和开发，研制安全作业的智能软硬件系统；开展机舱自动化系统、装卸自动化系统关键技术和 LNG 运输及加注船舶的 C 型货舱系统国产化研究。

　　本丛书体系完整、结构清晰、理论深入、技术规范、方法实用、案例翔实，融系统性、理论性、创造性和指导性于一体。相信本丛书必将为船舶与海洋结构物设计领域的工作者提供非常好的参考和指导，也为船舶与海洋结构物的制造和运营管理提供技术基础，对推动船舶与海洋工程领域相关工作的开展也将起到积极的促进作用。

　　衷心地感谢丛书作者们的倾心奉献，感谢所有关心本丛书并为之出版尽力的专家们，感谢科学出版社及有关学术机构的大力支持和资助，感谢广大读者对丛书的厚爱！

大连理工大学

2016 年 8 月

前　言

　　船舶设计是一个循环迭代、逐步近似、螺旋式上升的过程，而且船舶产品大多是小批量生产，因而船舶设计工作量非常巨大。传统的船舶设计通常按照设计对象分为总体设计、结构设计、舾装设计、轮机设计和电气设计五部分内容，并没有明确提出船舶布局设计的概念。然而，在船舶的实际设计过程中包含了诸多布局类设计问题，如居住舱室的家具布局、机舱设备布局以及船舶各管路系统的布局等。人们应该对此类具有共性的设计问题进行归纳总结，提高船舶布局类问题的设计水平，进而提高船舶设计效率和设计质量，缩短船舶设计周期。

　　计算机辅助设计技术的出现，给船舶设计领域带来了一次巨大的变革。计算机辅助设计技术将船舶设计者从繁重的手绘设计工作中解放出来，设计者可以应用相关的计算机辅助设计软件进行高效的设计绘图。21世纪以来，随着设计任务逐渐增多，设计问题日益复杂，设计规模也越来越大，设计者希望计算机辅助设计不仅能够支持设计者简单的绘图工作，而且能够代替设计者的一部分脑力劳动，期望计算机能像设计者那样具有思维，能够自动进行高效的设计活动，于是智能计算机辅助设计应运而生。智能计算机辅助设计技术是人工智能和计算机辅助设计技术结合的产物，它通过模拟特定领域的专家设计过程，采用特定领域的知识符号推理技术，解决特定领域的设计问题。如今，智能计算机辅助设计技术广泛应用于机械、汽车以及航空航天等领域，取得了不错的成果，在一定程度上，减少了设计者的工作量。

　　船舶布局设计是指在给定的船舶舱室空间中进行功能区域划分，布置设备、通道、管路、电缆等，在满足物品设备使用功能特性的同时，提高船舶舱室利用率。船舶布局类设计问题在传统的船舶设计过程中，往往依据设计者的相关经验以及相应的船舶设计规范准则来进行设计，自动化水平低，存在很大的优化空间。船舶布局设计的设计目标和约束条件一般都具有一定的不确定性，因而很难用数学语言进行描述，即很难准确地建立设计问题的数学模型。将智能计算机辅助设计技术与船舶布局类设计经验相结合，便产生了船舶智能布局设计技术。船舶智能布局设计技术可以有效减少设计者的工作量，提高设计效率和设计质量，进而缩短设计周期，因而研究船舶智能布局设计技术是十分必要的，它是船舶智能设计领域的研究热点之一。

　　船舶布局类设计问题中比较有代表性的有居住舱室的布局设计和船舶管路布局设计等，具体可分为两大类：块状物体的填充类布局设计问题和线状物体的路径寻优类布局设计问题。居住舱室布局设计问题代表家具、设备等块状物体的填充类布局设计问题，类似问题还有机舱设备布局设计问题等。船舶管路布局设计问题则代表管路等线状物体的路径寻优类布局设计问题，类似问题还有船舶电缆布局设计问题等。这两大类问题由于布置的物体形状不同以及布局空间不同，选择的研究方法也不完全相同。

　　船舶管路布局优化设计是在给定的几何、拓扑、技术、规则等约束中求解各种可行管路布置结果并从中选优的设计过程。从几何意义上看，在限定的三维布置空间中，管线从指定起点开始寻找出一条不与其他布置物体发生干涉现象，且满足物理约束、经济约束、安全及规范约束、生产及安装约束、操作及维护约束、力学约束等各种约束条件的到达指定终点的无碰路径。船舶管路智能布局优化设计研究的主要目的是利用当前先进的计算机技术，在满足相关技术、规则等约束条件下，寻找一种自动化、智能化地解决管路布局优化问题的快速而有效的方法，类似于三维空间内的机器人路径寻优。因此，船舶管路三维布局优化问题属于带性能约束的组合优化 NP 难问题，该问题的解决既具有理论上的开拓性和艰难性，又具有工程实践上的复杂性。船舶管路智能布局优化设计方法的研究对减轻设计师负担、提高船舶设计效率和质量、缩短设计周期、降低造船成本均有重要意义。本书总结近年来作者及课题组成员对船舶管路布局优化设计所进行的研究工作，探索智能优化算法在船舶管路布局上的应用，为实现船舶管路的智能化设计奠定理论基础。

　　全书共 6 章，第 1 章绪论，主要介绍相关概念和国内外相关技术的研究现状；第 2 章介绍船舶管路智能布局优化设计数学建模研究，包括布局空间环境模型、方向指导机制、约束条件和目标函数；第 3 章介绍基于遗传算法的船舶管路布局优化设计；第 4 章介绍基于蚁群优化算法的船舶管路布局优化设计；第 5 章介绍基于协同进化算法的船舶管路布局优化设计；第 6 章介绍基于人机合作的船舶管路布局优化设计。

　　本书由王运龙主笔，林焰主审；李楷参与了 5.1 节、5.5 节的编写，管官参与了 5.2 节的编写。本书在写作过程中得到纪卓尚教授、马坤教授、陈明副教授等的大力支持和帮助，同时，大连理工大学范小宁博士、姜文英博士、邬君硕士、王晨硕士、赵学国硕士等为本书的出版提供了帮助。本书的出版得到国家自然科学基金（项目编号：51209034）、辽宁省自然科学基金（项目编号：2014020017）资助。

　　由于作者水平有限，书中缺点和不妥之处在所难免，恳请广大读者批评指正。

王运龙

2017 年 1 月

目　录

第1章 绪 论

1.1 船舶管路

船舶管路是指分布于船舶各舱室及甲板用以传输气体或液体的管路系统，其主要由管子、阀、法兰、管子支撑、管子连接件、设备等组成[1]。船上各管路中流经的工作介质主要包括燃油、滑油、液货、蒸汽、淡水、海水和空气等。由于船上各种工作介质的压力、温度、流量及腐蚀性不同，船舶各管路系统中管子种类繁多且规格不一，同时，不同的管子具有不同特性。

船舶管路按使用功能可以分为两大类：第一类是为推进装置服务的动力管路，包括燃油管路、滑油管路、冷却水管路、压缩空气管路、排气管路、机舱通风管路、蒸汽管路、凝给水管路等；第二类是为全船服务的船舶管路，包括舱底水管路、压载水管路、消防水管路、生活水管路、疏排水管路、液货装卸管路、惰性气体管路、CO_2管路、甲板泡沫管路、生活污水及处理管路等。

船舶管路数量多、种类杂、布置繁琐，据统计，一艘万吨级船舶上的管子长度可达万米[2]。如果把一艘船舶比作一个人，船舶管道就像人体的血管，分布于船舶各处，承担着连接各作业系统、输送工作介质等多项功能。有了良好的管路布局，才能使船舶各功能系统相互协调、发挥作用。

1.2 船舶管路系统设计

管路系统设计是船舶设计的重要内容之一，良好的管路系统设计对于保证船舶安全性、经济性、总体布局的合理性、可操作性、维修及船舶各种机械的正常运转和安全航行起着不可替代的作用。对各种船舶尤其是浮式生产储油轮（FPSO）、石油液化气船（LNG）、液化天然气船（LPG）等高附加值船型复杂管路系统布局的优化设计（图1.1），对提高船舶管路系统设计质量、降低造船成本，以及从质量和造价方面增强中国船舶产品在国际市场上的竞争力意义重大。

船舶管路系统不仅担负着船舶不沉性、安全性、防火、防污、液货输送、浮态调整等任务，而且要满足可靠且方便操作、维修以及保证船舶各种机械正常运转和船员舒适生活等需要。

　　　　　　（a）实物图

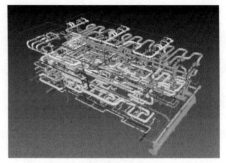
　　　　　　（b）三维模型图

图 1.1　浮式液化天然气存储再气化装置（LNG-FSRU）再气化模块管路系统

　　管路设计直接关系到船舶的质量性能和经济成本，如何有效缩短管路设计周期和提高管路设计质量，对缩短整个造船周期并提高经济效益具有重要意义。船舶管路布局要求达到性能、成本、可靠性、可维护性等各方面综合平衡，应以总布置图和船体结构为背景，满足相应的标准、规则、规范、规格书、建造计划书、系统原理图的要求，同时要考虑船厂的管子加工与安装工艺水平[3]。

　　船舶设计过程一般分为三个阶段：初步设计、详细设计和生产设计。管路设计在这三个阶段对应的主要内容如下：①初步设计阶段，进行管路系统原理设计，提供管路系统原理图；②详细设计阶段，进行管路的布局设计，提供管路布置图；③生产设计阶段，进行管路干涉检验，提供管路系统安装图、零件图和材料统计表等。在现代船舶设计中，管路设计在船舶总体设计中占很大的比例。

　　一般船舶管路的设计要点如下：

　　（1）管路的布置应具有合理性，如所有燃油舱（柜）的空气管、溢流管和测量管都应避免通过居住舱、精密仪器舱、粮库等贮藏舱室。淡水管路不得通过油舱，以免管子破损或产生渗漏污染水质。同样，油管路也不得通过淡水舱。如不可避免时，应加设油密隧道或套管，让管路通过。其他管路通过油舱时，应遵照规范要求加厚管壁，并且，在舱内不得有可拆接头。

　　（2）管路的布置应具有安全性，如蒸汽管、油管、水管和柴油机排气管等，应避免布置在配电板及其他电器设备的上方及后面，并尽量远离配电板。油管路还应避免在锅炉、烟道、蒸汽管、废气管及消音器的上方通过。凡通过防火区域的管路，应采用满足船级社认可的节点形式。管子穿过水密或气密结构处时应采用贯通件或座板。

　　（3）管路的布局应具有可操作性，要为建造和维修阶段所用的吊车、绞车和移动设备提供操作空间。阀及控制装置应避开障碍物并处在易维护的范围内，如装在花钢板以下的阀件，其手轮应能方便操作；不便于操作的阀件，应将阀杆接长或配备便于操作的工具。

　　（4）管路的布置应具有可维护性，如在管子、附件、滤器等设备上设有放泄装置，以放泄管子内的空气及存液。

（5）管路的布置尽量简单、合理、美观，要简化支撑、节省空间。如管路应尽量沿着舱壁、设备且管路支架正交并成束敷设，管路排列应整齐，对各个系统的每个阀门均要按规则整齐布置。管子与其他管子、设备、附件之间尽量以最短距离连接，确保拆装方便，并使之形成管束，管子的排列应避免交叉布置，应与船首方向、船尾方向及左右舷方向平行[4]。管路的布置要按照先布置大管后布置小管、先布置特殊要求管后布置一般要求管的原则进行[5]。管路布局空间位置应根据通道空间、人孔空间以及设备必需的拆检、维修空间来确定。在机舱通道及工作区，根据人体最适宜的操作位置范围（正常行走高度、横向进出的最小间距以及下蹲行走的最小高度等）定出通道空间、通道高度。在布管时还应确保管子与管子之间留有间隙，管子与甲板、外板、扶梯等都应留有标准距离。

（6）管路的布置应满足管路的力学要求，防止因船舶振动、温度变化引起的热胀冷缩等因素出现管子断裂、变形等安全问题。

（7）管路的布置应具有经济性和实用性。管路在满足使用要求和布置要求的前提下，管路长度应尽量短，减少弯头数量，同时应避免出现多余回路。

进行良好的管路系统设计，不仅需要对系统工艺、设备功能、相关标准规范、操作维修方式、船舶安全防火、各种配管材料性能，以及结构、振动、支撑、绝缘等多方面情况有透彻了解和实际经验，而且需要对各种方案反复比较，并非只是简单遵循规范就能解决好问题。许多实际管路系统设计中所需的知识经验和技巧不可能从现成的标准规范中获得，需要设计人员反复思考、逐步积累。管路的布局结果是因人而异的，不同的设计人员做出的设计方案也是不同的。而一些宝贵的设计经验有可能会随着有经验的管路设计专业人员的逐年离退而丢失，这就使得管路系统设计的任务更加繁重。

随着科学技术的进步和船舶工业的发展，船舶产品升级换代的速度大大加快。在现代船舶工业中，管路系统设计在船舶总体设计中占有重要地位。目前，在实际工作中管路系统设计主要依赖于设计者的经验，由于在设计过程中管子数量十分庞大、约束条件复杂，管路布线设计耗时费力，经常出现干涉、返工的情况。管路系统设计技术与船舶其他部分设计技术相比一直处于落后状态，致使整个船舶的设计周期延长，建造成本增加。同时，当前的船舶管路布置缺乏优化设计过程，大多以实现管路作业功能为主要目标，设计方案存在较大的优化空间。

1.3 船舶布局设计

1.3.1 船舶布局设计定义

21世纪以来，随着世界造船中心逐步东移，中国的船舶行业进入了飞速发展阶段，造船三大指标长期处于世界前三位。2013 年，中国造船三大指标全都超过了韩国，一跃成为世界第一造船大国。然而，随着金融危机的爆发，全球造船业从高峰逐步走向低谷。加之欧债危机影响，船舶企业的手持订单普遍锐减，利润大幅度下滑[6]。严峻的形势迫使造船企业必须在保证造船质量的同时，尽可能地缩短船舶建造周期、降低建造成本、提高利润水平。船舶设计是建造船舶的工作基础和前提条件，是整个造船周期中技术含量最高、所占时间最长的一部分工作。因此，提高船舶设计水平、缩短船舶设计周期对船舶行业的发展具有重大意义。

船舶设计是一个循环迭代、逐步近似、螺旋式上升的过程。同时，船舶产品大多是小批量生产，因而船舶设计的工作量非常巨大。计算机辅助设计（computer aided design，CAD）技术的出现，给船舶设计领域带来了一次巨大的变革。CAD 技术将设计者从繁重的手绘设计工作中解放出来，设计者可以通过相关的 CAD 软件进行高效的设计绘图。然而，21 世纪以来，随着设计任务的逐渐增多，设计问题日益复杂，设计规模也越来越大，设计者希望 CAD 不仅仅能够支持简单的绘图工作，还能够代替设计者的一部分脑力劳动。设计者期望计算机能像设计者那样具有思维，能够自动进行高效的设计活动，于是，智能计算机辅助设计（intelligent computer aided design，ICAD）技术应运而生。ICAD 技术是人工智能（artificial intelligence，AI）和 CAD 技术相结合的产物，它通过模拟特定领域的专家设计过程，采用特定领域的知识符号推理技术，解决特定领域的设计问题[7]。如今，ICAD 技术已经广泛应用于机械、汽车以及航空、航天等领域，并且取得了不错的成果，在一定程度上减少了设计者的工作量。

传统的船舶设计通常按照设计对象的不同分成总体设计、结构设计、舾装设计、轮机设计和电气设计五部分，并没有明确提出船舶布局设计的概念。然而，船舶设计中包含诸多布局类设计问题，例如，居住舱室的家具布局、机舱设备布局以及船舶各个管路系统的布局等。人们可以而且应该对此类具有共性的设计问题进行总结归纳，从而提高船舶布局的设计水平，进而提高船舶设计效率、缩短船舶设计周期。

船舶布局设计是指在给定的船舶舱室空间中进行功能区域划分，布置设备、通道、管路、电缆类物品，使得在满足物品使用功能特性的同时，提高船舶舱室利用率的设计。船舶布局设计的特点是数据计算量少，但是图形处理的工作量大，并且通常需要反复优化修改。此外，船舶布局设计的设计目标和约束条件都具有一定的不确定性，因而很难用数学语言进行描述，即很难准确地建立设计问题的数学模型[8]。船舶布局类设计在传统的船舶设计过程中，往往依据设计者的相关设计经验以及相应的船舶设计规范和准则来进行，自动化水平较低。

将 ICAD 技术与船舶布局类设计经验技术相结合，便产生了船舶智能布局设计技术。船舶智能布局设计技术可以在保证设计质量的同时，减少设计者的工作量，提高设计效率，进而缩短设计周期。因此，研究船舶智能布局设计技术是十分必要的，它是船舶设计领域的研究热点之一。

船舶智能布局设计需要计算机技术、ICAD 技术以及相关设计规范和设计经验的支撑。如图 1.2 所示，计算机技术提供了硬件支撑，ICAD 技术提供了技术支撑，而相关设计规范和设计经验提供了知识支撑，可以说这三者一起支撑起了船舶智能布局设计。

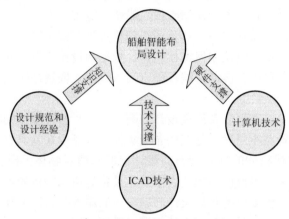

图 1.2 船舶智能布局设计与相关技术的关系

1. 计算机技术

虽然船舶布局类设计的数学计算量很少，但是需要进行大量的图形处理工作，因而对计算机硬件提出了较高的要求。从最初的电子管计算机到现在的微型计算机，计算机技术完成了巨大的变革。著名的摩尔定律时刻提醒着人们，计算机技术的发展是多么的迅速。正是由于计算机技术的迅速发展，使得大量的数据计算和图形处理成为了可能。因而计算机技术给船舶智能布局设计提供了强有力的硬件支撑。

2. ICAD 技术

CAD 技术的出现给设计界带来了巨大变革，它将设计师从繁重的手工设计中解放出来。然而，随着 CAD 技术应用范围越来越大，应用的程度越来越深，CAD 技术的一些不足之处渐渐显露了出来。主要体现在两方面：一方面是在设计过程中存在着大量的重复设计工作；另一方面是智能化程度较低，无法完成评判决策类工作[9]。随着 AI 技术的诞生及迅猛发展，1977 年，国际信息处理联合会在法国召开的世界计算机大会上首次明确了 AI 技术对 CAD 技术的重大意义，标志着 ICAD 技术的诞生。ICAD 技术刚诞生就引起了一股研究热潮，并且取得了巨大进展，产生了一系列较为成熟的设计方法[10]。这些设计方法给船舶智能布局设计提供了强大的技术支撑。

　　3. 相关设计规范和设计经验

　　船舶智能布局设计离不开船舶布局类设计知识的积累和总结，这些知识通常来自于相关的设计规范以及设计者自身积累的设计经验。这些规范和经验为船舶智能布局设计提供了强有力的知识支撑。船舶智能布局设计首先要解决的问题是如何获取船舶布局类设计知识。尽管现在的相关规范都比较完善，许多设计者的设计经验也比较丰富，但是如何将相关设计规范和设计者自身的设计经验进行归纳总结，形成数学化语言再通过编程语言写入程序，依然是船舶智能布局设计问题中的一个难点。

　　在船舶设计中，有很多布局类设计问题，其中，居住舱室的布局设计、机舱布局设计和船舶管路布局设计是船舶布局类设计问题中非常具有代表性的问题，具体又可分为块状物体的填充类布局设计问题和线状物体的路径寻优类布局设计问题。居住舱室布局设计问题代表家具、设备等块状物体的填充类布局设计问题，类似问题还有机舱设备布局设计问题等。船舶管路布局设计问题则代表了管路等线状物体的路径寻优类布局设计问题，类似问题还有船舶电缆布局设计问题等。这两大类问题由于布置物体形状的不同以及布局空间的不同，选择的研究方法也不完全相同。

1.3.2　布局问题常用算法简介

　　布局问题涉及图形学、几何学以及运筹学等学科领域。布局问题实质上是一种复杂的组合优化问题。其复杂性体现在两个方面：一方面是模型建立复杂，大多数布局问题都源自于实际现实问题，而许多实际问题很难准确地用数学语言进行描述，通常只能利用假设条件将实际问题简化后再用数学语言进行描述，建立相应的数学模型；另一方面是计算复杂，布局问题的计算复杂程度是多项式复杂程度的非确定性问题［NP（non-deterministic polynomial）问题］，换句话说，就是在有限的时间内无法找到问题的精确解。因此，大多数布局问题最后得到的往往不是最优解，而是满足约束条件并且性能较优的可行解。

　　目前，研究布局问题的方法可归纳为传统的优化算法、启发式优化算法、遗传算法、模拟退火算法以及专家系统等。

　　1. 传统的优化算法

　　在初始阶段研究者对布局问题的研究大多采用的是传统的优化算法，包括线性规划法、分支定界法以及梯度法等。早在 1961 年，Gilmore 和 Gomory[11]就用线性规划法来解决切料问题。传统的优化方法算法简单、易于掌握，但是，随着布局问题变得越来越复杂，传统的优化算法的缺点就逐渐暴露了出来。当布局环境变得复杂或者布置物体的数量较多时，传统的优化算法的收敛性和有效性就会大大降低，有时得到的解无法满足实际要求，甚至得不到有效的解。因而，随着更有效优化算法的出现，传统的优化算法渐渐淡出了布局问题研究领域。但是后来研究者发现，传统的优化方法因为算法简单，所以计算速度较快，研究者通常将传统的优化算法与新式的优化算法相结合，这样可以弥补一些新式算法收敛速度较慢的问题，能够更加有效地解决复杂的布局问题[12]。例如，2011 年，刘朝霞和刘景发[13]将梯度法与模拟退火算法相互融合形成混合算法来解决一种圆形区域内的布局问题。计算时采用模拟退火算法进行全局搜索寻优，再利用基于自适应步长的梯度法进行局部搜索寻优，这样可以大大提高寻优搜索的效率并产生了很好的效果。

2. 启发式优化算法

启发式优化算法是指对解决实际问题的经验进行归纳总结，并用数学语言进行描述构造成算法，在可接受的时间内计算出优化问题的一个可行解，但是该可行解与最优解的偏差程度事先难以估算[14]。早在 20 世纪 40 年代末期，研究者就开始研究能够快速有效地解决实际问题的启发式算法，其中，最具代表性的是 Polya 出版的著作 *How to Solve it?*[15]。然而，由于启发式算法只能得到可行解而很难得到最优解，刚开始并没有得到研究者的重视和认可，发展十分缓慢。随着所要解决的计算问题复杂程度的逐步增大，研究者发现很难求得问题的最优解，而可行解通常可以用来解决实际问题，于是开始重视应用启发式优化算法。因此，20 世纪 80 年代掀起了启发式算法的研究热潮，启发式算法得到了巨大发展。

随着启发式算法逐渐变得成熟，不少研究者开始用启发式算法解决布局问题。1992 年，Ghandforoush 和 Daniels[16]将启发式算法用于简单的切料问题。1995 年，戴佐等[17]将启发式算法用于三维实体布局问题。2013 年，张宏亮[18]用启发式算法来求解二维等圆布局问题。

启发式算法的关键之处在于对解决实际问题的方法进行经验总结，并形成规则性的东西，再用数学语言表达出来。但是，由于布局问题的复杂性，很难总结出规则性的东西或者规则性的东西很难用数学语言进行描述。因此，启发式算法常常用于解决简单的布局问题，而当布局问题变得复杂时，启发式算法将很难构造，并且算法性能较差。

3. 遗传算法

遗传算法（genetic algorithm，GA）是一种借鉴自然界生物进化的优化算法。遗传算法搭建了一种解决复杂系统问题的通用框架，它不依赖于研究问题所在领域的知识，具有很强的通用性。同时，由于遗传算法具有鲁棒性强的特点，被广泛应用于各个领域。与前两种方法相比，遗传算法的诞生比较晚。1975 年，Holland 教授出版了《自然系统和人工系统的自适应性》（*Adaptation in Natural and Aritificial Systems*）一书，标志着遗传算法的正式建立。该书在总结作者过去十多年研究经验的基础上，详细介绍了遗传算法的基本理论，为遗传算法奠定了数学理论基础[19]。此书到现在一直是遗传算法领域的经典著作。同年，Holland 教授的学生 Jong 在其博士论文中成功地将遗传算法用于函数优化领域，并做了大量的计算实验[20]。这无疑为后来的研究者进一步研究遗传算法提供了思路和参考。1991 年，Davis 出版了《遗传算法手册》（*Handbook of Genetic Algorithms*）一书[21]，介绍了遗传算法在各个领域应用的大量实例。

随着遗传算法理论的逐渐成熟，越来越多的研究者选择用遗传算法来解决船舶舱室布局问题。2010 年，李云和龚昌奇[22]利用遗传算法来求解游艇舱室布局优化设计问题。2013 年，王运龙等[23]利用遗传算法来求解船员居住舱室的家居布局设计问题。2014 年，胡耀等[24]利用遗传算法来求解船舶居住舱室的划分布局问题。

尽管遗传算法通用性非常强，被广泛应用到各大领域，但是，遗传算法易于"早熟"，即易于陷入局部最优解，因此，在运用遗传算法解决布局问题前，通常需要对遗传算法进行改进。改进的方法多种多样，可以归纳为三大类：第一类是在进化过程中采用相应的策略来保证种群的质量，如精英保留策略等；第二类是在进化的不同阶段选用不同的交叉概率或变异概率，例如，自适应遗传算法就是将交叉概率和变异概率与迭代次数挂钩，即两者随着迭代次数的增加而改变，这样可以有效地避免"早熟"问题的发生；第三大类是将遗传算法与其他算法相结合，生成混合遗传算法，利用其他算法的优点来弥补遗传算法的不足。

4. 模拟退火算法

模拟退火算法是模拟固体退火思想的一种解决大规模组合优化问题的优化方法。其主要特点是有一定的概率接受性能比较差的解，即算法不仅仅是朝好的方向走，也有一定的概率向坏的方向发展。这样可以避免算法陷入局部最优解，进而找到全局最优解[25]。1983 年，Kirkpatrick 等[26]首次在组合优化问题中应用模拟退火算法进行求解。1992 年，Jajodia 等[27]利用模拟退火算法来求解车间机械设备布局问题。2009 年，陶庆云和邹庆云[28]利用模拟退火算法来解决矩形物体布局问题。尽管模拟退火算法已经被众多研究者用来解决布局问题，但是其缺点也非常明显。模拟退火算法的缺点在于为了得到一个性能较优的解，往往需要花费很长的时间来完成算法。为了弥补模拟退火算法计算时间长的缺点，研究者常常先将模拟退火算法与其他算法相结合，组成混合算法，再对布局问题进行求解。2000年，李俊华等[29]将模拟退火算法与演化算法相结合，构成演化退火算法来求解舰艇舱室布局优化设计问题。2010年，赵川等[30]将模拟退火算法与遗传算法相结合来求解制造车间布局设计问题。可见，今后模拟退火算法将很少直接用来对布局问题进行求解，常常需要和其他算法混合使用才能够用于对实际布局问题进行求解。

5. 专家系统

专家系统是人工智能技术的一个重要分支。专家系统应用于某一专门领域时，先将该类领域的知识进行总结归纳，并通过特定的方法将这些总结归纳的知识表达出来，放进知识库中。然后，用户通过人机交互界面输入数据和指令，经过推理机推理后，最终得到某类问题的解决方法。图1.3为专家系统的一般结构。

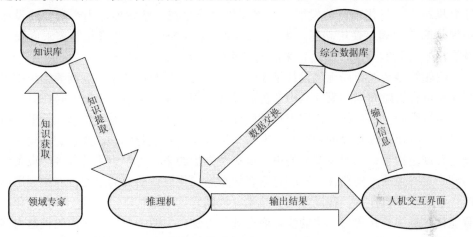

图 1.3　专家系统的一般结构

自从 1965 年第一个专家系统 DENDRAL 诞生以来，专家系统一直是人工智能技术较活跃的应用领域[31]。特别是从 20 世纪 80 年代开始，伴随着知识工程技术的不断成熟和完善，越来越多的专家系统被用来解决实际问题，取得了良好的经济效益和社会效益[32]。20 世纪 90 年代，专家系统就已经被用来解决船舶布局类设计问题。1993 年，陈宾康和张东海[33]利用专家系统来求解长江大中型客船的甲板布置设计问题。1998 年，Lee 等[34]利用专家系统来求解船舶机舱布置问题。2007 年，张梅[32]利用专家系统来解决船舶舱室划分与布置的设计问题。2012 年，邓小龙[35]利用专家系统来求解船舶舱室布置设计问题和甲板锚泊布置设计问题。

　　由于专家系统的专业性非常强，显得其通用性比较弱。从目前开发的专家系统来看，专家系统通常只能对特定问题进行求解，而对同一类问题缺乏有效的通用性。例如，针对某型散货船开发的机舱布置系统，就只能针对该型船的设计，而不能应用到其他船型的设计中。如果专家系统不具有通用性，则会暴露出研发成本过高的问题，使其很难被推广普及。因此，增加专家系统的通用性和降低专家系统的研发成本是未来专家系统领域研究的重点和难点。

1.4　船舶管路智能布局优化设计

　　船舶管路布局设计是典型的船舶布局设计类问题。目前，船厂的管路设计已由平面设计进入到三维设计阶段，船舶管路的设计质量和效率都有了很大的提高。但无论是平面设计还是三维设计，其所改变的只是设计工具，设计的本质并没有发生变化，即都需要经验丰富的专家或管道工程师去完成，主要依靠的是设计人员的专业知识和经验，还未完全实现管路布局设计的自动化、智能化。随着计算机技术、优化理论的发展，管路优化设计也在不断发展，当今的管路设计不仅是简单的满足使用功能，人性化设计、以人为本、节能降耗等需求向设计者提出了更高的要求，随之带来的问题也需要进一步研究。

　　船舶管路智能布局优化设计是在给定的几何、拓扑、技术、规则等约束中求解各种可行管路布局结果并从中选优的设计过程。从几何意义上看，是在限定的三维布置空间中，管线从指定起点开始寻找出一条不与其他布置物体（舱壁、机器设备、过道、已敷设的管路等）发生干涉现象，且满足物理约束、经济约束、安全及规范约束、生产及安装约束、操作及维护约束、力学约束等各种约束条件的到指定终点的无碰路径。船舶管路智能布局优化设计研究的主要目的是利用当前先进的计算机技术，在满足相关技术、规则等约束条件下，寻找一种自动化、智能化地解决管路布局优化的快速而有效的方法，类似于三维空间内的机器人路径寻优。因此，船舶管路三维布局优化问题属于带性能约束的组合优化 NP 难问题[36]。

1.4.1　船舶管路智能布局优化设计的意义

　　船舶管路智能布局优化设计的研究对减轻设计师负担、提高设计效率和质量、缩短设计周期、降低造船成本均有重要意义。船舶工程领域中有关空间三维布局设计的研究与船舶 CAD 技术已经达到的水平相比形成了强烈的反差，是船舶设计过程中的瓶颈，它制约着船舶设计速度的加快和质量的提高。

　　在船舶设计的各阶段，管路设计工作存在各部门之间沟通困难、设计信息脱节、重复工作量大等问题。

　　在初步设计和详细设计阶段，船舶管路设计工作在二维图纸上完成，通常使用的设计软件是 AutoCAD。设计人员要花费大量的时间考虑如何绘制、如何表达各种管路的相对空间位置，陷于繁重的绘图工作中。为了将设计方案表达清楚，设计人员常常要制作大量的剖面图，制图工作量很大。即使如此，设计人员在与甲方、工程审批人员、施工人员沟通时仍比较困难。

　　在生产设计阶段，国内大部分中小型船厂主要采用平面设计方法进行船舶管路的布置设计[37]。该方法是在船体和动力装置设计完成后，在平面上（过去用样台或图纸，现在主要用 AutoCAD 软件）按一定比例画好船体型线和有关结构图，正确绘制出各种机械设备的安装位置，再用投影法绘制出全部管路的实际布置位置，也就是绘制出放样图。由放样总图拆分出各管路的放样图，根据放样图中管子的几何形状及具体尺寸绘制管子零件图，按零件图在内场加工管子，最后安装管子。这种传统的平面设计方法有许多弊端：一方面平面设计无法表示管路错综复杂的三维关系，只有在船体和各舱室建造完毕后才能进行实际布置，易造成工时浪费和建造周期延长；另一方面，平面设计无法确定管路在船体中的精确位置，势必导致管路安装过程中出现误差过大、返工率高等问题。随着计算机软硬件技术的发展，针对中小型船厂的经济实力和放样困难的情况，国内许多研究者都在研究开发价格相对适中的软件系统，进行利用计算机在三维空间内对船舶管路进行放样的研究[38]，这种放样技术的优点如下：可以确保管路系统舾装的精度、降低材耗、减轻劳动强度、提高设计质量、缩短设计周期和建造周期。另外，一些有条件的大型船厂已经开始应用三维软件（如 Tribon、CADDS5 等）进行船舶管路的布局设计，设计过程就是三维设计建模的过程。但是，三维建模时与详细设计阶段的设计信息脱节，需要重新输入船舶设计院的详细设计图纸信息，工作量很大。

　　从船舶管路设计技术、设计手段及发展趋势可以看出，三维管路布局将是解决目前管路布局设计问题的有效途径和发展趋势。尽管从平面设计到三维设计，管路布局的设计质量和效率等都有了很大的提高，但无论是平面设计还是三维设计，管路布局设计通常采用复杂的交互式输入和修改来完成。从某种意义上说，这只是一个完成图纸的过程，简单地归属于计算机绘图领域，并没有从真正意义上支持船舶管路布局设计的全过程，设计的本质并没有发生根本的变化，主要依靠的还是设计人员的专业知识和经验，还未完全实现管路布局设计的自动化和优化。改变传统的船舶管路布局设计状况，提高船舶管路布局设计的自动化和优化程度，已成为当前急需解决的问题。

　　船舶管路布局优化设计属于复杂方案设计问题，由于船舶上管子及其附件的数量和种类较多，约束条件纷繁复杂，不同种类的管子约束条件不同，同种管子在不同的布局环境中，约束条件也不一样。管路布局问题通常需要同时优化多个性能指标，并带有复杂的约束，即属于带约束的多目标优化问题。这类问题具有计算复杂性、工程复杂性以及工程实用化难等特点，也对相应的求解方法的研究提出了更高的要求。

设计理论的研究中一个很重要的研究方向是把智能科学引入设计领域，通过对设计过程和任务建模，用计算机逐步代替人进行设计[38,39]，如进化计算[19]、人机结合[40]、多代理思想[41]等。这些智能方法与以往的传统方法相比，无论在适用问题的范围、求解方法的灵活性，还是求解问题的能力、质量和效率上都有大幅度的提高。

船舶管路智能布局优化设计的思想主要是自动化、智能化地连接管路的起点和终点，类似于三维空间的机器人路径寻优，从理论上讲属于带性能约束的组合优化问题[42]。用经典优化方法去解决这类复杂的组合优化问题可能会花费很多时间寻找最优解，有时甚至花费很多时间也难以找到最优解，并且随着问题规模的增大，其计算时间将会以指数速度增加。因此，对于这类问题，最合理的解决方法是可以在较短的时间内发现质量较高解的启发式算法。近年来，一类基于生物学、物理学和人工智能的具有全局优化性能、鲁棒性强、通用性强且适于并行处理的现代启发式算法、进化算法得到了很大的发展。这些算法可分为模拟退火算法、禁忌搜索算法、遗传算法、蚁群优化算法和协同进化算法等。这些算法具有高效的优化性能、无需问题的特殊信息等优点，已广泛应用于计算机科学、优化调度、运输问题、组合优化设计、工程优化设计等领域，并取得了较好的实验效果，它们的出现为解决 NP 难组合优化问题提供了新的途径。

1.4.2　管路布局优化设计国内外研究概况

20 世纪 70 年代，国内外学者就开始对管路布局设计问题进行研究，从二维空间的简单约束发展到在三维空间内的多目标、多约束[43]。使用的方法在总体上可分为单元分解法、智能法及单元生成法。主要应用的方法有试凑法[44]、动态规划法[45]、迷宫算法[46-50]、逃逸算法[51-54]、网络优化算法[4, 55-59]、Zhu 算法[60]、遗传算法[43, 61-63]、专家系统和模糊集理论[64-66]及蚁群优化算法[67]，见表 1.1 和表 1.2。由于管路敷设约束的复杂性，到目前为止，管路布局设计还没有形成一套成熟的理论，其仍然是一个有待于彻底解决的智能问题[67]。下面简要介绍应用在管路布局中的主要方法。

表 1.1　管路布局设计国外研究概况

方法	时间/年	作者	应用领域
迷宫算法	1975	Rourke	一般
	1986	Mitsuta 等	一般
逃逸算法	1969	Hightower	工厂
	1998	Schmidt-Traub 等	工厂
	2000	Kniat 和 Gdansk	船舶
	2004	Burdorf 等	工厂
网络优化算法	1972	Newell	工厂
	1974	Wangdahl 等	船舶
	1993	Guiradello	工厂
	1998	Yamada 和 Teraoka	工厂
动态规划法	1976	Van Der Tak 和 Koopmans	船舶
Zhu 算法	1991	Zhu 和 Latombe	一般
蚁群优化算法	1991	Colorni 等	一般
遗传算法	1998	Sandurkar 和 Chen	汽车
	1999	Ito	一般
专家系统	1998	Wu 等	船舶
	1999	Kang 等	船舶

表 1.2　管路布局设计国内研究概况

方法	时间/年	作者	应用领域
CAD 试凑法	1997	王志红等	实验台
迷宫算法	1998	陈鹰等	液压
蚁群优化算法	1999	张纪会和徐心和	船舶
遗传算法	2003	樊江等	航空发动机
专家系统	2001	张大船	工厂
模糊集理论	2006	范小宁	船舶

1. 迷宫算法

为解决电子线路图类逻辑图的最短连接路径问题，Lee[46]于 1961 年首次提出了迷宫算法（maze algorithm）。迷宫算法主要是基于波的连续扩散原理，如图 1.4 所示，其本质上是一种遍历性质的逐点查找法。首先，将布局空间划分为单元网格，带阴影的单元表示障碍物；其次，路径从起点单元 S 开始向外扩散，扩散的方法是把与单元 S 在正交方向邻接的单元标为 1，再把与单元 1 在正交方向邻接的单元标为 2，以此类推，直到到达目标单元 T 为止；最后，按数字递增的顺序依次从起点连接到终点就形成了一条最短可行路径。

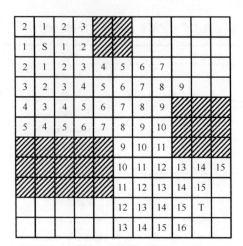

图 1.4　迷宫算法[46]

Rourke[47]于 1975 年首次将解决线路问题的迷宫算法应用到管路布局上，提出了应用迷宫算法解决管路布局的三个主要步骤；并且，为了解决干涉检查问题，他还使用了一种矩形框包围障碍物的屏蔽技术。Mitsuta 等[48]在 1986 年采用最优（best-first）搜索技术改进了迷宫算法，他们按障碍物的大小和形状将布局空间划分为大小不等的单元格——障碍物敏感单元格，并用"if-then"规则和"框架"理论来表达布置约束知识。陈鹰等[49]应用该算法解决液压管道的布局问题，在姿态空间内连接给定的起点和终点之间的空单元用以产生免于碰撞的管路路径。樊江等[50]应用改进的迷宫算法以及最小斯坦纳树生成法，进行飞机发动机外部管路的敷设研究，并开发出航空发动机网格管路敷设系统（aero-engine grid based routing system，AEGRS）。其方法的主要特点是采用三维加权网格对发动机复杂三维模型进行网格划分，描述管路敷设的自由空间，以产生满足更多约束的管路路径。

迷宫算法的布通率高、适应性强，但所需容量大、操作速度慢，尤其当障碍物增加时，其复杂性会成倍增长。另外，迷宫算法在一次布管时只考虑一条线路，而不考虑其他管线对它造成的影响，这与包含多条管路的管路系统的布局目标并不一致。因此，在复杂的布管问题中，迷宫算法的直接应用受到了一定的限制。

2. 逃逸算法

为了克服迷宫算法的缺陷，Hightower[51]于 1969 年提出了逃逸算法（向量搜索法）。这种方法始于起点位置上垂直相交的两条直线，如图 1.5 所示，这两条直线叫做逃逸线。根据预先确定的规则，分别在两条逃逸线上选择逃逸点，设定逃逸点为新的起点，重复以上过程直到到达目标点。

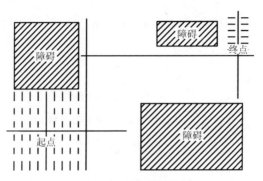

图 1.5　逃逸算法[51]

由于逃逸算法的搜索速度快、所需存储空间少,在印刷电路板上得到了广泛的应用。但是,这种方法并不总能找到最短路径,有时甚至在最短路径存在的情况下,算法却搜索不到它。因此,在实际应用中,为了减少计算的复杂性及操作所需的资源和时间,常将其和迷宫算法联合起来使用。例如,Schmidt-Traub 等[52]和 Burdorf 等[53]分别于 1998 年和 2004 年在厂房的布局中用这两种方法敷设最优管路。Kniat 和 Gdansk[54]在三维空间内延伸了这两种方法,并且形成了一种混合方法。这种混合方法可充分利用迷宫算法和逃逸算法的优点,当布局空间的障碍物较多且路径较短时,应用迷宫算法;相反,当布局空间障碍物较少且路径较长时,应用逃逸算法。但是,研究发现两种方法的分界线很难划分。

　3.　网络优化算法

网络优化算法亦可用在管线布局上。给定一个有向图 $G=(V,E)$,这里 V 是顶点集 $\{v_1,\cdots,v_n\}$,E 是边集。在边集 E 中只存在一条从顶点 v_i 到 v_j 的边时,e_{ij} 是该边集中的一个元素,d_{ij} 是两点间的距离。给边集中的每一条边赋予一个权重 C_{ij},网络优化算法所讨论的问题是在有向图 G 中确定一条连接给定原点 v_s 和目标点 v_d 的最优路径,如图 1.6 所示。

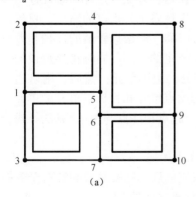

(a)

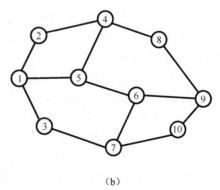

(b)

图 1.6　网络优化算法

Mandl[55]在 1979 年提出可以用线性优化模型来表示这种网络优化问题，即

$$\min_{x_{ij}} \sum_{i,j:e_{ij}} d_{ij} x_{ij}$$

s.t.

$$\sum_{i:e_{ij} \in E} x_{ki} - \sum_{i:e_{ij} \in E} x_{ik} = \begin{cases} +1, & \text{如果} k \text{是原点} \\ -1, & \text{如果} k \text{是目标点} \\ 0, & \text{如果} k \text{是中间节点} \end{cases} \quad (1.1)$$

式中，k 为节点；

$$x_{ij} = \begin{cases} 1, & \text{如果} i \text{的下一个节点是} j \\ 0, & \text{其他} \end{cases} \quad (1.2)$$

早期解决这种线性优化模型的方法主要有 Dijkstra 算法和 Nicholson 方法[56]。Wangdahl 等[4]在 1974 年用 Dijkstra 算法计算最优路径，并且通过定义 "通视点"（intervisible point）、建立 "通视线" 的方式来避开障碍物。Newell[57]采用 Nicholson 方法寻找最短路径。Guiradello[58]在工艺车间的布局中应用了 Dijkstra 算法和 Lindo 方法搜寻最短路径。Yamada 和 Teraoka[59]在三维空间中应用网络优化算法完成了电厂的管路敷设，他们用已存在的管路分割布局空间，通过基于距离矩阵的幂乘法获得最短路径。

网络优化算法需要事先确定一系列用来交叉、连接和转弯的中间节点，这些工作要靠有经验的专家才能完成，工作量仍然很大。这种方法一次只能建立一条路径而不考虑其他管线，每一条管路的布置都是独立进行的。

4. Zhu 算法

1991 年，Zhu 和 Latombe[60]提出一种 Zhu 算法用来解决管路布局问题。他们认为管路敷设相当于具有约束条件的路径规划，虽然该算法的思想是基于机器人的路径寻优，但其本质是一种通道搜索算法。在这种方法中，管路路径被当成运动的机器人（在二维中用圆盘表示，在三维中用球表示）走过的路径。首先，该算法把障碍物和已敷设的管路分别转化为姿态障碍（即根据管道的口径和即将延伸的方向，将障碍物和已敷设的管路向外扩展一定的距离，同时将要敷设的管道缩成一个点，形成姿态障碍），把自由空间划分为矩形单元；然后，用自由空间的矩形单元构造连通图，从而形成一个连通初始点单元和目标点单元的单元 "通道"，如图 1.7 所示；最后，在 "通道" 中连接起点和终点并用 A*算法寻找一条合适的路径。A*算法的公式如下：

$$F(N) = g(N) + h(N) \quad (1.3)$$

式中，$F(N)$ 是目标函数；$g(N)$ 是一个带有权重的表示路径总长和转弯个数的和函数；$h(N)$ 是节点 N 所在单元的中心点到目标点之间的 Manhattan 距离函数。

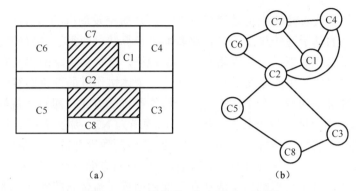

（a）　　　　　　　　　　　　　（b）

图 1.7　Zhu 算法单元分解和连通图[60]

Zhu 算法的最大缺点是，当找不到某一条管路的连通通道时，必须采用回溯的方法从第一条管路重新开始规划。显然，这种方法在管路数量庞大的情况下不太实用。

5. 遗传算法

遗传算法自其问世到被应用于管路布局大概经历了 20 年的时间。最典型的应用是日本的 Ito[61,62] 所做的研究，他在 1998 年和 1999 年应用遗传算法在二维平面内搜索管路的最优路径，取得了突破性的进展，但他在处理遗传算法的编码方式和遗传算子上结果不太理想。在他的管路敷设工作中，一条管路路径由连接起点和目标点的一串由字符串代表的单元格组成，它构成算法的一个解（染色体），如图 1.8 所示，而杂交算子采用两点和单点的杂交方式。这种编码方式和遗传操作算子会导致在杂交和变异操作中产生大量的非法解，需要进行十分烦琐的修补工作，影响了算法的收敛性能。

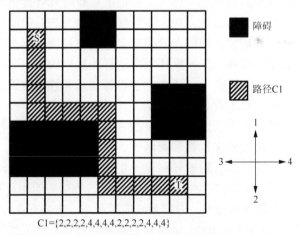

C1={2,2,2,2,4,4,4,4,2,2,2,2,4,4,4}

图 1.8　管路路径和它的染色体

　　另一个具有代表性的应用是樊江等[42]为解决航空发动机的多管路布局问题，在平面内建立的基于遗传算法的多管路智能寻径算法，取得了较好的实验效果。其算法的主要思想如下：一条管路对应一个种群，这种多管路的协同布局设计相当于由多种群组成的生态系统的协同进化；其个体协作度的评价即算法的协作机制，采用对种群中的每一个个体构造一个协作种群的方式，即对于规模为 N1 的种群 1 的每一个个体，如果其协作种群 2 的规模为 N2，那么需要对种群 1 构造 N1 个规模为 N2 的协作种群 2。他们为多管路的协同敷设开辟了一条崭新的思路。

　　此外，还有一些学者也应用遗传算法在管路布局方面进行了研究。Kim 等[63,64]用遗传算法结合最小斯坦纳树生成法在平面内研究了流体管路的自动布置问题。Sandurkar 和 Chen[43]提出了应用棋盘式对象来表达障碍物的遗传算法，开发了 GAPRUS（GA-based pipe routing using tessellated objects）管路敷设系统。其算法的主要特色在于合成了一个由实数、整形变量和离散形变量组成的变量集，它们在遗传算法中对应的变量分别是管路长度、连续管路间的弯头角度和弯头数。范小宁和林焰[65]对遗传算法的固有缺陷进行了改进，提出自适应退火遗传算法对船舶管路布局进行了优化。与传统遗传算法相比，该算法加快了收敛速度，提高了全局收敛性。

　　遗传算法的鲁棒性、强有力的随机性和并行性，决定了它在解决类似组合优化问题上的高效性。所以，在管路布局优化问题上，它是一个非常值得深入探讨的优化方法。

6. 专家系统和模糊集理论

　　管路布局设计需要满足很多约束，而大部分约束是以规则的形式出现的。有些约束很容易用数学函数表达，并可在编程过程中直接使用。但有些描述性模糊约束却很难直接用数学函数表达。针对这种情况，有研究者提出了采用模糊集理论来构建这类目标和约束的方法。Wu 等[66]使用这种方法对船舶机舱设备和管路的布置进行了尝试性的研究，他们在管路布局中用隶属度表示类似较大（小）空间、较高（低）温度、较高（低）操作频率这样的模糊约束，取得了较成功的布局效果。另外，在他们的研究中，还考虑了设备布局和管路敷设之间的相互协调性，管路敷设的性能依赖于设备布局的结果，只有设备布局合理，才能在管路敷设时获得较好的效果。由于管路敷设约束的多描述性和模糊性，模糊集理论在管路敷设上的应用具有较大的优越性和灵活性。

　　近 20 年来，CAD 技术对船舶管路设计生产产生了强大的推动作用，但是，随着时间的推移，逐渐暴露出它的局限性。鉴于此，为适应船舶及其管路布局设计的特点，自然需要寻找新的技术，专家系统应运而生，它具有克服 CAD 技术限制的能力。Kang 等[67]基于 CADDS5 运用专家系统进行了船舶机舱管路的自动敷设研究。张大船[68]采用专家系统的功能结构模式开发并建立了配管工程专家数据库。

专家系统为管路布局问题提供了一条解决途径，但目前这方面的研究还不是很多。

7. 蚁群优化算法

蚁群优化（ant colony optimization，ACO）算法是通过模拟蚁群在觅食过程中体现出的协作配合特征而提出的优化计算方法。蚁群优化算法是由 Colorni 等[69]在 1991 年首次提出，用于求解旅行商问题（traveling salesman problem，TSP），经过很多研究者的深入研究，算法不断发展和完善，成功应用于求解各类优化问题。在蚁群觅食的过程中，蚂蚁会在其经过的路径上释放信息素，种群中的其他蚂蚁将根据信息素浓度选择相应的路径进行搜索，最终找到蚁巢与食物之间最短的线路[70]。蚁群优化算法是基于信息素对蚂蚁搜索过程的引导作用，结合所求问题的具体情况，建立相应的数学模型以执行优化计算。蚁群优化算法的主要优点包括算法的计算过程具有正反馈、较强的鲁棒性和自组织性、易于与其他计算方法结合等，并且能够有效解决各类复杂的优化问题。因此，蚁群优化算法广泛应用于各种工程领域，如数据分析、路径规划、化工生产和建筑设计等，蚁群优化算法在各领域的应用都取得了非常优秀的成效。而且，随着国内外众多学者对蚁群优化算法的深入研究，蚁群优化算法得到不断发展和完善，许多改进的蚁群优化算法相继被提出[71]。

从公开发表的论文来看，中国在蚁群优化算法领域的研究始于 1997 年，研究者是东北大学的张纪会和徐心和[72]。另外，在国内引起广大蚁群优化算法研究者极大关注的是，当时年仅 17 岁的高二学生陈烨于 2001 年在《计算机工程》上发表了《带杂交算子的蚁群算法》[73]。在 2009 年，范小宁等[74]利用蚁群优化算法来求解船舶上多管路布局设计问题，取得了很好的效果。2011 年，曲艳峰和蒋丹[75]利用动态蚁群算法来求解三维管路布局问题。可见，近年来越来越多的学者开始利用群体算法求解管路布局问题。

蚁群优化算法短短二十几年的发展历程，已由当初单一的 TSP 领域渗透到多个应用领域。由解决一维静态优化问题发展到解决多维组合优化问题，由离散范围内的研究逐渐拓展到连续范围内的研究。同时，在蚁群优化算法的模型改进及与其他仿生优化算法的融合方面也产生了相当丰富的研究成果。这种新兴的仿生优化算法展现出前所未有的勃勃生机，已经成为一种完全可以与遗传算法相媲美的仿生优化算法。

从管路布局优化设计的国内外研究概况来看，虽然相关学者已经取得了一定的研究成果，但目前他们所研究的解决方法或算法还存在着诸多问题，还没有最终形成一套可以用于工程实际的自动化、智能化管路布局优化设计系统。由于布局问题的 NP 困难性和船舶本身的巨大复杂性，该问题的解决既具有理论上的开拓性和艰难性，又具有工程实践上的复杂性。本书总结近年来作者及课题组成员对船舶管路布局优化设计所进行的研究工作，探索智能优化算法在船舶管路布局上的应用，力求为实现船舶管路的智能化设计奠定理论基础。

第 2 章　船舶管路智能布局优化设计数学建模研究

船舶管路布局优化设计中的数学建模主要是指在总结船舶管路布局特点的基础上，用几何方法来表达船舶管路布局空间状态及特点，建立其约束条件和目标函数，以便用数学工具对船舶管路布局优化问题进行求解。准确、高效的管路布局空间环境模型是优化的基础，针对复杂多变的船舶管路布局空间环境，需要重点研究布局空间的描述表达方法；研究布局空间中规则障碍物和不规则障碍物的描述表达方法；研究布局空间中管路希望通过区域和不希望通过区域的划分方法和表达方法；研究管路生成的方向指导机制等问题。本章在前面研究的基础上，结合船舶管路设计特点，建立针对船舶管路布局优化设计问题的约束条件和目标函数。

2.1　船舶管路布局空间环境模型

一般船舶管路布置在船舶舱室内或甲板上，甲板上的开放空间布局约束相对较少，容易完成，本节主要研究舱室内的管路布局问题。船舶管路布局空间环境模型主要包括舱室模型、障碍物模型、布局优劣区域模型和管路模型。

2.1.1　舱室模型

船舶管路布局设计通常是在一个给定的布局空间中完成，因而建立给定布局空间的数学模型是进行智能布局设计的前提。布局空间数学模型的准确与否直接关系到产生的布局设计方案质量的优劣，因此，好的建模方法对智能布局设计至关重要。栅格法可以将现实的空间精确地转换为空间的数学模型，并在实际应用中取得良好的效果，因此，本书中管路布局优化设计空间模型是基于栅格法建立的。

栅格法是通过将空间划分成若干网格状单元来建立空间模型的建模方法，这些网格单元称为栅格。根据栅格空间中是否存在障碍物，将栅格划分为自由栅格和障碍栅格。自由栅格是指空间内不存在任何障碍物的栅格，如果存在障碍物则称为障碍栅格。自由栅格可以用来布置物体，而障碍栅格则不能布置物体[76]。栅格法是用数学语言描述现实中的布局空间，可以准确地建立布局空间模型，为接下来的计算奠定基础。大多数成熟的搜索算法都可以应用于用栅格法建立的模型。通过栅格法建立数学模型的空间布局问题，只要存在最优的布局方案，那么通过合适的搜索算法就能够找出这个最优布局方案。

尽管栅格法在建立模型时有许多优点，但是它建立模型时需要解决栅格精度问题，这是大多数学者在使用栅格法时最头疼的问题。栅格的精度有时也称为栅格的粒度，它与栅格的大小和疏密程度有关。栅格划分得越小、越密集，则空间模型就建立得越精确，计算时得到最优布局方案就更加准确。但是，栅格越小意味着在同样大小的空间中栅格的数量就越多，会使得模型的规模越大，并且模型的计算规模有时会随着栅格数量的增加呈现出几何级数的增长，将带来由于模型规模过于庞大而造成无法计算的问题，或者因计算速度太慢无法满足使用要求。因此，栅格划分质量的好坏直接影响到布局问题的求解。

根据标识的对象不同，栅格法主要分为两种：坐标系法和符号法。下面将分别对这两种标识方法进行介绍。

1. 坐标系法

坐标系法是将空间模型划分成若干栅格后，建立直角坐标系，赋予栅格节点唯一的空间坐标值以标识。图 2.1 显示了在 3×3 栅格中坐标系法的标识方法。

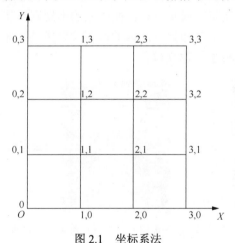

图 2.1　坐标系法

2. 符号法

符号法是通过赋予每个栅格唯一的符号以标识的方法，这些符号可以是数字符号也可以是字母符号，还可以是其他符号。符号法与坐标系法的区别在于符号法并不是对栅格节点进行标识，而是直接对栅格进行标识，并且不需要建立相应的直角坐标系。图 2.2 显示了在 4×4 栅格中符号法的标识方法。

13	14	15	16
9	10	11	12
5	6	7	8
1	2	3	4

图 2.2　符号法

　　船舶舱室空间需要建立适应于船舶管路布局的舱室空间数学模型，在研究中可以采用栅格坐标系法建立舱室布局空间模型。具体步骤如下：首先，根据舱室的长、宽、高将舱室空间简化为一个规则的长方体；然后，用栅格法对长方体模型进行栅格划分，分隔布局空间为三维网格节点区域（栅格），并采用直角坐标系标识法给每个栅格节点赋予一个唯一的坐标（位置）值 (x, y, z)；最后，根据舱室空间的实际情况对模型进行修正。实际上，大部分舱室空间通常不是规则的长方形，例如，舷侧舱室一般是具有曲面舱壁的不规则形状，所以要对模型进行修正，将模型中不属于舱室布局空间内的区域设置成禁止布置区域。图 2.3 显示了舷侧舱室布局空间模型的建立过程。

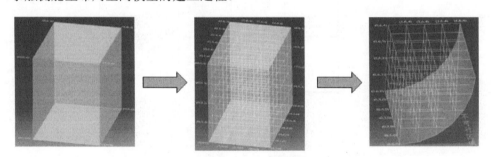

图 2.3　舷侧舱室布局空间模型的建立过程

　　划分栅格时，栅格大小是决定空间模型好坏的一个重要因素。栅格太大，空间划分不够细致，会造成后续智能布局优化困难；栅格太小，会增加模型空间的数据量，进而增加后续智能布局优化计算的时间。因而，栅格设计的质量直接影响空间模型的好坏。在船舶管路布局问题中栅格的大小一般依据如下几个要素进行设定：

　　（1）管路的半径。因为管路布局时会用管子的中心线来代替管子进行布局，所以栅格的边长不能小于管路的半径，否则会造成布局的错误。

　　（2）管路之间的预留间隙。邻近两根管子及管路附件间应留有间隙，用于隔热、安装等。间隙一般不应小于 20mm。所以栅格的边长一般应不小于管路半径和管路之间的预留间隙之和。

（3）管路与障碍物以及舱壁之间的间隙。管路与障碍物及舱壁之间应留有间隙，该间隙可根据实际情况确定。单管路布局时栅格的边长应不小于管路半径与管路与障碍物及舱壁之间的间隙之和；多管路布局时，栅格大小可选大管路半径，实际布置时再根据管子直径进行调整。

2.1.2　障碍物模型

障碍物模型是指船舶管路布局时针对舱室中机械设备、舱壁、过道、已敷设的管路和船体结构等不能穿过的物体所建立的模型。大多数障碍物的形状都是不规则的，如果建模时按照实际形状建立，不仅建模的工作量大，而且会增加优化计算时的数据量，因而大多数研究者都将障碍物简化为规则的形状进行建模。然而，这种简化在建模时往往只考虑了障碍物的几何形状尺寸，并未考虑到障碍物本身所固有的特性以及可维修性。于是，在管路布局优化研究中本节提出姿态空间建模方法，即建立一个或多个规则的长方体，使障碍物完全包含在这些长方体中。

姿态空间建立时应遵循如下的原则：

（1）姿态空间是障碍物的一个包络体，即障碍物完整地被包含在姿态空间中，没有伸出姿态空间外的部分。

（2）姿态空间要根据障碍物的固有属性来设置。例如，障碍物是电缆，要求电缆与管路之间的距离至少为 100mm，则电缆的姿态空间应包含电缆周围 100mm 的空间。

（3）姿态空间要考虑机械设备的可操作性和维修性，即要在障碍物的周围保留一定的操作维修空间，可以将操作维修空间也计算在姿态空间的包络体内。

2.1.3　布局优劣区域模型

船舶管路布局优劣区域模型由状态值模型和能量值模型两部分构成。船舶管路布局优劣区域模型是根据待布置物体的布置要求、功能特性、舱室空间环境等将待布置舱室空间划分成各个不同的布置区域，并且通过状态值和能量值来判断该区域是否适合布置管路。

状态值模型用于判断该区域能否布置管路。在管路布局设计时，首先将待布置舱室空间划分成两大类区域：可布置区域和禁止布置区域。禁止布置区域是指在舱室空间中由于舱室环境或者管路自身的功能特性而不能进行管路布置的区域。前面提到的建立舱室空间时的舱室外部区域以及障碍物区域都属于禁止布置区域。为了区别禁止布置区域与可布置区域，给对应的每个栅格节点赋予一个状态值。通过栅格节点状态值的大小来判断栅格节点是否位于禁止布置区域内，进而判断能否让管路通过该区域。在研究中可以将禁止布置区域内的栅格节点的状态值都设置为1，而位于可布置区域的栅格节点的状态值设置为0。

　　能量值（又称势能值）模型用于判断某区域是否适合布置待布置管路。能量值模型根据待布置管路的布置要求和功能特性，以及舱室空间环境，用能量值法将待布置舱室空间划分成各个不同的能量区域，并且赋予这些能量区域不同的能量值。根据能量值的高低，计算机可以判断该区域是否适合布置待布置管路。由于舱室布局空间模型采用了栅格坐标系法的标识方法，可以通过赋予每个栅格节点能量值的方式来建立能量区域模型。在管路布局设计时，可以设定能量值越小的节点优先权值越大，越希望管路通过该节点，即栅格节点的能量值越小，越适合布置管路。因为管路一般沿着舱壁或障碍物进行布置，所以舱壁或障碍物附近的区域的能量值要小于其他区域的能量值。根据管路的布置规则和约束条件，将布局空间按能量值的不同化分为优势区域、过渡区域、一般区域和禁止区域，能量值从优势区域的最小值逐渐增大到一般区域的最大值，同时设定网格节点的状态值。

　　对于管路来说主要有两类障碍物：一类是障碍物表面等效于墙壁、管路支架等区域，这类障碍物表面节点的能量值较低，希望管路沿着障碍物表面布置［见图2.4（a）］，如在多管路布局中，已布置的管路附近区域；另一类是障碍物表面具有较高的能量值，这类障碍物不希望管路沿着其表面布置［见图2.4（b）］，如热敏感区域等。

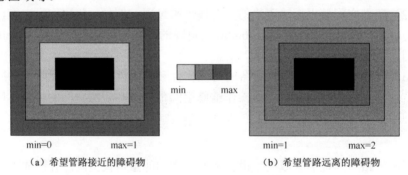

|　　　　（a）希望管路接近的障碍物　　　　　　　　　　（b）希望管路远离的障碍物|

图 2.4　障碍物周围的能量带

2.1.4　管路模型

　　船舶管路数量众多、种类繁杂、约束条件复杂、布置方式变化多样，使得船舶管路的智能布局问题难以取得进展。本节在研究过程中通过对船舶管路在实际工程中的布置方式进行总结分析，将复杂的船舶管路布局问题分为单管路布局问题、多管路布局问题和分支管路布局问题三类典型布局问题，如图2.5所示。单管路有一个起点和一个终点；多管路是指有两条或两条以上的单管路同时进行布置，在满足使用要求、约束条件的前提下尽量并行成束布置；分支管路具有一个起点和多个终点。本书在通过问题分解降低船舶管路布局工程复杂性的基础上，充分利用设计者和专家的专业知识和经验，结合智能优化算法，分别研究船舶单管路智能布局优化设计方法、多管路智能布局优化设计方法和分支管路智能布局优化设计方法，为船舶管路智能布局优化设计的实际应用奠定算法理论基础。

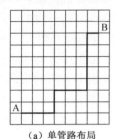
（a）单管路布局

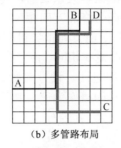
（b）多管路布局

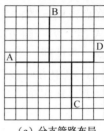
（c）分支管路布局

图 2.5　三类典型管路布局问题平面示意图

　　管路布局设计时通常采用中心线理论，即将管路的半径和壁厚都缩小为 0，建立船舶管路模型，在布局设计时可以用管路的中心线来代表管路进行布置。图 2.6 显示了管路模型的建立。

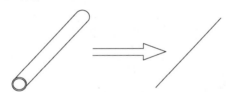

图 2.6　管路模型的建立

2.2　船舶管路布局方向指导机制

2.2.1　方向指导机制

　　在利用智能优化方法进行船舶管路布局优化设计时，初始种群中的每个个体都对应着一条布管路径。在利用栅格坐标系法建立的三维舱室空间模型中，一条管路布局的路径必须从起点走到终点，路径在通过一个节点进入下一个节点之前，会有 6 个方向可供选择。如果使路径在布局空间内完全随机生成，那么 6 个方向的选择概率是一样的，有可能造成路径前进的方向与终点方向相反，不仅使生成个体的时间变长，而且生成个体的质量得不到保证。因此，需要使用一种机制来引导初始路径前进的方向，由此便产生了方向指导机制的概念。方向指导机制是指在生成初始路径时，设定向终点方向前进的概率要大于其相反方向的概率，以此来提高初始个体的质量。

2.2.2　船舶管路布局方向指导机制的设置方法

在船舶管路路径优化设计中，为了完善方向指导机制，需要建立方向参数的概念。在进一步讨论各个方向的概率关系之前，先将 6 个方向分成两组：一组方向与终点方向一致；另一组方向与终点方向相反。假设与终点方向一致的一组方向为 A 组，另一组方向为 B 组。由方向指导机制可知，A 组的概率要大于 B 组的概率，并且同一组内各方向的概率相同。而方向参数是指 A 组中方向被选择的概率与 B 组中方向被选择的概率之比。设方向参数为 P，A 组中方向的被选择的概率为 P_1，B 组中方向的被选择的概率为 P_2，则有以下数值关系：

$$P = \frac{P_1}{P_2} \tag{2.1}$$

$$P_1 + P_2 = 1 \tag{2.2}$$

假设 6 个方向的概率分别为 2/9,2/9,2/9,1/9,1/9,1/9，则方向参数值的计算如下所示：

$$P_1 = \frac{2}{9} + \frac{2}{9} + \frac{2}{9} = \frac{2}{3}$$

$$P_2 = \frac{1}{9} + \frac{1}{9} + \frac{1}{9} = \frac{1}{3}$$

$$P = \frac{P_1}{P_2} = 2$$

计算得出的方向参数大小为 2。

方向参数的选择要适当，不能过小或过大。方向参数过小则方向指导的作用不明显，不能有效提高收敛速度；方向参数过大则初始种群的多样性会降低，不利于种群的进化，易发生早熟。

个体生成是有方向指导的随机生成方式，一条路径必须从起点走到终点，没有方向指导，路径在布局空间内完全靠随机生成很耗时，而没有沿各个方向的随机性选择很难产生满足约束的优良基因。设 (s_x, s_y, s_z) 为起点坐标，(e_x, e_y, e_z) 为终点坐标，空间内任意两点的相对位置可归纳如图 2.7 所示，以及表 2.1 所列出的 8 种情况[36]。方向指导即设定从起点向目标点方向行走的概率大于其相反方向的概率，用以保证初始个体产生的可能性。表 2.2 列出了每个相对位置在各个方向的概率值，路径从起点开始按概率大小随机走向它邻接的另一个节点，直到到达目标点形成一条初始路径。由于初始个体是在模型空间内随机产生的，它的节点（基因）有可能包含障碍物点，这种个体属于不可行解而非非法解[36]。虽然吸收这样的个体进入种群需要在进化过程中用罚函数把它淘汰，但在路径产生的过程中加入障碍物点可以防止管路的不连续和走斜线，并有助于在进化过程中利用不可行解所包含的优良基因促使种群进化。

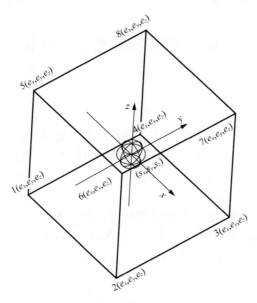

图 2.7　管路起点和终点相对空间位置

表 2.1　管路起点坐标和终点坐标的相对位置

情况	x 方向	y 方向	z 方向
1	$s_x \geqslant e_x$	$s_y \geqslant e_y$	$s_z \geqslant e_z$
2	$s_x \leqslant e_x$	$s_y \geqslant e_y$	$s_z \geqslant e_z$
3	$s_x \leqslant e_x$	$s_y \leqslant e_y$	$s_z \geqslant e_z$
4	$s_x \geqslant e_x$	$s_y \leqslant e_y$	$s_z \geqslant e_z$
5	$s_x \geqslant e_x$	$s_y \geqslant e_y$	$s_z \leqslant e_z$
6	$s_x \leqslant e_x$	$s_y \geqslant e_y$	$s_z \leqslant e_z$
7	$s_x \leqslant e_x$	$s_y \leqslant e_y$	$s_z \leqslant e_z$
8	$s_x \geqslant e_x$	$s_y \leqslant e_y$	$s_z \leqslant e_z$

表 2.2　各相对位置对应不同方向的概率值

情况	$+x$ 方向	$-x$ 方向	$+y$ 方向	$-y$ 方向	$+z$ 方向	$-z$ 方向
1	1/9	2/9	1/9	2/9	1/9	2/9
2	2/9	1/9	1/9	2/9	1/9	2/9
3	2/9	1/9	2/9	1/9	1/9	2/9
4	1/9	2/9	2/9	1/9	1/9	2/9
5	1/9	2/9	1/9	2/9	2/9	1/9
6	2/9	1/9	1/9	2/9	2/9	1/9
7	2/9	1/9	2/9	1/9	2/9	1/9
8	1/9	2/9	2/9	1/9	2/9	1/9

2.3　船舶管路智能布局优化模型

2.3.1　约束条件

由于造船市场竞争激烈,低成本、高性能及满足制造、安装和维护约束的产品已成为各大船厂努力追求的目标。在现代船舶设计中,管路设计占很大的比例,即使最简单的商船也需要 15～20 种管路系统[4]。所以,管路设计对船舶的性能及成本均有重大影响。

船舶上管子及其附件的数量和种类较多,约束条件纷繁复杂,不同种类的管子约束条件不同,同种管子在不同的布局环境中,约束条件也不一样[77]。船舶管路布局需要满足的主要约束条件归纳和总结如下。

1. 物理约束

在船舶管路布局设计问题中,由于船体管路布局舱室内放置有许多设备,而且舱室内部船体结构复杂,管路的布局路径需要绕开这些障碍物。另外,管路布局舱室内部各设备的工作状况不同,例如,一些设备在工作过程中会产生高温高热等工作状况。因此,管路布局设计需要根据各设备的工况要求,使管路路径与各设备之间保持一定的安全距离。

2. 经济约束

船舶管路系统是完整复杂的工程体系,每根管路都是由直管、弯头、阀、分支、法兰、支撑件和连接件等一系列组件共同构成,它们是管路布局问题主要的经济消耗。其中,很多组件与管路的路径长度和弯头数量直接相关。管路的路径长度越长、路径上的弯头数量越多,管路布局的经济消耗越大,而且管路在安装、检查和维修过程中的经济消耗也会越大。因此,在管路布局设计过程中,应尽量缩短管路的路径,减少路径上的弯头数量。

3. 生产约束

管路的路径应尽量沿坐标轴方向,按照正交规则进行布局,以使舱室内管路布局排列有序、错落有致。在船舶管路布局设计的过程中,应充分考虑管路在安装过程中的便利性,并满足管路在使用过程中频繁的维护和操作需要。而且,管路路径应尽量沿船舱墙壁进行敷设,以节省管路布局在舱室中占据的空间,为船上工作人员提供良好的工作环境。

4. 强度约束

在船舶管路布局过程中，还应充分考虑管路在使用过程中的强度要求。由于船舶管路的工作环境非常复杂，管路会受到各种载荷作用。如在高温或低温环境中，管路会受到热胀冷缩而产生的形变力；管路内部在输送过程中会受到冲击力；管路会受到因相邻设备振动和电磁作用而产生的外力；以及船舶在航行过程中由于船体结构变形引起的外力作用等。因此，在管路布局设计过程中，需要对管路的强度进行校核。

5. 美观约束

管路必须排列整齐，对各个系统的每个阀门均应进行有规则的整齐布置。管路应尽量沿着舱壁、设备及管路支架正交并成束敷设，以简化支撑、节省空间及美化外观。

2.3.2 目标函数

管路的布局设计是在满足物理约束、经济约束、安全与规范约束、生产及安装约束、操作及维护约束、强度约束、美观约束等各种约束条件下，在管路布局空间中找到一条从起点到终点的最短路径。对于三维布局空间中给定起点和终点的管路，其主要约束为空间中的障碍物。对于管路，障碍物可以分为两类：一类是希望管路沿着障碍物表面布置，这类障碍物表面节点能量值较低；另一类是不希望管路沿着其表面布置，障碍物表面具有较高的能量值，如热敏感区域等。本节以单管路布局优化为例，介绍船舶管路布局优化设计中目标函数的建立方法，后面各章节的管路布局优化模型都是基于此方法或在此方法基础上的改进。

对于单条管路，要在布局空间中找到一条从起点到终点的最短路径，需满足管路不与障碍物相交、管路长度最短、管路弯头数量尽可能少，并且尽量沿着所希望布管的区域布置管路，即管路上节点的能量值尽可能低。因此，单管路优化目标函数（亦称为适应度函数）可建立如下：

$$\text{fitness}(p) = 1 / \exp\left[\alpha \cdot L(p) + \beta \cdot B(p) + \gamma \cdot E(p) + \lambda \cdot O(p)\right] \qquad (2.3)$$

式中，$L(p)$ 表示管路总长度，$L(p) = \sum_{i=1}^{n}(\text{node}_i, \text{node}_{i+1})$；$B(p)$ 表示管路上总弯头数；$E(p)$ 表示管路上所有节点能量值之和，$E(p) = \sum_{i=1}^{n} e_i$；$O(p)$ 表示管路上所有节点中通过障碍物节点的个数；α、β、γ、λ 分别表示管路长度、弯头数、能量值以及状态值的权重。通常，$\lambda \cdot O(p)$ 作为惩罚函数项，λ 的取值要比 α、β、γ 大得多，而 α、β、γ 的取值大小取决于管路布局中的侧重项。由目标函数的表达形式可知，目标函数值越大，说明该管路布局越优。

第 3 章　基于遗传算法的船舶管路布局优化设计

遗传算法是基于达尔文进化论中的自然选择法则，模拟物种在进化过程中表现出的优胜劣汰规律而被提出的优化计算方法。遗传算法由 Holland 在 1975 年首次提出，他基于进化过程中适者生存的规律，结合所求解问题的具体情况，建立相应的数学模型执行优化计算，用于求解科学研究和工程技术领域的优化问题。遗传算法因具有搜索范围广、搜索能力强、计算过程简单、并行性和可扩展性等优点，被广泛应用于各种工程领域，如机器学习、工程优化、过程控制和图像处理等。遗传算法在各领域的研究和应用都取得了很好的效果，推动了相关工程领域的发展和进步。本章主要研究基本遗传算法及改进遗传算法在船舶管路布局优化设计问题中的应用。

3.1　遗传算法简介

3.1.1　遗传算法的产生和发展

按照达尔文的进化论，地球上的每一物种都经历了漫长的进化历程，生物种群从低级、简单的类型逐渐发展成为高级、复杂的类型。各种生物要生存下去，就必须经历"自然选择，适者生存"的过程。按照孟德尔和摩根的遗传学理论，遗传物质是作为一种指令密码封装在每个细胞中，并以基因的形式排列在染色体上，每个基因有特殊的位置并控制着生物的某些特性。不同基因组合产生的个体对环境的适应性不一样，基因的杂交和突变可以产生对环境适应性不同的基因组合，经过优胜劣汰的自然选择，适应度值高的基因组合得以保存。在一定的环境影响下，生物物种通过自然选择、基因交换和变异等过程进行繁殖生长，构成了生物的整个进化过程。这种进化过程是一种不断循环、发展和完善的过程，也是一种优化的过程[78]。

从生物进化过程可以看到，其进化的发生需要具备四个基本条件：存在由多个生物个体组成的种群；生物个体之间存在着差异或群体具有多样性；生物能够自我繁殖；不同个体具有不同的环境生存能力，具有优良基因组合的个体繁殖能力强，反之则弱。

受生物进化思想的启发，20 世纪 50～60 年代，少数几个计算机科学家独立进行"人工进化系统"的研究，这些研究形成了遗传算法的雏形。由于当时缺乏一种通用的编码方案，人们只能依赖变异而非交叉来产生新的基因结构，算法收效甚微。20 世纪 70 年代中期，Holland 在前人工作的基础上提出了位串编码技术，这种编码既适用于变异操作，又适用于交叉操作，并强调交叉是主要的遗传操作。随后，Holland 将该算法用于自然和人工系统的自适应行为的研究中，其后，又将该算法推广应用到优化及机器学习等问题中，并正式将其定名为遗传算法（genetic algorithm，GA）[19]。

遗传算法应用于最优化问题，应归功于 Holland 的学生 Jong，而 Grefenstette[79]开发了第一个遗传算法软件——GENESIS，对遗传算法的普及和推广起到了重要作用。对遗传算法研究影响力最大的专著，要属 1989 年美国伊利诺伊大学 Goldberg[80] 所著的 *Genetic Algorithms in Search, Optimization and Machine Learning*。这部书对遗传算法理论及其在各领域的应用展开了较为全面的分析和例证。1996 年，Michalewicz[81]出版了一部很有影响力的著作——*Genetic Algorithms + Data Structure = Evolution Programs*，它对遗传算法应用于最优化问题起到了重要推动作用。

20 世纪 80 年代中期，遗传算法进入了蓬勃发展时期。以遗传算法、进化计算为主题的多个国际会议在世界各地定期召开；有关遗传算法的学术活动、期刊纷纷出现；在机器学习、人工智能、神经元网络等学术会议上，也都有遗传算法专题；有关遗传算法的文章在国际、国内的各种期刊上频频出现；国际互联网也有许多相关的内容；日本新的计算机规划"真实世界计算"（real world computing，RWC）计划把遗传算法、进化计算作为其主要的支撑技术之一。这些集中反映了遗传算法的学术意义和应用价值。随着计算机技术的迅猛发展，遗传算法的应用也越来越广泛。它在机器学习、过程控制、经济预测、工程优化等领域取得的成功，已引起数学、物理学、化学、生物学、计算机科学、社会科学、经济学及工程应用领域专家的极大兴趣，目前，广大学者对遗传算法及其应用的研究方兴未艾。

3.1.2 遗传算法的基本思想

近年来，世界范围形成了进化计算热潮，计算智能已作为人工智能研究的一个重要方向。近期人工生命研究兴起，使遗传算法受到更加广泛的关注。

与生物进化相对应，在遗传算法中，首先对优化问题解进行编码，编码后的一个解称为一个染色体，组成染色体的元素称为基因。一个群体由若干个染色体组成，染色体的个数称为群体的规模。与自然界中的生存环境相对应，在遗传算法中用适应度函数表示环境，它是已编码的解的函数，是对一个解适应环境程度的评价。适应度函数的构造与优化问题的指标相关联。简单情况下，直接用指标函数或者对指标函数进行简单变换后作为适应度函数使用。适应度函数的大小标志着染色体对环境适应能力的强弱，它起着自然界中环境的作用。适应度函数确定后，自然选择规律将以适应度函数值的大小来决定一个染色体是否继续生存下去。生存下来的染色体成为种群，它们中的部分或全部以一定的概率进行交配、繁衍，从而得到下一代的群体。交配是一个生殖过程，发生在两个染色体之间，作为双亲的两个染色体，交换部分基因之后，生殖出两个新的染色体，即问题的新解。在进化过程中，染色体的某些基因可能会发生变异，即表示染色体的编码发生了某些变化。一个群体的进化需要染色体的多样性，而变异提供了保持群体的多样性的一种手段。一般认为，遗传算法由问题解的编码、初始种群产生、适应度函数、遗传算子、遗传算法的重要参数 5 个基本部分组成。

3.1.2.1　问题解的编码

由于遗传算法不能直接处理问题空间的参数，必须把它们转换成遗传空间由基因按一定结构组成染色体或个体。这种从表现型到遗传型的映射过程称为问题解的编码，也可称为问题解的表示。

编码是进行遗传操作的前提，编码方式的选取直接影响到杂交算子以及变异算子的运算策略，因而编码方式的优劣直接影响到遗传算法计算效率的高低。合适的编码方式可以使杂交算子以及变异算子的运算策略变得简单，进而能够促使群体正常进化，降低出现不良个体的概率，提高计算效率。而不合适的编码方式会使杂交算子以及变异算子的运算策略变得异常复杂，有时候甚至不可行，并使群体进化过程中因为不正常的进化而出现不良个体的概率大大增加，降低计算效率。

如何根据具体问题来选择一种合适的编码方式，是用遗传算法来解决实际应用问题时所要面对的第一个难题。随着遗传算法理论不断成熟、应用范围不断扩大，不断有学者提出新的编码方式。在众多的编码方式中，二进制编码方式、浮点数编码方式和符号编码方式的应用频率最高，应用范围也最广泛。

1.　二进制编码

遗传算法刚刚产生时，相关学者应用的编码方式就是二进制编码方式。至今，二进制编码方式依旧是应用最多的一种编码方式。二进制编码方式是用一串二进制编码来表示染色体。图 3.1 为一条用二进制编码方式进行编码的染色体。

110001110011

图 3.1　二进制编码的染色体

二进制编码字符串的长度与参数变量的取值范围以及求解精度有关。设某一参数变量的取值范围是 $[U_{\min}, U_{\max}]$，用长度为 l 的二进制字符串表示，则变量对应关系如图 3.2 所示。

$$
\begin{aligned}
00000\cdots0000 &= 0 &\rightarrow U_{\min} \\
00000\cdots0001 &= 1 &\rightarrow U_{\min}+\delta \\
\vdots\quad\vdots\quad&\vdots\quad\vdots \\
11111\cdots1111 &= 2^l-1 &\rightarrow U_{\max}
\end{aligned}
$$

图 3.2　变量对应关系

对应二进制编码的精度为

$$\delta = \frac{U_{\max} - U_{\min}}{2^l - 1} \tag{3.1}$$

假设某染色体的编码是 $X = b_i\, b_{i-1}\ b_{i-2}\cdots b_2\ b_1$，则对应的解码公式为

$$X = U_{\min} + \left(\sum_{i=1}^{l} b_i \cdot 2^{i-1}\right) \cdot \delta \tag{3.2}$$

二进制编码方式简单易行以及利于遗传操作实现的特点，使其在很长一段时间里都是遗传算法的主要编码方式。然而，随着遗传算法的发展，二进制编码方式暴露出不能有效解决多维高精度连续函数优化问题的缺点，于是有人提出了浮点数编码方式。

2. 浮点数编码

浮点数编码是指染色体的每个基因都用一个确定的浮点数来表示，染色体的长度由参数变量的个数决定。由于编码时使用的浮点数都是参数变量的真实值，浮点数编码方式有时也称为真值编码方式。同时，由于浮点数采用的是十进制数，对照二进制编码方式，该编码方式也称为十进制编码方式。

例如，在某一优化问题中有 6 个变量 $x_i(i=1,2,\cdots,6)$，每个变量的取值范围为 $\left[U_{\min}^i, U_{\max}^i\right](i=1,2,\cdots,6)$，则染色体可以表示为图 3.3 的形式。

X：5.2 6.1 1.4 2.3 3.9 7.8

图 3.3　浮点数编码方式的染色体

浮点数编码方式适用于对精度要求高并且遗传搜索空间范围较大的优化问题。浮点数编码方式有利于设计针对具体实际问题的遗传算子，使得遗传操作更加高效。但是，有时候编码中的基因只起到符号的作用，并不代表任何数值意义，因此，促成了符号编码方式的产生。

3. 符号编码

符号编码方式是指染色体中的基因值用没有任何数值含义的符号来表示。这

个表示的符号可以是字母，如 {A,B,C,…,Z}；可以是一个十进制数，如 {1,2,3,…,9}；也可以是字母和十进制数的组合，如 {A1,B2,C3,…,Z26}。例如，经典的 TSP，假设有 m 个旅行城市 $\{C_1,C_2,C_3,\cdots,C_m\}$，将各个城市的编号按照旅行的顺序依次排好就形成了一条旅行线路，即问题求解时的一条染色体，如图 3.4 所示。

$$X:\ [C_1,\ C_2,\ C_3,\cdots,\ C_m]$$

图 3.4　符号编码方式的染色体

符号编码方式便于在面对具体问题求解时设计具有针对性的遗传算子，进而可以提高计算效率。

3.1.2.2　初始种群产生

遗传算法是对众多个体同时进行的，这些众多的个体组成了群体。在遗传算法的处理流程中，编码设计后的任务是初始种群的设定，并以此为起点一代代进化直到按某种进化停止准则终止进化过程。

遗传算法中的初始群体是随机产生的，一般采用如下两种方法：

（1）根据问题的固有知识，设法把握最优解所占空间在整个问题空间中的分布范围，然后在此分布范围内设定初始种群。

（2）随机生成一定数目的个体，然后从中挑出最好的个体加到初始种群中。不断进行这个过程，直到初始种群中个体数量达到预先确定的规模。

3.1.2.3　适应度函数

适应度的概念来自于生物学，生物学家用适应度来表示某类物种对其生存环境的适应程度。在遗传算法中适应度函数是评价染色体性能好坏的指标。遗传算法将问题空间表示为染色体位串空间，为了遵循适者生存的原则，必须对个体位串的适应性进行评价。因此，适应度函数（fitness function）就构成了个体的生存环境。根据个体的适应度值，就可以决定它在此环境下的生存能力。一般来说，好的染色体位串结构具有比较高的适应度函数值，即可获得较高的评价，具有较强的生存能力。为了能够直接将适应度函数与群体中的个体优劣度相联系，在遗传算法中适应度值规定为非负。

遗传算法中的适应度函数通常是由优化问题的目标函数转换得到的。目标函数是指针对实际优化问题所建立的具体数学函数。一般求解最优问题有两种形式的目标函数，一种是求解最大值问题，另一种是求解最小值问题。假设所求目标函数为 $f(x)$，适应度函数为 $F(x)$，则转换方式如下：

$$F(x) = \begin{cases} f(x) + C_{\min}, & f(x) + C_{\min} > 0 \\ 0, & f(x) + C_{\min} \leqslant 0 \end{cases} \tag{3.3}$$

式中，$C_{\min}$ 表示一个相对较小的数。式（3.3）针对最大值问题。

$$F(x) = \begin{cases} C_{\max} - f(x), & C_{\max} - f(x) > 0 \\ 0, & C_{\max} - f(x) \leqslant 0 \end{cases} \tag{3.4}$$

式中，$C_{\max}$ 表示一个足够大的数。式（3.4）针对最小值问题。

适应度函数对遗传算法的收敛速度有很大的影响。计算初始，由于染色体的差异较大，适应度值差别很大，这样易于保留性能好的染色体，进化的速度也很快。然而，遗传算法计算的后期，染色体渐渐趋于相似，差别不是很大，如果适应度值不适当放大或缩小，将影响进化的速度。这种对适应度值的放大或缩小称为尺度变换。

目前常用的适应度值尺度变换有三大类，分别是线性尺度变换、乘幂尺度变换以及指数尺度变换。

（1）线性尺度变换。变换公式如下所示：

$$F^* = aF + b \tag{3.5}$$

式中，F^* 为新适应度值；F 为原适应度值；a、b 均为系数。系数 a、b 数值大小的设定将直接影响线性尺度变换的质量，通常需要反复测试来确定系数值。

（2）乘幂尺度变换。变换公式如下所示：

$$F^* = F^k \tag{3.6}$$

式中，F^* 为新适应度值；F 为原适应度值；k 为系数。系数 k 的大小与所求解的优化问题有关，通常需要通过反复测试来确定系数值。

（3）指数尺度变换。变换公式如下所示：

$$F^* = \exp(-\beta F) \tag{3.7}$$

式中，F^* 为新适应度值；F 为原适应度值；β 为系数。系数 β 越小，新旧适应度值差别就越大，通常需要反复测试来确定系数值。

3.1.2.4　遗传算子

遗传算法借鉴了生物界适者生存、优胜劣汰的进化规律，而遗传算子就是这一规律的重要体现。遗传算子包括选择算子、交叉算子以及变异算子。标准遗传算法的操作算子一般都包括选择、交叉和变异三种基本形式，它们是遗传算法具备强大搜索能力的核心，是模拟自然选择以及遗传过程中繁殖、杂交和突变现象的主要载体。

1. 选择算子

在生物界中，对环境适应能力强的物种将会不断进化，而不适应环境的物种将会灭亡。在遗传算法计算中，适应度高的染色体会被保留，而适应度低的染色体将会被淘汰。选择就是指从当前群体中选择适应度值高的个体以生成交配池的过程。在群体中选择适应度值高的个体并保留的过程称为选择操作，而选择操作所选用的策略称为选择算子，也称为选择策略。常用的选择算子有比例选择、最优保存策略选择、排序选择以及随机联赛选择。

（1）比例选择。比例选择的基本思想是适应度越高的染色体，被选择保留到下一代的概率也越高。设群体大小为 M，染色体 i 的适应度值为 F_i，则染色体 i 被选中保留至下一代的概率 P_i 如下所示：

$$P_i = \frac{F_i}{\sum\limits_{i=1}^{M} F_i}, \ i = 1, 2, 3, \cdots, M \qquad (3.8)$$

（2）最优保存策略选择。在遗传算法计算中，染色体经过交叉和变异之后会产生新的染色体，随着进化过程的不断推进，将会产生越来越多性能优良的染色体。然而，交叉和变异操作具有随机性，可能会破坏性能优良的染色体，降低计算效率。为了避免这种情况的发生，应采用最优保存策略选择。该选择是将群体中性能最优的染色体选出并直接保留进入下一代，而不需要经过交叉和变异的操作，这样可以避免性能优良的染色体被破坏。

（3）排序选择。排序选择是先将染色体按照适应度值大小进行排序，然后根据实际情况设定每一顺序的染色体被选择进下一代的概率，最后将这些概率按照顺序依次赋予每个染色体。染色体被选择的概率与适应度值没有直接关系，而是与染色体适应度值在群体中所排位置顺序有关。

（4）随机联赛选择。随机联赛选择的基本思想是群体随机分成若干个小群体，从小群体中选出适应度最高的染色体进入下一代。这一思想类似于足球比赛，先进行小组赛，再从小组赛中选择优秀的队伍进入淘汰赛。

2. 交叉算子

在生物界，两个同源染色体的交叉重组形成新的染色体，进而诞生新的生命。遗传算法中也主要通过两个染色体的交叉操作来产生新的染色体，进而不断优化。交叉操作是遗传算法具备原始性的独有特征。交叉算子是模仿自然界有性繁殖的基因重组过程，其作用在于将原有的优良基因遗传给下一代个体，并生成包含更复杂基因结构的新个体。交叉操作步骤一般分为以下 3 步：

步骤 1：从交配池中随机取出要交配的一对个体；

步骤 2：根据位串长度 L，对于要交配的一对个体，随机选取 $[1, L-1]$ 中的一个或多个整数 k 作为交叉位置；

步骤 3：根据交叉概率 $P_c (0 < P_c \leqslant 1)$ 实施交叉操作，配对个体在交叉位置处，相互交叉各自的部分内容，从而形成新的一对个体。

交叉算子是两个染色体进行交叉操作的策略，常用的交叉算子有单点交叉、多点交叉和算数交叉等。

（1）单点交叉。单点交叉就是在被选择的两条染色体中插入一个交叉点，将两条染色体中位于交叉点后面的部分进行交换。交叉过程示例如图 3.5 所示，其中，*表示交叉点。

$$\begin{matrix} A:1101*10011 \\ B:0001*00111 \end{matrix} \xrightarrow{\text{单点交叉}} \begin{matrix} A':110100111 \\ B':000110011 \end{matrix}$$

图 3.5　单点交叉

（2）多点交叉。多点交叉类似于单点交叉，区别在于多点交叉的交叉点有多个。多点交叉是将染色体在交叉点之间的部分进行交换。

（3）算数交叉。以上两种交叉算子主要是针对二进制编码方式的染色体。而算数交叉主要针对的是浮点数编码方式的染色体。假设染色体 A 和 B 进行交叉，则采用算数交叉后产生的新染色体是

$$\begin{cases} A' = \alpha B + (1-\alpha)A \\ B' = \alpha A + (1-\alpha)B \end{cases} \tag{3.9}$$

式中，α 为小于 1 的参数，可以根据实际问题进行具体设定。

3. 变异算子

在生物进化过程中，染色体可能会发生小概率的变异事件，从而使生物体拥有新的特征。在遗传算法中，变异操作模拟自然界生物体进化中染色体上某个基因发生的突变现象，从而改变染色体的结构和物理性状。与交叉操作不同的是，变异操作得到的新染色体与原来染色体的差别不是很大，加强了遗传算法的局部搜索能力。

变异的基本操作步骤如下：先在群体中所有个体的串位范围内随机地确定基因座（变异位），再以事先设定的变异概率 P_m 来对这些基因座的基因值进行变异。其目的一是使遗传算法具有局部的搜索能力；二是使遗传算法维持群体的多样性，防止出现早熟收敛。

变异算子是变异操作的策略，常用的变异算子有基本位变异和均匀变异。

（1）基本位变异。基本位变异操作是指以概率 P_m 对染色体中随机指定的一个或几个基因值进行变异操作。由于基本位变异只改变个别基因值且变异的概率较小，变异的效果不是很明显。但是，其原理以及操作简单便利，因而在遗传算法计算中采用基本位变异进行变异操作的学者也很多。

（2）均匀变异。均匀变异类似于基本位变异，不同的是，均匀变异的基因不再是随机指定的一个或几个，而是每个基因都以概率 P_m 进行变异。这样可以加强变异的效果，进而提高计算的效率。

在遗传算法中，交叉算子因其全局搜索能力强而作为主要算子，变异算子因

其局部搜索能力强而作为辅助算子。遗传算法正是通过这一对相互配合又相互竞争的操作而使其具备兼顾全局和局部的均衡搜索能力。

3.1.2.5　遗传算法的重要参数

在遗传算法的运行过程中，存在会对其性能产生重大影响的一组参数。这些参数在初始阶段或群体进化过程中需要合理选择和控制[80]，以使 GA 以最佳的搜索轨迹达到最优解。遗传算法的主要参数包括种群规模 n、交叉概率 P_c、变异概率 P_m 以及迭代次数 t 等。许多学者对此进行了大量的实验研究，给出了最优参数的建议[20, 82]。

1. 种群规模 n

种群规模 n 是指种群中所包含的染色体的数量。种群规模 n 直接影响到计算效率以及种群的多样性。n 的取值要适中，过大过小都不行。种群规模取值过大会造成计算规模庞大，进而造成计算效率低下；过小会降低种群的多样性，计算时易陷入局部最优解。一般情况下，专家建议 n=20～200，实际计算时应根据具体问题进行设定。

2. 交叉概率 P_c

在遗传算法计算中，交叉操作是产生新染色体的主要途径，交叉概率控制着交叉算子的应用频率。因而，P_c 一般取值会比较大，但交叉概率越高，群体中新结构的引入越快，已获得的优良基因结构的丢失速度也相对较高；而交叉概率太低则可能导致搜索阻滞，使得进化速度变得缓慢，从而影响计算效率。一般情况下 $P_c = 0.6 \sim 1.0$。

3. 变异概率 P_m

在遗传算法计算中，变异操作是保持群体多样性的有效手段，是交叉操作的一个有益补充。然而，变异操作并不是产生新染色体的主要途径，因而 P_m 取值通常较小，但变异概率太小，可能使某些基因位早期丢失的信息无法恢复；而变异概率过大，则遗传搜索将变成随机搜索。一般情况下 $P_m = 0.005 \sim 0.01$。

4. 迭代次数 t

迭代次数 t 通常是遗传算法的终止条件，当遗传算法的迭代次数达到 t 时，计算停止，并将群体中最优的染色体作为优化问题的解输出。t 的大小应视具体情况而定，过小会使得群体进化不够充分，得不到问题的最优解，过大则会造成计算的浪费。通常迭代次数 t 需要反复测试才能最终确定。

3.1.3　遗传算法的基本流程

遗传算法是一种借鉴生物界自然选择和进化机制发展起来的高度并行、随机、自适应搜索算法。它的研究历史比较短，是从试图解释自然系统中生物的复杂适应过程入手，模拟生物进化的机制来构造人工系统的模型。基本遗传算法（simple genetic algorithm，SGA）的实现步骤如下：

步骤 1：设置遗传算法基本参数，包括种群规模 n、迭代次数 t、交叉概率 P_c 和变异概率 P_m 等，并根据所求问题建立适应度函数，$t=0$；

步骤 2：随机生成 n 个染色体作为初始群体；

步骤 3：对于群体中的每个染色体 $x_i(i=1,2,\cdots,n)$ 分别计算其适应度值 $F(x_i)$；

步骤 4：如果算法满足停止准则，则转步骤 10；

步骤 5：对群体中的每个染色体 x_i 计算选择概率；

步骤 6：依据计算得到的选择概率值，从群体中随机地选择 n 个染色体，得到种群；

步骤 7：依据交叉概率 P_c 从种群中选择染色体进行交配，其子代进入新的群体，种群中未进行交配的染色体直接复制到新群体中；

步骤 8：依据变异概率 P_m 从新群体中选择染色体进行变异，用变异后的染色体代替新群体中的原染色体；

步骤 9：用新群体代替旧群体，$t=t+1$，转步骤 3；

步骤 10：进化过程中的适应度值最大的染色体经解码后作为最优解输出。

基本遗传算法的流程图如图 3.6 所示。

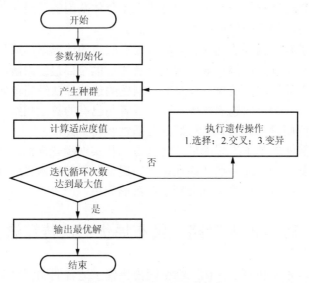

图 3.6　基本遗传算法流程图

3.1.4　遗传算法的主要特点

遗传算法利用生物进化和遗传的思想实现优化过程，同传统优化方法相比它具有以下特点。

（1）自组织性、自适应性和自学习性（智能性）。遗传算法求解问题是利用进化过程中获得的信息自行组织搜索。由于基于自然的选择策略为"适者生存，不适应者被淘汰"，适应度大的个体具有较高的生存概率。通常，适应度大的个体具有更适应环境的基因结构，再通过遗传操作就可能产生更适应环境的后代。进化算法的这种自组织、自适应特征，使它具有能根据环境变化自动发现环境的特性和规律的能力。因此，利用遗传算法，可以解决更复杂的非结构化问题。

（2）遗传算法的本质并行性。遗传算法的并行性表现在两个方面，一方面，遗传算法是内在并行的，即遗传算法非常适合大规模并行。它可以让几百甚至几千台计算机各自进行独立种群的演化计算，运行过程中不进行任何通信，等到运算结束时才通信比较，选取最佳个体。这种并行处理方式对并行系统结构没有限制和要求，可以说，遗传算法适合在目前所有的并行机或分布式系统上进行并行处理，而且对并行效率没有太大的影响。另一方面，遗传算法拥有内含并行性，若遗传算法在每一代对种群规模为 n 的个体进行操作，实际上处理了约 $O(n^3)$ 个模式，能以较少的计算获得较大的收益。

（3）在求解问题时，遗传算法首先要选择编码方式，它直接处理的对象是参数的编码集而不是问题参数本身，搜索过程既不受优化函数连续性的约束，也没有优化函数导数必须存在的要求。通过优良染色体基因的重组，遗传算法可以有效地处理非常复杂的传统优化函数求解问题。

（4）在所求解问题为非连续、多峰以及有噪声的情况下，遗传算法能够以很大的概率收敛到最优解或满意解，因而具有较好的全局最优求解能力。

（5）对函数的性态无要求。针对某一问题的遗传算法经简单修改即可适应其他问题，或者加入特定问题的领域知识，或者与已有的算法相结合，能够较好地解决一类复杂的问题，因而具有较好的普适性和易扩充性。

（6）遗传算法的基本思想简单，运行方式和实现步骤规范，便于具体应用。

鉴于遗传算法的上述特点，该理论一经提出即引起学术界的高度重视，并在实际工程技术和经济管理等领域得到了广泛的应用，产生了大量的成功案例。

3.2　船舶管路三维布局优化遗传算法

本节基于基本遗传算法，在三维空间内构建了适合船舶管路布局特点的遗传算法，在算法中提出采用基因间相互连接、变长度的编码方式及与该编码方式相适应的遗传操作算子。新的编码方式和操作算子使算法在遗传进化过程中保持管路连续、不走斜线，从而避免了非法个体的产生。杂交、变异只需在保证基因相互连接的情况下，用产生初始路径的方法完成，操作简单、易行[83]。通过实验测试证明，其设计合理、有效，适合船舶管路布局特点，避免了大量的对非法个体的修补工作。经过一定代数的遗传进化可使种群以一定的概率收敛到全局最优解，得到满足约束条件的布局结果，取得比现有平面管路布局的遗传算法更好的收敛性能。

　　首先按照第 2 章内容建立船舶管路布局空间环境模型，包括舱室模型、障碍物模型、布局优劣区域模型和管路模型。船舶管路三维布局优化遗传算法（ship pipe routing genetic algorithm，SPRGA）的操作方式和关键参数设计如下。

3.2.1　编码方法和种群初始化

　　开发遗传算法解决管路优化问题，首先需将问题的解编码为染色体，它是进行遗传算法其余步骤的先决条件。为研究问题方便，下面简化布局空间为长方体的模型空间，根据管子直径及管子之间的预留间隙分割模型空间为 $M \times N \times L$ 个三维网格节点。每个节点按行、列、层被赋予唯一的空间坐标（位置）序号 (x, y, z)，如图 3.7 所示。图 3.8 显示了一个模型空间为 3×3×3 的平面无向图。

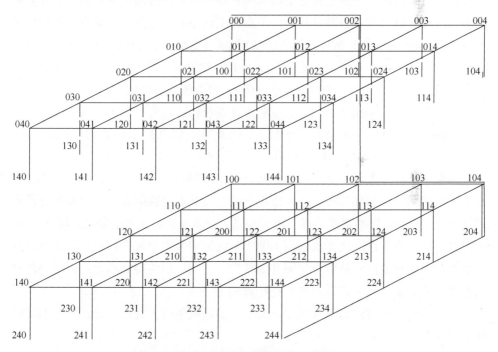

图 3.7　空间坐标序号和管路路径（染色体）

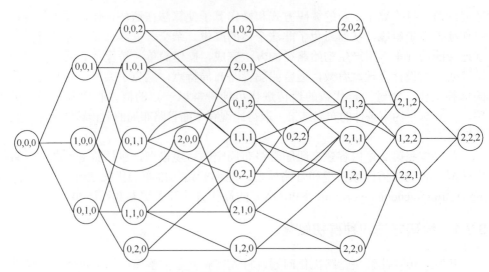

图 3.8　模型空间为 3×3×3 的平面无向图

一条管路是从起始位置到终点位置、由若干线段组成的折线。线段的端点即节点，每条管路上的节点不能重复且个数可变，即染色体的长度是可变的。这种长度可变的染色体，增加了其对不同长度管路表达和遗传操作的灵活性。任何两个相邻节点的后一节点必须是其前一节点在空间中 6 个方向的邻接点，以保证管路连续、不走斜线，如坐标序号为 (i,j,k) 的 6 个邻接点为 $(i-1,j,k)$、$(i+1,j,k)$、$(i,j-1,k)$、$(i,j+1,k)$、$(i,j,k-1)$、$(i,j,k+1)$，绕过了障碍物的路径是可行路径。一条路径对应种群中的一个个体（染色体），用路径节点坐标序号 (x,y,z) 组成的链表表示。路径 path 为图 3.8 对应的 1 条染色体：

path={ （0,0,0），（0,0,1），（0,0,2），（1,0,2），（1,0,3），（1,0,4），（2,0,4），（2,1,4），（2,2,4），（2,3,4），（2,4,4）}

网格节点同时被赋予能量值 e 和状态值 o。能量值 e 并非普通意义上的能量，在这里代表该节点的优先权值，e 值越小的节点其优先权值越大，越希望管路通过该节点。例如，根据管路应尽量沿着舱壁、设备及管路支架的规则，图 3.9（a）和图 3.9（c）中节点的优先权值高于图 3.9（b）中节点的优先权值。在个体进化的过程中优先权值高的基因会保留并遗传给下一代，最终得到满足约束规则的优秀个体。状态值 o 代表该节点是否在障碍物上。

个体生成是有方向指导（见 2.2.2 节）的随机生成方式，在保证质量的同时提高算法收敛速度。

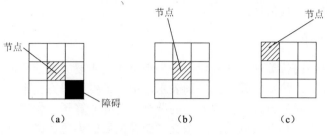

图 3.9　能量对比

3.2.2　适应度函数

适应度函数的选择在遗传算法中相当重要，它是引导遗传算法向问题最优解逼近的关键因素。对于具有约束性能指标的最优问题，可以取性能指标或性能指标的变换作为适应度函数。管路布局所讨论的问题是寻找一条满足约束条件的最短路径，约束条件是路径不与障碍物相交，即不能穿越禁止区、管路弯头最少，并尽可能走能量低的区域。如果将遗传算法设为求解最大值问题，则有约束的最小值问题可转变为有罚函数的最大值问题。目标函数与适应度函数分别为

$$\mathrm{Obj}(p) = L(p) + B(p) + E(p) + O(p) \tag{3.10}$$

$$\mathrm{fitness}(p) = A - [a \cdot L(p) + b \cdot B(p) + c \cdot E(p)] - d \cdot O(p) \tag{3.11}$$

或

$$\mathrm{fitness}(p) = \mathrm{e}^{-[a \cdot L(p) + b \cdot B(p) + c \cdot E(p) + d \cdot O(p)]} \tag{3.12}$$

式中，A 为适当大的正常数（A 的取值要保证 $\mathrm{fitness}(p)$ 为非负实数）；a、b、c 和 d 均是正常数；$L(p) = \sum\limits_{i=1}^{n} l(\mathrm{node}_i, \mathrm{node}_{i+1})$ 表示路径 p 的总长，其中，$l(\mathrm{node}_i, \mathrm{node}_{i+1})$ 表示相邻节点间的距离；$B(p)$ 表示路径 p 上总弯头数；$E(p) = \sum\limits_{i=1}^{n} e_i$ 表示路径 p 总能量值，其中，e_i 表示路径 p 上每个节点的能量值；$O(p)$ 是罚函数，表示路径 p 上各个节点穿过禁止区的个数。

3.2.3　遗传算子

1. 选择算子

选择算子决定哪个个体可以进入下一代。在此采用轮盘赌选择加精英保护策略的方法来进行选择。即首先对群体进行轮盘赌选择，对选择出的个体进行杂交、变异生成子代群体，选择子代和父代适应度值最高的个体，以确保最优秀的染色体在不被轮盘赌选中的情况下能够在新一代中得以保留。这样的选择算子可使遗

传算法具有更好的收敛性。

2. 杂交算子

交叉运算是遗传算法进化过程中产生新个体的主要方法，在遗传算法中起着关键作用。标准遗传算法采用二进制表示，由于特殊编码方案不能使用基本遗传算法的交叉（变异）方式，需要专门的杂交（变异）算子。代表管路的染色体的基因即网格节点是相互关联的，经杂交（变异）后的染色体必须保证其基因的相互关联性，以防止非法个体的产生。在这里杂交算子采用基于非对称单点杂交策略的交叉点杂交和随机点杂交。非对称是指进行杂交的管路个体染色体长度不必相等，杂交不必在同一位置上。

（1）交叉点杂交。列举父代 p_1 和 p_2 中均含有的节点集合 N_c（不包含源节点和目标节点）作为潜在的杂交位置。从 N_c 中随机选择一个节点（x,y,z）作为杂交点。通过交换杂交点后的所有节点得到杂交后的染色体。图 3.10 显示了从起点（0,0,0）到目标点（3,3,3）的一对父代的交叉点杂交运算情况。

父代 p_1	0,0,0	0,0,1	0,0,2	1,0,2	2,0,2	2,1,2	2,2,2	2,3,2	3,3,2	3,3,3		

父代 p_2	0,0,0	0,1,0	0,1,1	0,1,2	1,1,2	1,1,1	2,1,1	2,1,2	2,1,3	2,0,3	3,0,3	3,1,3	3,2,3	3,3,3

子代 p_1'	0,0,0	0,0,1	0,0,2	1,0,2	2,0,2	2,1,2	2,1,3	2,0,3	3,0,3	3,1,3	3,2,3	3,3,3

子代 p_2'	0,0,0	0,1,0	0,1,1	0,1,2	1,1,2	1,1,1	2,1,1	2,1,2	2,2,2	2,3,2	3,3,2	3,3,3

图 3.10　交叉点杂交

（2）随机点杂交。分别在父代 p_1 和 p_2 上随机地选择两个杂交位置（x_i,y_i,z_i）、（x_j,y_j,z_j）（不包含源节点和目标节点）。以（x_i,y_i,z_i）、（x_j,y_j,z_j）为起点和终点用生成初始路径的方法生成一条子路径 subp，在杂交点位置处连接子路径并交换杂交点位置后的所有节点生成子代染色体。图 3.11 显示了从起点（0,0,0）到目标点（3,3,3）的一对父代的随机点杂交运算情况。

父代 p_1	0,0,0	0,0,1	0,0,2	0,0,3	1,0,3	1,0,2	2,0,2	2,0,3	3,0,3	3,1,3	3,2,3	3,3,3

父代 p_2	0,0,0	0,1,0	0,2,0	0,3,0	0,3,1	0,3,2	1,3,2	2,3,2	3,3,2	3,3,3

子路径	0,0,3	0,1,3	0,2,3	0,3,3	1,3,3	1,3,2

子代 p_1'	0,0,0	0,0,1	0,0,2	0,0,3	0,1,3	0,2,3	0,3,3	1,3,3	1,3,2	2,3,2	3,3,2	3,3,3

子代 p_2'	0,0,0	0,1,0	0,2,0	0,3,0	0,3,1	0,3,2	1,3,2	1,3,3	0,3,3	0,2,3	0,1,3	0,0,3	1,0,3	1,0,2	…	3,2,3	3,3,3

图 3.11　随机点杂交

3．变异算子

变异可以维持群体的多样性，防止出现早熟现象。针对管路布局编码方式的特点，采用随机地删除一段、添加一段的变异方式。即在杂交后的染色体上随机选择两个变异位置（不包含源节点和目标节点），生成子路径，并用该子路径替代原位置间的路径。基于该变异方式，除随机变异外，增加与管路布局问题有关的启发式变异操作，即去弯头操作、绕障操作和去环操作，如图 3.12 所示。

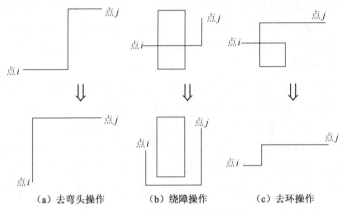

（a）去弯头操作　　　　　　（b）绕障操作　　　　　（c）去环操作

图 3.12　启发式变异操作

从上面的杂交变异方式可以明显看出，管路中的节点相互连接，没有跳跃的间断点，完全避免了非法个体的产生。当然，要对交叉点杂交的父代个体进行相似性检查，对过分相似的个体应优先选择随机点杂交方式或不杂交。

4．接受算子

接受算子采用优势个体接受原则。对杂交和变异后的子代个体，如果其适应度值高于其父代个体的适应度值，则接受该个体进入下一代种群，否则仍保留父代个体。

3.2.4　仿真实验

在 Windows 2000 环境下，用 VC++ 6.0 实现以上进化遗传算法，即 SPRGA。

进化算法在实际应用中表现出的性能与如何选取进化算法的各种参数（包括种群规模 n、交叉概率 P_c 和变异概率 P_m 等）有很大的关系。但到目前为止，还没有成熟的理论研究成果可以直接指导人们如何选取进化算法中的最优参数。一般在进化算法的实际应用中采用的都是从已有的实验中获得的经验数据。针对本节的船舶管路布局问题，经过大量的实验并结合经验值设置的参数如下：选取种群规模 $n=40$，交叉概率 $P_c=0.8$，变异概率 $P_m=0.05$，常数 $A=1000$，a、b、c 和 d 分别取 0.003、0.003、0.004、20。终止条件为进化是否趋于稳定状态，即种群一定比例的个体（一般是 80%）已完全是同一个体，则终止算法。

根据管路布局设计构造实验案例。如图 3.13（a）和图 3.13（b）是对角点坐标均为（0,0,0）和（19,19,19）、大小相同、空间内障碍物和管路起点及终点位置不同的两个模型空间，划分空间为 20×20×20 的网格。管路的布局空间不设具体的长度单位。另外，管路的布局空间通过这种方式进行定义，主要是因为能够清楚准确地表达布局空间内部障碍物的位置和计算结果中管路的路径。图 3.13 中空间内的长方体表示障碍物：图 3.13（a）中三个障碍物对角点坐标分别为（10,4,0）、（19,8,10）、（10,12,0）、（19,16,10）、（0,8,8）、（3,11,11），管路起点坐标为（0,0,0），终点坐标为（19,19,19）；图 3.13（b）中三个障碍物对角点坐标分别为（10,4,0）、（19,8,10）、（10,12,0）、（19,16,10）、（0,8,0）、（3,11,19），管路起点坐标为（0,0,0），终点坐标为（0,19,19）。

经过 20 次计算机仿真实验，得到如图 3.13 所示的次优路径。图 3.13（a）管路长度 57，弯头数 5；图 3.13（b）管路长度 44，弯头数 7。可以看出，三维空间内的管路在尽可能取得长度最短、弯头最少的情况下，不仅避开了障碍物，而且基本沿着能量低的舱壁、障碍物走。由于实际管路布局的约束条件十分复杂，案例中的模型空间只是对实际布局空间的一种简化，布局结果可能与实际的管路布局还有一定的差距。但案例初步证明该方法可以在满足一定约束的条件下获得管路次优路径。

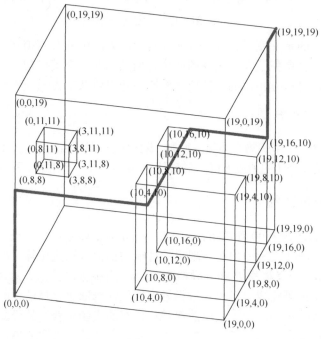

（a）

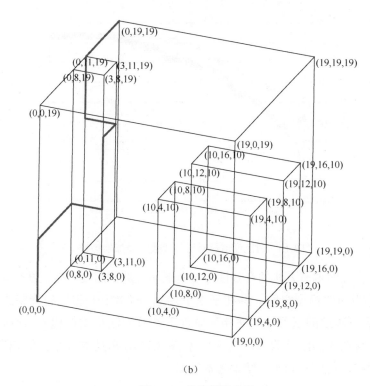

（b）

图 3.13　优化管路布局

图 3.14 和图 3.15 是基于上述案例的平均适应度值和最大适应度值相对遗传代数变化的统计情况。可以看出，本节所提出的管道规划算法在该案例下共需经过平均 80 次收敛，迭代时间约 30s。把已生成的管路设定为障碍并重新分配网格节点的能量值，用同样的方法进行后续管路的布局。

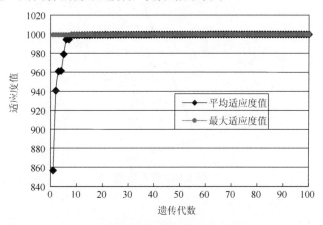

图 3.14　适应度值相对遗传代数（总趋势）

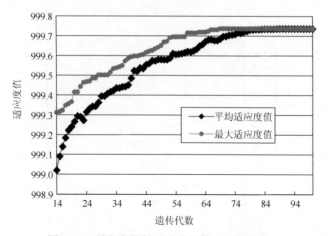

图 3.15　适应度值相对遗传代数（局部趋势）

为进一步证明本节方法的有效性，与文献[61]进行比较。在三维空间下构建与文献[61]相同的模型空间，并在平面下规划与文献[61]相同的管路路径，如图 3.16 所示。通过测试可知，在相同条件下本节方法平均迭代 60 次收敛，文献[61]的方法迭代 245 次收敛。图 3.17 和图 3.18 分别是本节方法和文献[61]方法的收敛曲线，可以看到布局结果基本类似。

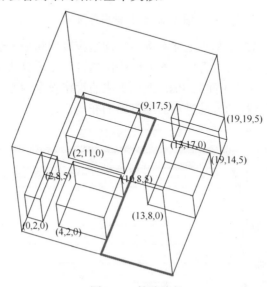

图 3.16　管路路径

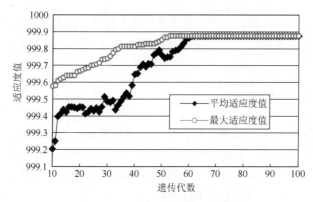

图 3.17 SPRGA 算法收敛曲线

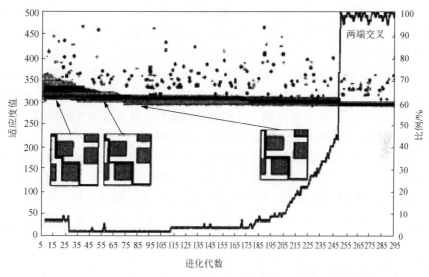

图 3.18 文献[61]方法收敛曲线

3.3 基于自适应退火遗传算法船舶单管路布局优化设计

本节在对基本遗传算法固有缺陷进行分析的基础上，介绍两种典型的改进遗传算法：自适应遗传算法和模拟退火遗传算法，并利用两种算法对所构建的 SPRGA 算法进行改进，提出基于自适应退火遗传算法的船舶管路布局优化设计方法：①对交叉概率和变异概率进行自适应调整，尤其让变异概率不但能根据适应函数值的不同而改变，而且可以随进化状态的变化而变化，从而提高算法的全局收敛性；②对适应度函数进行退火拉伸，避免适应度函数值在进化初期的远距离和进化后期的近距离分布的不合理状态，加快收敛速度；③对遗传操作后的恶化解执行 Metropolis 接受准则，增加种群的多样性，促进算法的全局收敛性[65]。经仿真实验验证，与船舶管路布局优化的遗传算法相比，该方法的全局收敛性得到了较大的提高。

3.3.1　遗传算法的局限性

遗传算法所具有的特点使它与传统优化算法相比，具有更好的通用性和极强的鲁棒性。遗传算法被广泛应用于各个领域。但基本遗传算法采用比例选择、固定的交叉概率和变异概率，会有一些固有缺陷，如早熟、收敛速度慢和难以找到全局最优解等，具体表现在以下两方面。

（1）进化早期，由于种群中个体差异较大，会出现个别或极少数适应度值相当高的个体。比例选择机制有可能导致这些个体在种群中迅速繁殖，经过少数几次迭代后占满种群的位置。于是，遗传算法的求解过程就结束了，即收敛了。但这很可能是收敛到局部最优解，即遗传算法的不成熟收敛，也就是早熟。

（2）进化后期，种群中个体适应度值彼此非常接近，这些个体进入配对集的机会相当，而且交配后得到的新个体也不会有太大变化。这样，搜索过程就不能有效地进行，选择机制有可能趋于纯粹的随机选择，从而使进化过程陷于停滞的状态，继续优化的潜能降低，难以找到全局最优解。

因此，针对基本遗传算法的上述缺陷，很多学者致力于探讨各种改进措施以期改善遗传算法的搜索性能，由此产生了很多变形的遗传算法，如 CHC 算法[84]、MessyGA[85]、自适应遗传算法[86]和混合遗传算法[87]等。除此之外，其他改进的遗传算法也有许多成功的案例。与基本遗传算法相比，这些改进的遗传算法能够更好地克服早熟和摆脱进化停滞现象，取得更优的计算性能。

3.3.2　自适应遗传算法

基本遗传算法中交叉概率 P_c 和变异概率 P_m 的选择是影响遗传算法行为和性能的关键。P_c 越大，新个体产生的速度越快，然而，遗传模式被破坏的可能性也越大，使得具有高适应度值的个体结构很快就会被破坏；若 P_c 过小，则会使搜索过程变得缓慢，以至停滞不前。如果 P_m 过小，不易产生新的个体结构；如果 P_m 过大，遗传算法就变成了纯粹的随机搜索算法。到目前为止，还没有理论上的成熟研究结果可以指导人们如何选取进化算法中的最优参数。在实际应用中，主要根据经验值和反复进行实验来确定参数，这是一件烦琐的工作，而且很难找到最佳值。Srinivas 提出一种自适应遗传算法（adaptive genetic algorithm，AGA）[86]，P_c 和 P_m 能随适应度值自动调整。当种群个体适应度值趋于一致或者趋于局部最优时，使 P_c 和 P_m 增加，而当种群个体适应度值比较分散时，使 P_c 和 P_m 减少。同时，适应度值高于种群平均适应度值的个体对应于较低的 P_c 和 P_m，使该解得到保护以进入下一代；而低于平均适应度值的个体对应较高的 P_c 和 P_m，使该解得以更新以增加种群的多样性。基于此，P_c 和 P_m 按如下公式进行自适应调整[88]：

$$P_c = \begin{cases} p_{c1} - \dfrac{(p_{c1} - p_{c2})(f' - f_{avg})}{(f_{max} - f_{avg})}, & f \geqslant f_{avg} \\ p_{c1}, & f < f_{avg} \end{cases} \tag{3.13}$$

$$P_m = \begin{cases} p_{m1} - \dfrac{(p_{m1} - p_{m2})(f - f_{avg})}{(f_{max} - f_{avg})}, & f \geqslant f_{avg} \\ p_{m1}, & f < f_{avg} \end{cases} \tag{3.14}$$

式中，f_{max} 为种群中最大适应度值；f_{avg} 为每代种群中的平均适应度值；f' 为要交叉的两个个体中较大的适应度值；f 为要变异个体的适应度值；$p_{c1} = 0.8$；$p_{c2} = 0.6$；$p_{m1} = 0.06$；$p_{m2} = 0.001$。

因此，自适应的 P_c 和 P_m 能够提供相对某个解的最佳 P_c 和 P_m。自适应遗传算法在保持群体多样性的同时，也保证了算法的收敛性。

3.3.3　模拟退火遗传算法

模拟退火算法是 1983 年 Kirkpatrick 等[26]将固体退火思想引入组合优化领域而提出的一种求解大规模组合优化问题，特别是 NP 完全组合优化问题的有效近似算法。固体退火过程的物理图像和统计性质是模拟退火算法的物理背景，Metropolis 接受准则使算法跳离局部最优的"陷阱"，而冷却进度表的合理选择是算法应用的前提。

固体退火是先将固体加热至融化，然后徐徐冷却使之凝固成规整晶体的热力学过程。固体温度参数为 T，反复进行状态转移过程，新状态的接受概率为 $p(x)$ 服从 Gibbs 分布：

$$p(x) = \frac{1}{z} \exp\left(-\frac{E(x)}{T}\right) \tag{3.15}$$

式中，z 为概率正则化系数，$E(x)$ 为状态 x 的能量。

由式（3.15）可知，随着温度参数的减小，接受概率也会减小，即能量函数增大的可能性也逐渐减小，最后系统会收敛于某一能量最小的状态。模拟这种固体退火过程，设组合优化问题的一个解及其目标函数分别与固体的微观状态 i 及其能量 E_i 等价，令随着算法进程递减其值的控制参数 t 担当固体退火过程中的温度 T 的角色。对于控制参数 t 的每一个取值，算法持续进行产生新解—判断—接受/舍弃的迭代过程对应于固体在某一恒定温度下趋于热平衡的过程。从统计物理学获得的 Metropolis 接受准则应用于从当前解 i 到新解 j 的转移概率 P_k 为

$$P_k(i \Rightarrow j) = \begin{cases} 1, & \text{当} f(i) \leqslant f(j) \\ \exp\left(\dfrac{f(i) - f(j)}{t}\right), & \text{否则} \end{cases} \tag{3.16}$$

开始取较大的 t，逐渐缓慢减小 t 的值，如此反复，直至满足某个停止准则时算法终止。因此，模拟退火算法可视为递减控制参数时 Metropolis 算法的迭代。

Paul L. Stoffa 借鉴模拟退火算法思想，提出了模拟退火遗传算法（simulated annealing genetic algorithm，SAGA）[35]。该算法采用如下的适应度拉伸方法：

$$f_i = \frac{e^{f_i/T}}{\sum\limits_{i=1}^{M} e^{f_i/T}} \tag{3.17}$$

$$T = T_0(0.99^{g-1}) \tag{3.18}$$

式中，f_i 为第 i 个个体的适应度；M 为种群规模；g 为进化代数；T 为温度；T_0 为初始温度。

遗传算法在运行早期个体差异较大，当采用经典的轮盘赌方式选择时，后代产生个数与父代个体适应度值的大小成正比，因此早期容易造成个别好的个体的后代充斥整个种群，造成早熟；在进化后期，适应度趋向一致，优秀个体在产生后代时优势不明显，从而使整个种群进化停滞不前。通过对适应度的适当拉伸，使在温度高时（遗传算法的早期），适应度值相互远离的个体的适应度值差异缩小，相近适应度值的个体产生后代的概率相近，避免优秀个体充斥整个种群。随着进化代数的增加，温度不断下降，拉伸作用加强，使适应度值相近的个体适应度值差异放大，从而使得优秀个体优势更突出，增强其进入交配池的概率，防止进化后期选择的完全随机性，使优化过程继续进行[88]。

3.3.4 基于自适应退火遗传算法船舶管路布局优化

3.2 节所建立的船舶管路三维布局优化遗传算法的组织结构采用的是基本遗传算法的构成形式，同样存在着基本遗传算法的固有缺陷，即收敛速度慢、全局收敛率低。因此，有必要对其进行适当的改进，以获得更好的优化性能。

运用自适应遗传算法和模拟退火遗传算法的改进思想分别对 SPRGA 的交叉概率和变异概率进行自适应调整，对其接受算子和适应度函数进行退火处理，从而形成一种自适应退火遗传算法的船舶管路布局优化方法（ship pipe routing adaptive simulated annealing genetic algorithm，SPRASAGA），下面对改进措施进行详细介绍。

3.3.4.1 变异概率的改进

相对杂交算子而言，进化后期变异算子的作用更大。这主要因为进化前期群体中个体的差异较大，所以选择操作和杂交操作的作用较明显，进化速度较快。但在进化后期，群体中个体差异已经变得很小，其适应度值也变得很接近，此时选择操作和杂交操作效果都不好。因此，变异操作变得很重要，某种程度上可以说它是决定遗传操作能否摆脱局部最优解的关键因素。此时，只有提高变异概率，才能增加种群的多样性，降低算法陷入局部最优解而导致早熟的概率。但式（3.14）的变异概率只能根据个体的适应度值进行调整，不但变异概率很小难以增加种群的多样性，而且每一代调整值均固定在 0.001～0.06 范围之内，不能随着种群的进化状态而改变，因此，必须重新对其进行修正。修正后的变异概率，一方面要维持种群已获得的较好的总收敛趋势；另一方面当种群处于停滞状态时能增加种群的多样性，防止早熟收敛。鉴于这种思路，在进化顺利时（指每代都有更优的解出现），变异概率维持在较低的水平，即未进化代数 gsgen 很低，P_m 也很低；而当有几代未进化时（这里指未出现更优解），可以认为依靠现行的群体难以找到最优解，此时可以提高变异概率以扩大搜索范围，即未进化代数 gsgen 增大，从而提高 P_m，让变异概率不仅能随个体适应度值的不同而改变，而且能随进化状态的变化而变化。同时，为避免改变总收敛趋势，大的变异只作用在适应度值低于平均适应度值的个体，对适应度值高于平均适应度值的个体仍采用变异概率较小的 Srinivas 自适应调整方式。这样，当种群处于进化状态时，个体的适应度值采用变异概率较小的 Srinivas 自适应调整（调整范围仍固定在 0.001～0.06）。而当种群处于停滞状态时，种群的总收敛趋势依靠适应度值高于平均适应度值的个体的相对较小的变异概率维持，而种群的多样性依靠适应度值低于平均适应度值的个体的相对较大的变异概率来调整，使种群既能向着好的方向进化，又不至于陷入局部最优解，达到双赢的效果。因此，对 P_m 按如下公式重新调整：

$$P_m = \begin{cases} p_{m1} - \dfrac{(p_{m1} - p_{m2})(f - f_{avg})}{(f_{max} - f_{avg})}, & f \geqslant f_{avg} \\ p_{m1} + gsgen \cdot k, & f < f_{avg} \end{cases} \qquad (3.19)$$

式中，gsgen 为未进化的代数；k 取（0,1）区间内合适的值，这里取 0.05；其他同式（3.14）。

为避免杂交操作、变异操作使当前找到的最优解遭到破坏以至难以收敛，仍需采用标准遗传算法的精英保护策略，使新一代的最优个体的适应度值至少不低于上一代的最优个体的适应度值。

3.3.4.2　适应度函数的退火拉伸

标准遗传算法采用轮盘赌加精英保护策略的方法来进行选择，这种以适应度为基础的选择方式常常导致以下问题：①在遗传算法初期，由于通常会有一些超常个体，这样的个体因竞争力太突出而控制选择过程，影响算法的全局优化性能；②在进化后期，由于种群中个体适应度值差异较小，个体进入配对的机会相当，选择机制有可能趋于纯粹的随机选择，从而使进化过程陷入停滞状态，难以找到全局最优解。

从标准遗传算法适应度函数的设计可以看到，在进化初期难以避免不可行解的出现，由于惩罚函数对它的作用，这样的个体适应度值很低，使得种群中个体的适应度值差异很大。进化过程中由于采用了优势个体的接受原则，在进化后期，种群中的个体都趋于较优值，不但没有不可行解，而且个体之间的适应度值差异很小。

下面针对以上两种情况，基于模拟退火思想，对适应度函数进行尺度变换，变换函数如下[88]：

$$\text{fitness}(p) = \frac{1}{\exp\left\{T \cdot \left[a \cdot L(p) + b \cdot B(p) + c \cdot E(p) + d \cdot O(p)\right]\right\}} \quad (3.20)$$

$$T = T_0 \cdot R^{\text{gen}} \quad (3.21)$$

式中，T 为退火温度；T_0 为退火初始温度；gen 为遗传代数；R 为略小于 1 的正数，这里取 0.99；其他同式（3.11）。

经此变换后，进化过程中每代的最大适应度函数值均为 1。当采用轮盘赌方式进行选择复制时，调整后的适应度函数在温度高时（初始温度，遗传算法早期）计算出的各染色体的适应度函数值差异较小，染色体被选择复制的概率相近，这样就避免了个别好的染色体充斥整个种群，造成早熟。而当温度随着遗传代数不断下降时，目标函数值相近的染色体适应度函数值差异将逐渐增大，从而使得优秀染色体的优势更加突出，避免种群进化停滞不前。用模拟退火思想对适应度函数进行适当拉伸，能解决遗传算法的早熟和停滞不前的缺陷，加快寻优速度。

3.3.4.3 接受算子的退火处理

遗传算法是根据个体的适应度函数值（目标函数值，或通过对目标函数进行适当的修改而产生）的大小来确定该个体遗传到下一代群体的概率，避开了函数求导的障碍。在交叉运算和变异运算中引入随机数，根据设定概率与随机数的大小决定交叉和变异的个体、交叉位和变异位，并且使用群体中多个个体同时搜索寻优，搜索效率较高。但标准遗传算法采用优势个体的接受原则，这种只接受优良解的遗传算法，虽然能较强地把握搜索总体过程，使搜索向全局最优解的方向进行，但容易陷入局部最优解，出现"早熟"现象。如果能对这种接受算子进行退火处理，即在种群的进化过程中，不仅接受优良解，而且还以一定的概率接受恶化解，从而增加种群中个体的多样性，使搜索路径向后退，跳出局部最优解的"陷阱"，形成更有效的搜索全局最优解的方法。这种对接受算子进行退火处理的遗传算法，是在遗传算法的交叉和变异运算后加入退火接受的过程。即杂交和变异后的子代个体，如果其适应度值高于父代个体的适应度值，则用子代个体代替父代个体进入种群；如果子代个体的适应度值低于父代个体的适应度值，则以 Metropolis 接受准则接受该个体，其接受概率 P_a 为

$$P_a = \begin{cases} 1, & f_{\text{new}} \geqslant f_{\text{old}} \\ \dfrac{1}{\exp\left(\dfrac{f_{\text{old}} - f_{\text{new}}}{T}\right)}, & f_{\text{new}} < f_{\text{old}} \end{cases} \tag{3.22}$$

式中，f_{old} 为杂交或变异前的父代个体适应度值；f_{new} 为杂交或变异后的子代个体适应度值；其他同前。

由式（3.22）可知，种群在进化过程中不仅接受优良解，而且还以一定的概率接受恶化解，并且随着温度的降低，对恶化解的接受概率逐渐减小。这种接受方式增加了每代种群的多样性，提高了算法的局部搜索能力，使得搜索沿着全局最优方向进行。

3.3.5　算法计算步骤

根据前面的改进措施，自适应退火遗传算法的船舶管路布局优化设计方法的实现步骤如下：

步骤 1：给定种群规模 n，设定值 P_{c1}、P_{c2}、P_{m1}、P_{m2}，遗传代数 gen=0，未进化代数 gsgen=0。

步骤 2：随机生成 n 个初始路径（染色体）作为初始群体，确定初始温度 T_0。

步骤 3：按式（3.20）对种群中的每个染色体 $x_i = (i = 1, 2, \cdots, n)$ 分别计算其适应度值 $F(x_i)$。

步骤 4：运用轮盘赌从种群中选择交配个体 x_i，$x_j = (i = 1, 2, \cdots, n)$，$i \neq j$。

步骤 5：按式（3.13）计算个体 x_i 和 x_j 的交叉概率 P_c，如果 random（0,1）< P_c，则对 x_i 和 x_j 执行标准遗传算法的杂交操作，否则不杂交。

步骤 6：按照式（3.22）分别计算个体 x_i 和 x_j 的接受概率 P_{ai} 和 P_{aj}，用 Metropolis 接受准则判断是否接受个体 x_i 和 x_j。

步骤 7：按式（3.19）计算个体 x_i 和 x_j 的变异概率 P_m，如果 random（0,1）< P_m，则对 x_i 和 x_j 执行标准遗传算法的变异操作，否则不变异。

步骤 8：再次按照式（3.22）分别计算个体 x_i 和 x_j 的接受概率 P_{ai} 和 P_{aj}，用 Metropolis 接受准则判断是否接受个体 x_i 和 x_j。

步骤 9：执行标准遗传算法的启发式变异操作。

步骤 10：判断 i 和 j 是否等于种群规模 n。若是，进行以下步骤；否，转步骤 4。

步骤 11：分别计算子代种群个体的适应度值 $F'(x_i)$。如果 $F'(x_i)_{\text{elites}} > F(x_i)_{\text{elites}}$，

则 gsgen=0；如果 $F'(x_i)_{\text{elites}} \leqslant F(x_i)_{\text{elites}}$，则 gsgen=gsgen+1，并执行精英保护策略。

步骤 12：判断算法是否满足终止准则。如果满足，执行步骤 13；如果不满足则 gen=gen+1，$T = T_0 \times R^{\text{gen}}$，转步骤 3。

步骤 13：将进化过程中的适应度值最大的染色体解码后作为最优解输出。

步骤 14：结束。

3.3.6　仿真实验

1．参数设置

种群规模 n=40，标准遗传算法的交叉概率 $P_c = 0.8$，变异概率 $P_m = 0.05$。自适应退火遗传算法的交叉概率、变异概率如 3.3.4 节所述。适应度函数中常数 A=1000，a、b、c 和 d 分别取 0.003、0.003、0.004 和 20，经大量实验确定初始退火温度取 $T_0 = 5$。

2．模型空间

构造如图 3.19 所示的对角点坐标分别为（0,0,0）、（19,19,19）的模型空间，划分空间为 20×20×20 的网格点。图 3.19 中空间内的立方体表示障碍物，三个障碍物的对角点坐标分别为（10,4,0）、（19,8,10），（10,12,0）、（19,16,10），（0,8,0）、（3,11,19），管路起点坐标为（0,0,0），终点坐标为（19,19,19）。

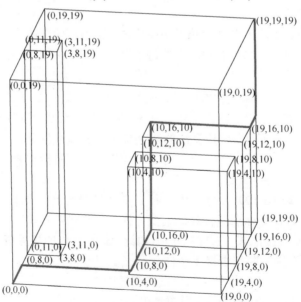

图 3.19　模型空间及优化管路路径

3. 优化目标

寻找一条满足约束条件的连接管路起点和终点的最优路径。约束条件是路径不与障碍相交，即不能穿越禁止区，使长度最短、管路弯头最少，并尽可能沿着障碍物或舱壁走能量低的区域。

4. 实验结果

为了进行对比，验证自适应交叉概率、变异概率，适应度函数的退火拉伸及退火接受算子对遗传算法的改进效果，在同一管路布局的三维模型空间下，分别利用 SPRGA、自适应管路布局遗传算法（ship pipe routing adaptive genetic algorithm，SPRAGA）（把 SPRGA 的固定交叉概率、变异概率替换成如上所述的自适应交叉概率和变异概率）、自适应加退火接受的管路布局遗传算法（SPRASAGA1）（即在 SPRAGA 算法的基础上对接受算子进行退火处理）以及自适应加退火接受和退火拉伸的管路布局遗传算法（即本节所述的 SPRASAGA），各进行 50 次实验，每次迭代 150 代，四种算法的参数设置采用一致的数据。图 3.19 是随机抽取的一条全局最优管路路径布置图，图 3.20～图 3.23 是分别从各种算法的 50 次实验中随机抽取的四幅收敛曲线图，它们的性能如表 3.1 所示。

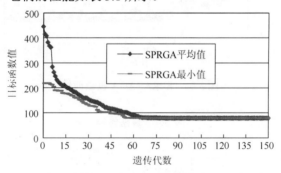

图 3.20　SPRGA 收敛曲线

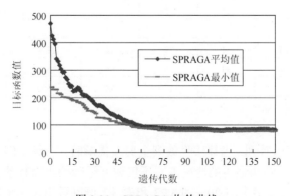

图 3.21　SPRAGA 收敛曲线

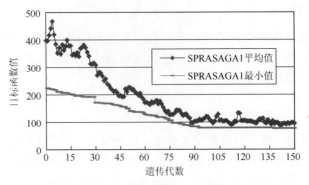

图 3.22　SPRASAGA1 收敛曲线

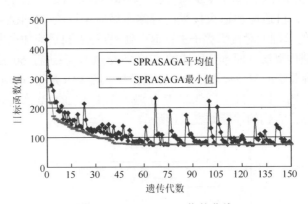

图 3.23　SPRASAGA 收敛曲线

表 3.1　算法性能

算法	性能						
	平均收敛代数	收敛到全局最优解次数	收敛到局部最优解次数	总体全局最优率/%	总体最优值（标量）	总体平均最优值（标量）	平均运行时间（每150代）/s
SPRGA	68	22	28	44	79	85	30
SPRAGA	75	31	19	62	77	82.8	113
SPRASAGA1	100	34	16	68	76	82.74	73
SPRASAGA	65	37	13	74	75	81.42	63

5. 性能分析

从图 3.19 可以看到，当算法收敛到全局最优解时，三维空间内的管路在尽可能取得长度最短、弯头最少的情况下，不仅避开了障碍，而且基本可沿着能量低的舱壁、障碍物走。由图 3.20～图 3.23 和表 3.1 可以看出，在全局收敛性方面，虽然 SPRGA 的收敛速度相对快一些,但其较其他三种算法更容易陷入局部最优解,四种算法的全局收敛性逐渐递增,SPRASAGA 的全局收敛性最好,达 37 次,占总实验次数的 74%,而 SPRGA 的总体全局最优率为 44%;在种群的多样性方面,由于加入了退火接受的"扰动",SPRASAGA1 和 SPRASAGA 的曲线比 SPRGA 和 SPRAGA 的曲线"曲折"许多,表明种群的多样性得到了很大的提高,虽然由于进化后期变异概率的增大会导致进化时间相对延长,但在时间允许的范围内对恶化解的概率接受有助于提高搜索的全局收敛性;在收敛速度方面,目标函数值的下降程度反映了种群的优化速度,从图 3.23 的目标函数值的变化曲线可知,由于在 SPRASAGA 中对适应度函数进行了退火拉伸,其目标函数值下降较快,在第 15 代时 SPRASAGA 的目标函数值约为 150,而 SPRGA、SPRAGA 及 SPRASAGA1 的目标函数值分别约为 200、225 和 350,说明 SPRASAGA 的收敛速度比其他三种算法快。从表 3.1 可以看出,各算法的总体最优值和总体平均最优值都在逐渐下降,说明算法逐渐得到改进。总之,相比其他算法,SPRASAGA 不但收敛速度快,而且具有较强的摆脱局部最优解的能力,与 SPRGA 相比在平均收敛代数基本相近的情况下全局收敛率提高了 30%。

3.4 基于爬山遗传算法船舶单管路布局优化设计

本节针对基本遗传算法局部搜索能力差、易陷入局部最优解的缺陷,将爬山算法与基本遗传算法结合构成爬山遗传算法,用于解决船舶管路布局优化设计问题。爬山算法的全局寻优能力不如遗传算法,但是局部寻优能力要优于遗传算法,因而将这一算法和基本遗传算法相结合,能够取长补短,提高算法效率[89]。

3.4.1 爬山遗传算法

爬山算法(hill-climbing)是一种较简单的启发式搜索算法,它将最陡上升方向作为搜索方向,因此能够以最快的速度爬到山顶。其搜索过程概况如下:扩展当前节点并估价它的子节点,将最优子节点作为下一步扩展节点,以此类推,爬到"山顶"为止[90]。爬山算法是一种基于邻域搜索技术的方法,它沿着有可能改进解的性能的方向进行单方向的搜索,称为爬山。它具有探索移动和模式移动两种移动方式,先从搜索点出发进行探索移动,确定目标函数性能改进方向,再进行模式移动,即在确定的方向上加速移动,反复进行探索→爬山→搜索→爬山,逐渐向最优解靠近,最后获得最优解。

改进后爬山遗传算法的流程图如图 3.24 所示。

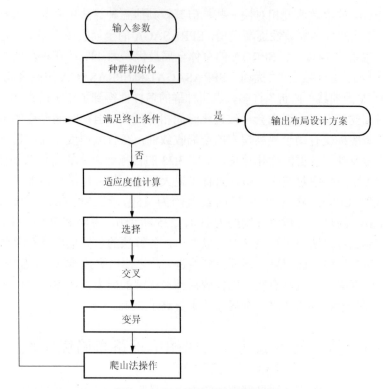

图 3.24　爬山遗传算法计算流程

3.4.2　编码方法

由舱室布局空间模型可知，布局空间进行了栅格划分，赋予了每个栅格节点唯一的坐标（位置）值 (x, y, z)。管路布局时从起点到终点会经过许多节点，将这些节点组合起来就构成了管路的布局路径。采用浮点数编码方式，每个染色体由一串坐标值组成，表示一条管路路径，如图 3.25 所示。

$$\boxed{x_1, y_1, z_1} \quad \boxed{x_2, y_2, z_2} \quad \boxed{x_3, y_3, z_3} \quad \cdots \quad \boxed{x_n, y_n, z_n}$$

图 3.25　染色体编码

3.4.3　适应度函数

在管路布局优化设计问题中，管路的长度以及管路所需弯头数量是影响管路布局经济性的主要因素，通常通过这两个指标来评价管路布局设计的优劣。此外，根据优势区域模型的划分，管路布局时应该尽可能通过能量值低的区域，管路路

径不能与障碍物相交，即不能通过禁止区域。综合考虑以上各方面因素，适应度函数为

$$f(p) = A - [a \cdot L(p) + b \cdot B(p) + c \cdot E(p)] - d \cdot O(p) \qquad (3.23)$$

式中，p 为染色体个体；$f(p)$ 为染色体个体的适应度函数；$L(p)$ 为管路布局长度；$B(p)$ 为管路弯头个数；$E(p)$ 为管路通过区域的能量值之和；$O(p)$ 为罚函数，对管路路径中处于禁止区域内节点进行惩罚；A 为一个适当大的数，用来保证适应度函数的非负性；a、b、c、d 为四个权重参数，用来调节各项指标之间的权重关系。

3.4.4　遗传策略

爬山遗传算法采用轮盘赌选择算子。交叉算子采用随机点交叉方式，如图 3.26 所示，其中，带*标志的坐标为交叉点，子路径是两个交叉点之间的随机重新生成的路径。

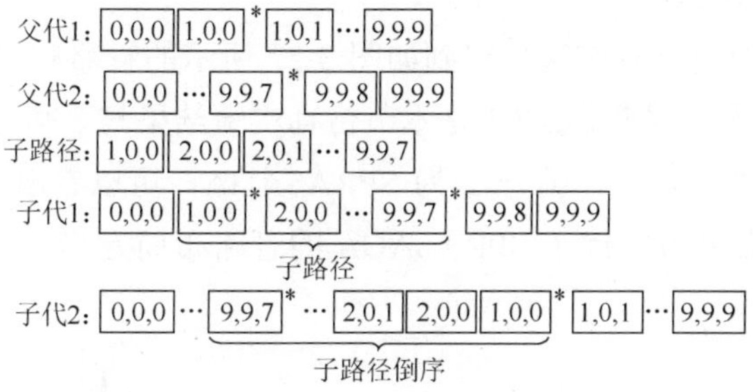

图 3.26　交叉运算

变异算子是决定染色体如何进行变异操作的方法，变异操作是遗传算法中保持群体中个体的多样性和防止出现早熟现象的重要手段。本节算法采用随机点变异方式，即在染色体中除起点和终点以外的节点中，随机选择两个节点，通过替换两个节点之间的子路径来进行变异操作。

3.4.5　仿真实验

为了将布局优化设计结果与其他算法相比较，本节采用与 3.3 节自适应退火遗传算法的船舶管路布局优化方法（SPRASAGA）相同的数值仿真模型。将待布局空间划分为 20×20×20 的网格点，设起点坐标为（0,0,0），终点坐标为（19,19,19），待布置空间内有三个长方体障碍物，对角点坐标分别为 （10,4,0）、（19,8,10），（10,12,0）、（19,16,10），（0,8,8）、（3,11,11）。

本节仿真实验的实验条件如表 3.2 所示。

表 3.2　实验条件

环境	参数
主机	Intel® Core™ 2 CPU 6300 @1.86GHz，2.00GB 内存
操作系统	Windows XP
三维设计软件	AutoCAD 2008
编程语言	Visual Basic 6.0

经过反复实验总结，采用如下参数：种群规模 M=40，交叉概率 P_c =0.8，变异概率 P_m =0.06，参数 A=10 000，权重参数 a=3，b=3，c=4，d=20。

终止条件为进化进入稳定状态。稳定状态是指种群中有一定比例的个体相同，该比例参数不能设置得太高，太高会降低计算效率；也不能设定得太低，太低会造成进化不完全，得不到满意的解。本节比例参数定为 0.8，即当种群中 80%个体相同时，算法终止。

进过 100 次数值仿真实验，得到如图 3.27 所示的管路布局结果，图 3.28 是SPRASAGA 管路布局结果。表 3.3 是本节仿真实验结果与 SPRASAGA 结果对比，其中，编号 1 为本节算法，编号 2 为 SPRASAGA。可以看出，用爬山遗传算法计算获得的管路布局方案优于 SPRASAGA 的管路布局方案。

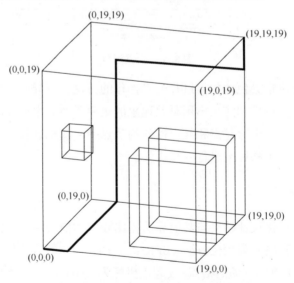

图 3.27　爬山遗传算法管路布局结果

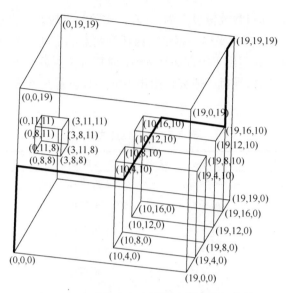

图 3.28　自适应退火遗传算法管路布局结果

表 3.3　仿真结果对比

算法编号	管路长度	弯头数/个	迭代次数/次	计算时间/s
1	57	4	46	15
2	57	5	80	30

3.4.6　方向参数敏感性分析

下面在爬山遗传算法的基础上讨论方向参数的取值问题。选取若干方向参数值，并进行数值仿真实验，每个方向参数的取值都进行 100 次实验，实验结果如表 3.4 所示。由表 3.4 可知，方向参数的选取对计算效率和计算精度的影响不太敏感。

表 3.4　方向参数实验结果

方向参数值	平均适应度值	平均迭代次数/次	收敛率/%
2	9816	52	90
6	9817	47	87
12	9817	47	88
16	9817	46	89
20	9817	47	86
26	9818	48	85

由实验可知，方向参数值设定为 16 时，实验效果较好。设 (u_x, u_y, u_z) 为起点坐标，(v_x, v_y, v_z) 为目标点坐标，则空间内任意两点的空间位置可归纳为表 3.5 所示的 8 种情况，表 3.6 列出了方向参数 $P=16$ 时每种位置各个方向的概率值。本节通过对智能布局方向指导机制研究，给出方向参数设置参考值（表 3.4），可供读者研究借鉴。

表 3.5　空间位置关系

位置	x 方向	y 方向	z 方向
1	$u_x \leqslant v_x$	$u_y \leqslant v_y$	$u_z \leqslant v_z$
2	$u_x \leqslant v_x$	$u_y \leqslant v_y$	$u_z \geqslant v_z$
3	$u_x \leqslant v_x$	$u_y \geqslant v_y$	$u_z \leqslant v_z$
4	$u_x \leqslant v_x$	$u_y \geqslant v_y$	$u_z \geqslant v_z$
5	$u_x \geqslant v_x$	$u_y \leqslant v_y$	$u_z \leqslant v_z$
6	$u_x \geqslant v_x$	$u_y \leqslant v_y$	$u_z \geqslant v_z$
7	$u_x \geqslant v_x$	$u_y \geqslant v_y$	$u_z \leqslant v_z$
8	$u_x \geqslant v_x$	$u_y \geqslant v_y$	$u_z \geqslant v_z$

表 3.6　各个方向概率值（$P=16$）

位置	x 方向	y 方向	z 方向	$-x$ 方向	$-y$ 方向	$-z$ 方向
1	16/51	16/51	16/51	1/51	1/51	1/51
2	16/51	16/51	1/51	1/51	1/51	16/51
3	16/51	1/51	16/51	1/51	16/51	1/51
4	16/51	1/51	1/51	1/51	16/51	16/51
5	1/51	16/51	16/51	16/51	1/51	1/51
6	1/51	16/51	1/51	16/51	1/51	16/51
7	1/51	1/51	16/51	16/51	16/51	1/51
8	1/51	1/51	1/51	16/51	16/51	16/51

第4章　基于蚁群优化算法的船舶管路布局优化设计

受蚂蚁群体寻找最短路径觅食行为启发，Colorni 等 1991 年提出一种模拟自然界蚁群行为的模拟进化算法——人工蚁群算法，又称为蚁群优化算法[69]。蚁群优化算法被提出后便引起了众多研究者的广泛关注与研究，取得了很多研究成果。蚁群优化算法理论逐步成熟，研究者成功应用该算法对许多大型组合优化问题进行了求解，如 TSP、二次分配问题、车间调度问题等。蚁群优化算法在解决组合优化问题上具有很强的优越性，具体表现在优良的并行计算能力、较强的鲁棒性以及较强的扩展性等方面。并且，随着对其研究的不断深入和其应用方面的不断扩展，蚁群优化算法已在很多领域表现出其优越的求解能力。管路布局问题可以抽象为路径寻优问题，蚁群优化算法是以蚂蚁寻找最优路径为理论模型提出的优化算法，两者的基本思想相互一致，本章主要研究蚁群优化算法在船舶管路三维布局优化设计中的应用。

4.1　蚁群优化算法简介

蚁群优化算法是一种最新发展的模拟昆虫王国中蚂蚁群体觅食行为的仿生优化算法。该算法采用正反馈并行自催化机制，具有较强的鲁棒性、优良的分布式计算机制、易于与其他方法结合等优点，在解决许多复杂优化问题方面已展现出其优异的性能和巨大的发展潜力。近年来，该算法吸引了国内外许多学者对其进行多方面的研究，目前，蚁群优化算法已成为国际智能计算领域中备受关注的研究热点和前沿性课题[71]，其应用范围完全可以与遗传算法相媲美。

4.1.1　蚂蚁觅食行为

蚂蚁为群居生物，每个蚂蚁的个体行为非常简单，然而其群体行为却极其复杂。单个蚂蚁很难找到从巢穴到食物的最短路径，但多个蚂蚁组成的蚂蚁群体却可以做到，原因在于群体中的蚂蚁之间相互帮助、互相合作。另外，蚂蚁具有较强的环境适应能力，当在觅食路线上出现新的障碍物时，蚂蚁群体通常能做出准确的反应，避开障碍物，并且能再次找到最短路径。当从巢穴到食物之间没有障碍物时，蚂蚁的行走路线几乎为一条直线，如图 4.1（a）所示；当出现障碍物时，蚂蚁群体会绕过障碍物，重新找到一条几乎是最近的路线，如图 4.1（b）～

图 4.1 （d）所示。

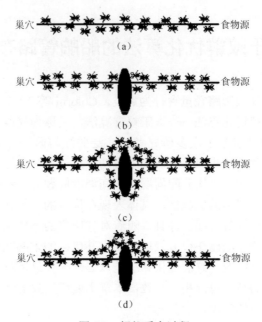

图 4.1　蚂蚁觅食过程

蚂蚁群体具有单个蚂蚁所没有的路径寻优特性，是蚂蚁团队合作的结果，而这种团队合作是通过信息共享的方式来实现的。这种信息是外激素，也叫信息素，它是蚂蚁的一种分泌物。当蚂蚁经过某个位置时，就会释放这种信息素，这种信息素在一定空间范围内可以被蚂蚁群体中的其他蚂蚁捕获，吸引蚂蚁向该信息素浓度高的地方迁移。同时，蚂蚁释放的信息素具有挥发性，随着时间的推移，蚂蚁走过的路径上所残留的外激素浓度会越来越低，因此，在相同时间内，蚂蚁走过的路径越短，上面残留的信息素就越多，使得这条短路径会吸引更多的蚂蚁，于是这条路径上的信息素浓度增大，进而吸引更多的蚂蚁。蚂蚁群体的这种行为是一种信息正反馈方式，蚂蚁能够选择从巢穴到食物的最短路径就是基于这样的一种信息正反馈方式实现的。

最早的蚁群优化算法主要用来解决 TSP，基本蚁群优化算法又被称为蚂蚁系统（ant system，AS），算法被提出后五年内都没有引起国际学术界的广泛关注，在蚁群优化算法的理论及应用上也没有什么突破性的进展。直到 1996 年，Dorigo 等发表了 "The ant system: optimization by a colony of cooperating agents" 一文[70]，不仅更加系统地阐述了蚁群优化算法的基本原理和数学模型，而且将其与遗传算法、禁忌搜索算法、模拟退火算法等进行了仿真实验对比，进一步拓宽了蚁群优化算法的应用范围，还对蚁群优化算法中初始化参数对其性能的影响进行了初步探讨。该文献是蚁群优化算法发展史上的一篇奠基性文章，1996 年以后，蚁群优化算法逐渐引起世界上许多国家研究者的关注，其应用领域迅速被拓宽，大量有价值的研究成果陆续发表。

　　由于学术界对蚁群优化算法研究热情不断高涨，1998 年 10 月，第一届蚁群优化算法国际研讨会在比利时布鲁塞尔召开，会议由蚁群优化算法创始人 Colorni 负责组织。随后每隔两年在布鲁塞尔召开一次蚁群优化算法国际研讨会，历届会议的论文集均会结集出版。2000 年，Bonabeau 等[91]在国际顶级学术刊物 *Nature* 上发表了蚁群优化算法的研究综述，从而把这一领域的研究推向了国际学术的最前沿。蚁群优化算法自在 TSP、二次分配问题（quadratic assignment problem，QAP）、车间调度问题（job-shop schedule problem，JSP）取得成效之后，已广泛应用于图像处理、大规模集成电路设计、数据分析、路径规划、聚类分析、化工生产和建筑设计等领域。

4.1.2　基本蚁群优化算法

　　基本蚁群优化算法解决的最经典的问题就是 TSP。下面以 TSP 为例，说明算法的实现过程。

　　现有 n 座城市，将 m 只蚂蚁随机放入这些城市中，规则就是这 m 只蚂蚁中的每一只都要走遍这 n 座城市，并且对已经访问过的城市不能重复访问。那么，每只蚂蚁的访问方式为根据一定的条件选择下一个它还没访问过的城市，同时，当蚂蚁从一个城市走向另一个城市或者当蚂蚁走完所有城市时，要对路径上的信息素浓度进行更新。从一个城市选择下一个将访问的城市所依据的条件主要有两个：① η_{ij}，表示从城市 i 转移到城市 j 的启发信息，该启发信息是根据所要解决的问题由算法实现的；② $\tau_{ij}(t)$，表示 t 时刻从城市 i 到城市 j 之间路径上的信息素浓度，初始时各城市之间的信息素浓度相同，即 $\tau_{ij}(0) = C$，之后的信息素浓度则需根据所有蚂蚁对各个城市的访问情况决定。在 TSP 中，启发信息取值为 $\eta_{ij} = 1 / d_{ij}$，其中，d_{ij} 表示城市 i 和 j 之间的距离。那么，t 时刻位于城市 i 的蚂蚁选择城市 j 为下一个要访问的城市的概率计算如下。

　　假定 $j \in N_i^k$，N_i^k 表示蚂蚁 k 还未访问的城市集合，则

$$p_{ij}^k(t) = \frac{\tau_{ij}^\alpha(t) \cdot \eta_{ij}^\beta}{\sum\limits_{j \in N_i^k} \tau_{ij}^\alpha(t) \cdot \eta_{ij}^\beta} \tag{4.1}$$

式中，α 表示路径上残留信息素浓度的相对重要程度；β 表示启发式信息的相对重要程度。

　　可以看出，蚂蚁在选择下一个要访问的城市时不仅要依靠启发式信息，而且

要依靠路径上残留的信息素浓度，其选择某个城市的概率是两个因素共同作用的结果。另外，为避免同一只蚂蚁多次访问同一个城市，每只蚂蚁都要对已访问过的城市进行标记，即用一个列表 tabu(k)来记录。

不同城市之间路径上信息素浓度通常采用以下措施来确定：在每一只蚂蚁对 n 个城市的访问过程中及访问结束后，对各条不同城市间路径上的信息进行更新，对路径上原来的信息进行削弱挥发处理，对蚂蚁新访问的路径上的信息进行加强处理，即得到

$$\tau_{ij}(t+n) = \rho\tau_{ij}(t) + \sum_{k=1}^{m} \Delta\tau_{ij}^{k} \tag{4.2}$$

式中，ρ 表示路径上残留的信息素比例，$1-\rho$ 表示信息素的挥发比例，ρ 的取值为 0~1；$\Delta\tau_{ij}^{k}$ 表示蚂蚁 k 在时间段 $t \sim t+n$ 访问城市的过程中，在城市 i 和城市 j 之间的路径上残留的信息素浓度。

根据不同的信息素更新方式，Colorni 等给出了三种不同的定义方法，分别称为蚁周（ant cycle）算法、蚁密（ant density）算法、蚁量（ant quantity）算法。蚁周算法与蚁密算法、蚁量算法相比具有较强的全局信息表达性能，并且在解决 TSP 中有明显的优越性。其具体求解方法如下：

$$\Delta\tau_{ij}^{k} = \begin{cases} \dfrac{F}{L_{k}}, & \text{若第}k\text{只蚂蚁在本次循环中经过路径}ij \\ 0, & \text{其他} \end{cases} \tag{4.3}$$

式中，F 表示信息素浓度，为常数；L_{k} 表示第 k 只蚂蚁在本次循环中所经过路径的总长度。

蚁群优化算法均由下述 6 部分构成：

（1）初始化和启发式信息；

（2）选择概率或转换规则；

（3）解的构造；

（4）局部搜索；

（5）信息素更新规则；

（6）停止准则。

以 TSP 为例的基本蚁群优化算法的具体实现步骤如下。

步骤 1：参数初始化。令时间 $t=0$，循环次数 $N_c = 0$，设置最大循环次数 $N_{c\max}$，将 m 只蚂蚁置于 n 个位置（城市）上，令有向图上每条边 (i,j) 的初始化信息量 $\tau_{ij}(0) = \text{const}$，其中，const 表示常数，且初始时刻 $\Delta\tau_{ij}(0) = 0$。

步骤 2：循环次数 $N_c \leftarrow N_c + 1$。

步骤 3：蚂蚁禁忌表索引号 $k=0$。

步骤 4：蚂蚁数目 $k \leftarrow k+1$。

步骤 5：蚂蚁个体 k 根据状态转移公式 [式（4.1）] 计算的概率选择位置（城市）j 并前进，$j\in$ allowed$_k$。

步骤 6：若蚂蚁 k 还有未遍历的城市，则转步骤 5，否则执行以下步骤。

步骤 7：若当前循环中还有未执行操作的蚂蚁，即 $k<m$，则转步骤 4，否则执行以下步骤。

步骤 8：根据式（4.2）更新每条路径上的信息量。

步骤 9：若满足结束条件，即如果循环次数 $N_c \geqslant N_{c\max}$，则结束循环并输出程序计算结果，否则清空所有禁忌表并转步骤 2。

基本蚁群优化算法解决 TSP 的流程图如图 4.2 所示。

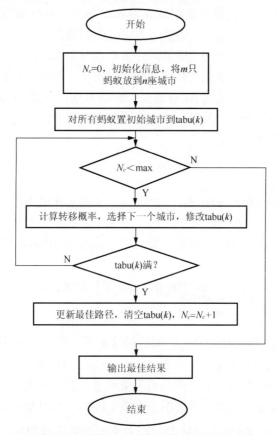

图 4.2　基本蚁群优化算法解决 TSP 的流程图

通过对 TSP 的实例求解可知，蚁群优化算法具有以下几方面的优点：

（1）具有较强的鲁棒性，对基本蚁群优化算法稍加修改即可用来对其他问题进行求解。

（2）分布式计算，蚁群优化算法是一种基于种群的算法，具有本质上的并行性，具有较高的计算效率。

（3）易于与其他方法结合，蚁群优化算法很容易与多种启发式算法结合，方便提高算法的计算性能。

此外，蚁群优化算法更善于发现性能较优的解，这是因为该算法具有本质并行性，算法在进化过程中通过信息正反馈作用进行优化求解，从而加快了算法的收敛速度并改善了收敛效果。

4.1.3　改进蚁群优化算法

被称为基本蚁群优化算法的蚂蚁系统在求解组合优化问题并发现较好解方面有一定的优越性，但其仍有一定的不足之处，如进化过程中易停滞、易收敛于局部最优解等。针对存在的这些缺陷，许多学者对基本蚁群优化算法进行了深入全面的研究，并在基本蚁群优化算法基础上提出了一些改进措施，从而产生了一些新算法。例如，一些改进的 ACO 算法：蚁群系统[92]、最大-最小蚂蚁系统[93]、基于排序的蚂蚁系统[94]等。另外，还有相遇蚁群优化算法、奖惩蚁群优化算法以及连续蚁群优化算法等[95]。

1. 蚁群系统

蚁群系统（ant colony system，ACS）对 AS 的选择概率和信息素更新策略做了如下改进。

（1）采用伪随机比例选择规则，即对位于城市 i 的蚂蚁，按式（4.4）选择下一个城市 j：

$$S = \begin{cases} \max\limits_{u \in \text{allowed}_k} \left\{ [\tau_{iu}(t)]^{\alpha} \cdot [\eta_{iu}]^{\beta} \right\}, & \text{如果 } q \leqslant q_0 \\ P_{ij}^{k}, & \text{否则} \end{cases} \quad (4.4)$$

式中，$\text{allowed}_k = \{1, 2, \cdots, n\} - \text{tabu}_k$，表示蚂蚁 k 下一步允许访问的城市；$q_0 \in (0, 1)$ 为常数；$q \in (0, 1)$ 为随机生成数；$\tau_{iu}(t)$ 表示 t 时刻城市 i 与城市 u 之间的信息量，η_{iu} 表示城市 i 与城市 u 之间的启发式信息；其他符号同前。在选择下一个城市之前随机生成 q，如果 q 的值小于等于常数 q_0，则从城市 i 到所有可行的城市中找出 $\{[\tau_{iu}(t)]^{\alpha} [\eta_{iu}]^{\beta}\}$ 最大的城市，即为下一个要选择的城市；如果随机数 q 大于 q_0，则按式（4.1）选择下一个城市。

（2）增加了局部信息素更新方式，即当蚂蚁从城市 i 转移到城市 j 后，立刻按式（4.5）更新边 ij 上的信息素，使已选择的边对后来的蚂蚁具有较少的吸引力，从而增强蚂蚁对其他边的探索能力，以扩大搜索空间。

$$\tau_{ij} = \gamma \cdot \tau_{ij} + \tau_0 \tag{4.5}$$

式中，$\gamma \in (0,1)$ 表示局部信息素残留系数，$1-\gamma$ 表示局部信息挥发系数，τ_0 为一常数。

（3）当所有蚂蚁均完成对 n 个城市的遍历后，执行式（4.6）和式（4.7）针对全局最优解所属边的全局信息素更新：

$$\tau_{ij}(t+1) = \rho \cdot \tau_{ij}(t) + \Delta \tau_{ij}^{\text{gb}}(t) \tag{4.6}$$

$$\Delta \tau_{ij}^{\text{gb}}(t) = \begin{cases} 1/L^{\text{gb}}, & \text{如果边}(i,j)\text{包含在最优路径中} \\ 0, & \text{否则} \end{cases} \tag{4.7}$$

式中，L^{gb} 为当前最好解的长度，其他符号同前。可以注意到，ACS 仅更新当前最优蚂蚁走过的边，而不像 AS 那样更新所有蚂蚁走过的边。

2. 最大-最小蚂蚁系统

最大-最小蚂蚁系统（max-min ant system，MMAS）直接来源于 AS，主要进行了如下改进。

（1）每次迭代结束后，只有最优解所属路径上的信息素被更新，这与 ACS 算法的调整方案类似，即按式（4.6）和式（4.7）进行全局信息素更新。

（2）为了避免算法过早收敛于非全局最优解，将各条路径可能的外激素浓度限制在 $[\tau_{\min}, \tau_{\max}]$，超出这个范围的值被强制设为 $\tau_{\min}$ 或者 $\tau_{\max}$。这样可以有效地避免某条路径上的信息量远大于其余路径，让所有的蚂蚁都集中到同一条路径上，从而使算法无法继续进化。

（3）初始时刻，各条路径上的外激素的起始浓度设为 $\tau_{\max}$。

3. 基于排序的蚂蚁系统

基于排序的蚂蚁系统（rank-based version of ant system，AS_{rank}）也是 AS 的改进版本。AS_{rank} 在每次迭代完后，蚂蚁所经路径将按从小到大的顺序排列，即 $L^1(t) \leqslant L^2(t) \leqslant \cdots \leqslant L^m(t)$，并根据路径长度赋予不同的权重，路径长度越短权重越大。全局最优解的权重为 w，第 r 个最优解的权重为 $\max\{0, w-r\}$，按下式更新各路径上的信息素：

$$\tau_{ij}(t+1) = \rho \cdot \tau_{ij}(t) + \sum_{r=1}^{w-1}(w-r) \cdot \Delta \tau_{ij}^r + \text{w} \cdot \Delta \tau_{ij}^{\text{gb}}(t), \quad \rho \in (0,1) \tag{4.8}$$

式中，$\Delta \tau_{ij}^r(\text{t}) = 1/L^r(t)$；$\Delta \tau_{ij}^{\text{gb}}(t) = 1/L^{\text{gb}}$。

4. 相遇蚁群优化算法

基本蚁群优化算法因为采用的是一种正反馈方式进行信息交流，所以具有较好的收敛性能，但会使算法搜索多样性降低。为了提高算法搜索的多样性，有人提出了相遇蚁群优化算法。

相遇蚁群优化算法的基本思想是，在每次搜索中，当整个蚁群的搜索过程进行到一半时，检查所有的城市是否存在满足相遇条件的两只蚂蚁，若存在这样的两只蚂蚁，那这两只蚂蚁终止搜索，并将它们所访问过的城市合起来构成一个解，同时对这个解的路径进行信息素更新。实际中，由于相遇的蚂蚁数量非常有限，故加一阈值 u，根据相遇的蚂蚁数与阈值的比较结果，蚂蚁采取不同的搜索措施。相遇蚁群优化算法不仅大幅减少了搜索时间，而且提高了蚂蚁的搜索空间并使访问路径多样性。相遇蚁群优化算法流程图如图 4.3 所示。

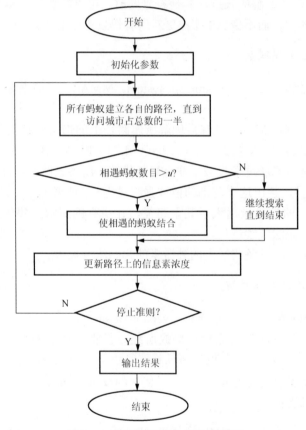

图 4.3　相遇蚁群优化算法流程图

5. 奖惩蚁群优化算法

奖惩蚁群优化算法是在基本蚁群优化算法基础上进行以下四方面的改进得到的。

（1）在每次循环结束后，信息素更新之前，按照蚂蚁访问路径的长短对所有蚂蚁进行排序，对前 w 只蚂蚁进行奖励，其他的进行惩罚。奖励的措施是加强其路径上的信息素浓度。

（2）将各路径上的信息素浓度限定在 $[\tau_{\min}, \tau_{\max}]$ 范围内，当信息素浓度超过这个范围时，强制设置成 $\tau_{\min}$ 或 $\tau_{\max}$，这样处理既能有效避免算法过早收敛于非全局最优解，又能增加搜索路径的多样性。

（3）路径上的初始信息素浓度为 $\tau_{\max}$，增加蚂蚁初始时的搜索能力。

（4）为了抵消路径上信息素浓度两极分化对算法的影响，信息素挥发系数 ρ 设为相对较大值。

奖惩蚁群优化算法流程图如图 4.4 所示。

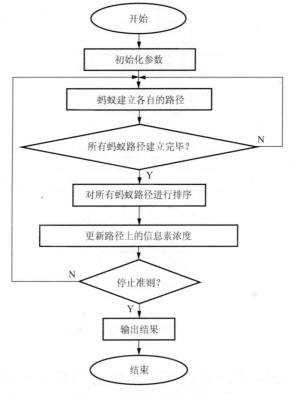

图 4.4　奖惩蚁群优化算法流程图

6. 连续蚁群优化算法

最初，连续蚁群优化算法的提出是为了用蚁群优化算法解决连续优化问题。其算法运行过程如下：将蚂蚁随机放在不同的解位置，每只蚂蚁根据方向选择概率进行移动,当蚂蚁 k 完成搜索后清空 tabu(k),为下一只蚂蚁的路径搜索做准备;当所有蚂蚁完成搜索后,计算每只蚂蚁的适应度值,并记录其位置;然后对所有蚂蚁个体进行信息素更新,往复循环,直至满足停止准则,输出最优解。连续蚁群优化算法流程图如图 4.5 所示。

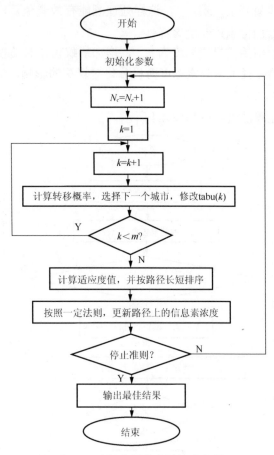

图 4.5　连续蚁群优化算法流程图

4.2　基于全局信息素迭代更新蚁群单管路布局优化设计

本节基于蚁群优化算法并根据船舶管路布局的特点,提出一种信息素迭代更新的全局信息素更新方式,并基于该信息素更新方式在三维空间下构建了满足船舶管路布局特点的全局信息素迭代更新蚁群管路敷设系统。新信息素更新方式更像蚂蚁的觅食行为,在进行管路敷设的仿真实验中,显示出比 AS 和 ACS 更新方式更优秀的搜索性能[96]。仿真实验证明，本节所构建的蚁群管路敷设系统具有比 SPRGA 及 SPRASAGA 更好的全局收敛性和收敛速度。

本节所建立的蚁群管路敷设系统（ant colony pipe routing system，ACPRS），采用 3.2 节所介绍的管路布局数学模型。

4.2.1　初始化和启发式信息

初始路径和子路径是按照有方向指导的随机方式生成的（见第 2 章）。一只从起点走到终点的蚂蚁所形成的路径构成算法的一个解，即一条管路路径。方向指导即设定从当前点向目标点方向行走的概率大于其相反方向的概率，用以保证初始个体产生的可能性。每种相对位置在各个方向的概率值见表 2.2，显然该概率值取决于所要访问的节点相对于目标节点的位置。在这里其一方面用来产生初始路径和子路径，另一方面构成蚁群优化算法的启发式信息 $\eta(i,j,k)$。另外，设定所有节点的初始信息素 $T_0(i,j,k)$ 为零。

4.2.2　选择概率

蚂蚁产生路径时必须不停地在其未访问的邻居节点选择下一个可行节点，以建立算法的解，这里采用 ACS 的选择规则。即位于节点 (x,y,z) 的蚂蚁 k，按以下两个公式选择下一个可行节点：

$$S_k = \begin{cases} \max_{p(i,j,k)\in J_k}\{\alpha\cdot T(i,j,k)+\beta\cdot\eta(i,j,k)\}, & q<q_0 \\ P_k(i,j,k), & \text{其他} \end{cases} \quad (4.9)$$

$$P_k(i,j,k) = \begin{cases} \dfrac{\alpha\cdot T(i,j,k)+\beta\cdot\eta(i,j,k)}{\sum\limits_{p(i,j,k)\in J_k}[\alpha\cdot T(i,j,k)+\beta\cdot\eta(i,j,k)]}, & p(i,j,k)\in J_k \\ 0, & \text{其他} \end{cases} \quad (4.10)$$

式中，J_k 代表当前节点 (x,y,z) 的可行邻节点集，如前所述任何一个节点的最大邻节点数为 6；$T(i,j,k)$ 和 $\eta(i,j,k)$ 分别代表点 (i,j,k) 的信息素浓度和启发式信息；α 和 β 分别代表信息素浓度 $T(i,j,k)$ 和启发式信息 $\eta(i,j,k)$ 的相对重要程度，其他参数如前文所述。

4.2.3　解的构造

在算法的迭代过程中，每一只从起点出发的蚂蚁通过选择规则不断地选择下一节点，在布局空间中行走，直到到达终点，完成一个解（路径）的构造。由于所有节点的初始信息素为零，初始个体（解）完全依靠启发式信息产生。蚂蚁下一步要访问的节点必须是其当前节点的未被访问过的邻节点，所以需要建立一个能够动态增长的 tabu 表，用以存储当前蚂蚁已访问过的节点。通过这种方式，即只允许运行的蚂蚁去访问其从未访问过的邻节点，避免同一路径上重复节点的产生。当一只蚂蚁完成其解的构造后，清空 tabu 表以便为下一只蚂蚁做好准备，直到所有的蚂蚁均完成其解的构造。

4.2.4　局部搜索

由于蚁群优化算法的正反馈作用，其在进化过程中极易收敛到局部最优解。局部搜索可以通过探索当前解的邻居解，以一种局部的方式提高解的质量，摆脱局部最优的陷阱。

模拟退火是一种以概率方式接受恶化的邻居解的随机搜索方式[26]，受其启发，建立一种动态的局部搜索方式：设置 fneg 为一固定的正常数，当非进化代数 neg 小于常数 fneg 时，算法只接受优良解，使其处于开发状态；一旦非进化代数 neg 大于常数 fneg，算法即接受一个恶化解，并从这个恶化解开始重新进行搜索进化。非进化代数 neg 指在 neg 次迭代过程中，未出现比当前最优解更好的邻居解。因此，算法需要改变搜索空间，跳出可能的局部最优解空间，以探索更好的全局最优解。

邻居解的产生方法采用遗传算法的变异方式，除局部搜索外，还有对最优解所施加的启发式操作（见 3.2.3 节）。该局部搜索和启发式操作仅作用在迭代最优解或全局最优解上，因此，与对每个解都进行局部搜索的 ACS 相比，节省了许多搜索时间。当执行完局部搜索和启发式操作后，进行全局信息素更新并开始下一个迭代过程。

4.2.5　信息素更新

信息素的更新方式是决定蚁群优化算法能否成功的关键，ACO 的信息素更新包括全局信息素更新和局部信息素更新。在 ACPRS 中，当一只蚂蚁完成了一个解的构造后，类似于在线延迟信息素更新方式，按下式更新该蚂蚁所走过的所有节点上的信息素：

$$T_{t+1}^{k}(i,j,k) = \gamma \cdot T_{t}^{k}(i,j,k) \tag{4.11}$$

在这个信息素的更新过程中，仅让被访问节点上的信息素以一定的比例挥发，使后来的蚂蚁以更大的概率选择其他节点，从而扩大搜索空间。由于这个更新过程发生在每一只蚂蚁的行动之后，其属于一种局部信息素更新方式，目的在于获得离散解。

当所有蚂蚁都完成了解的构造（即算法运行一圈），并且执行完局部搜索和启发式操作后，对所有蚂蚁所经过的节点进行全局信息素更新。这个更新过程类似于 ACS 的离线信息素更新方式，但采用的是一种迭代的、对所有蚂蚁都进行的全局信息素更新方式。其描述如下：

For k=1 to m do

$$T_{t+1}^k(i,j,k) = \rho \times T_t^k(i,j,k) + \lambda \times F_t^k(p) \qquad (4.12)$$

Next k

$$\lambda = \begin{cases} c_1, & \text{点}(i,j,k) \in \text{全局或迭代最优路径} \\ c_2, & \text{点}(i,j,k) \in \text{迭代最差路径} \\ c_3, & \text{其他} \end{cases} \qquad (4.13)$$

式中，m 代表蚂蚁总数；$F_t^k(p)$ 代表第 t 代蚂蚁 k 的适应度函数值；点（i，j，k）为蚂蚁 k 所产生的路径上的点；λ 是取决于解的质量的阶段常数（$c_1 \geqslant c_3 \geqslant c_2$），用以增强最优解路径上的信息素和挥发最差解路径上的信息素。

可以看到，上面的更新方式是一种迭代性质的全局信息素更新方式，它从第一只蚂蚁到最后一只蚂蚁一个一个地依次进行信息素更新。这种信息素更新方式的优点如下。

（1）根据解的质量更新全局信息素，即适应度函数值越高的路径，更新后其所在节点获得的信息素也越多，从而引导后续蚂蚁选择更好的管路路径。种群中的每一只蚂蚁依次参与信息素的更新，这种更新过程更像蚁群的觅食行为。

（2）虽然这种更新方式和 AS 的更新方式都是所有蚂蚁均参与的信息素更新方式，但相比于 AS，在同样的迭代次数下 ACPRS 所消耗的 CPU 时间更少，这一点可通过后面的仿真实验得到验证。

（3）与 ACS 的仅更新最优解信息素的全局信息素更新方式相比，这种迭代的信息素更新方式可以有效地避开容易导致早熟和过度集中的信息素分布状态，从而提高算法的全局收敛性。

（4）位于管路起点和终点附近的某些节点，可能在一次迭代循环中被较多的蚂蚁所访问，这种迭代的信息素更新方式可以避免在这些点上因信息素的过度集中而导致的早熟现象。

4.2.6　停止准则

ACO 的停止准则可以是达到某一最大的迭代循环次数或一确定的 CPU 时间。该管路敷设系统以最大迭代循环次数作为停止准则。

全局信息素迭代更新蚁群管路敷设系统的计算步骤如下。

步骤 1：设置参数并初始化信息素 $T_0(i,j,k)$。

步骤 2：应用启发式信息 $\eta(i,j,k)$ 产生初始解，gsgen=0。

步骤 3：计算初始种群中各个体蚂蚁 k 的适应度值 $F_0^k(p)$，并按式（4.12）和式（4.13）进行全局信息素更新。

步骤 4：按照式（4.9）和式（4.10）的选择概率构造解，并应用式（4.11）进行局部信息素更新，同时记录进化代数 gsgen=gsgen+1 和全局最优解 p_{best}。

步骤 5：对当前最优解或迭代最优解进行局部搜索及启发式操作。

步骤 6：计算当前代各个体的适应度值 $F_{\text{gsgen}}^k(p)$，并同样按式（4.12）式（4.13）进行全局信息素更新。

步骤 7：如果满足停止准则，则算法停止并输出最优解，否则转到步骤 4。

4.2.7　仿真实验一

对新信息素更新方式和 ACPRS，采用两种实验模型空间，应用 C++编译器在 Intel-2.66GHz 计算机上分别进行仿真实验。为了观察和测试新信息素更新方式的效果及 ACPRS 的性能，基于 ACO 和船舶管路布局的特点，本节又构造了两种算法。它们的基本框架是 ACPRS，唯一的区别是全局信息素更新方式不同。算法一采用 AS 的信息素更新方式（因类似于 AS，这里也称它为 AS）；算法二中仅更新全局最优解或迭代最优解的信息素（类似于 ACS，这里也称它为 ACS）；算法三即是本节介绍的全局信息素迭代更新的蚁群管路敷设系统。它们所用的参数是通过研究者的经验[70]和大量的实验而获得的，设置如表 4.1 所示。

表 4.1　测试算法的相关参数值

参数名称	参数值
适应度函数参数	$a=0.015, b=0.015, c=0.02, d=2.5$
蚁群规模	$m=50$
最大迭代次数	nit=150（500）
固定常数	fneg=15 或 20
每个算法的运行次数	10
信息素更新规则参数	$\rho=0.6, \gamma=0.8$
选择概率参数	$\alpha=1, \beta=1$
阶段常数	$c_1=2, c_2=0, c_3=1$
转换规则参数	$q_0=0.9$
初始信息素值	$T_0(i,j,k)=0$

1. 新信息素的更新方法仿真测试

该仿真的主要目的是测试新信息素的更新方法的有效性。

由于在三维空间内很难表达信息素的变化情况，该仿真实验是在二维空间内进行的。构造对角点坐标分别为（0,0）和（49,49）的平面模型空间 1。空间被分

割成 49×49 的矩形单元,该模型空间内共设有四个障碍物,其对角点坐标分别为
(0,4)、(20,16),(30,10)、(45,24),(4,30)、(18,40),(26,38)、(38,46),如图 4.6
所示。管路的起点和终点坐标分别为(0,0)、(49,49)。图 4.7 和图 4.8 分别显示
了 ACPRS 和 ACS 迭代 50 代及 300 代的信息素分布情况。可以看到,在一定的
迭代循环次数下,与 ACS 信息素更新方式相比,在可行区域内新信息素的更新方
式使信息素的分布更广泛,所以在管路布局中这种信息素的更新方式有助于提高
算法的全局收敛性。

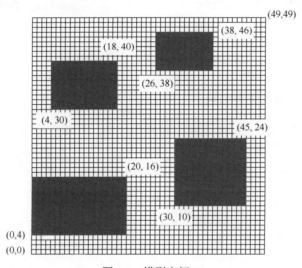

图 4.6　模型空间 1

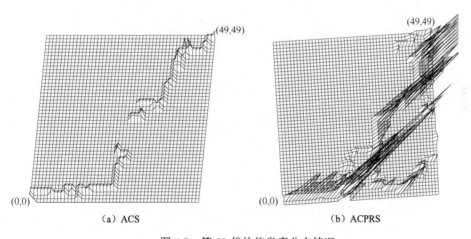

（a）ACS　　　　　　　　　　（b）ACPRS

图 4.7　第 50 代的信息素分布情况

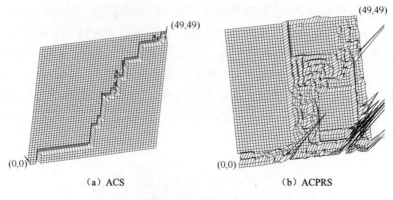

（a）ACS　　　　　　　　　　　（b）ACPRS

图 4.8　第 300 代的信息素分布情况

2.　算法优化效果仿真测试

实验中构造了两个大小不等的三维模型空间，即模型空间 2 和模型空间 3，它们的对角点坐标分别为（0, 0, 0）、（19, 19, 19）和（0, 0, 0）、（49, 49, 49），空间被分别分割为 19×19×19 及 49×49×49 的立方单元，如图 4.9 所示。

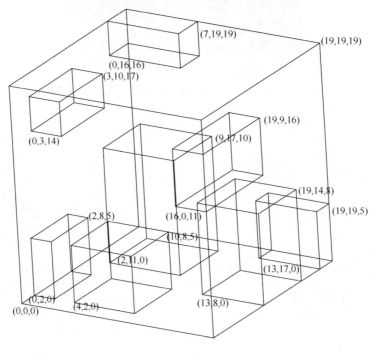

（a）模型空间2

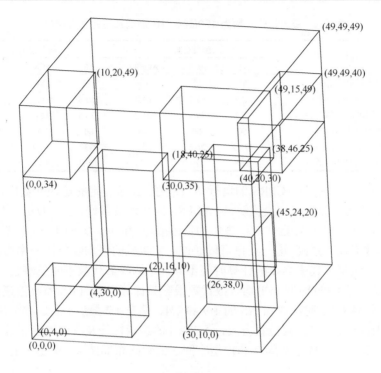

（b）模型空间3

图 4.9　模型空间

在模型空间 2 内设有 8 个障碍物，其对角点坐标分别为（0, 2, 0）、（2, 8, 5）；（4, 2, 0）、（10, 8, 5）；（2, 11, 0）、（9, 17, 10）；（13, 8, 0）、（19, 14, 8）；（13, 17, 0）、（19, 19, 5）；（0, 3, 14）、（3, 10, 17）；（16, 0, 11）、（19, 9, 16）；（0, 16, 16）、（7, 19, 19）。（0, 19, 0）和（19, 0, 19）为其要布置管路的起点和终点坐标。在模型空间 3 内设有 7 个障碍物，这些障碍的对角点坐标分别为（0, 4, 0）、（20, 16, 10）；（30, 0, 35）、（49, 15, 49）；（4, 30, 0）、（18, 40, 25）；（30, 10, 0）、（45, 24, 20）；（26, 38, 0）、（38, 46, 25）；（0, 0, 34）、（10, 20, 49）；（40, 20, 30）、（49, 49, 40）。在该空间内所要布置的管路从起点（0, 0, 0）运行到终点（49, 49, 49）。

针对每个模型空间每个算法分别运行 10 次，迭代次数分别为 150 代（模型空间 2）和 500 代（模型空间 3）。表 4.2 列出了所有实验结果，这里最优解指算法运行 10 次中的最好解；平均解是 10 次运行所产生的 10 个最好解的平均值；平均收敛代数代表 10 次运行收敛到最好解的平均迭代次数；平均收敛比例为 10 次运行当中收敛到全局最优解的次数所占的比例；算法的平均运行时间由平均 CPU 时间表示；平均收敛 CPU 时间是 10 次运行首次收敛到最好解的平均时间。

表 4.2　最大迭代次数为 150/500 时所测试算法的仿真结果

项目	模型空间 2			模型空间 3		
	AS	ACS	ACPRS	AS	ACS	ACPRS
最优解 Obj（p）	61	61	61	151	151	151
平均解 Obj（p）	63.2	67.5	61.7	162.3	160.7	152.2
平均收敛代数	67.1	39.9	41.2	233.3	224	228.7
平均收敛比例/%	60	60	90	80	70	90
平均 CPU 时间/s	129.2	26.5	23.2	2137	591.3	517.2
平均收敛 CPU 时间/s	57.8	7.05	6.37	997.1	264.9	236.6

　　从表 4.2 可以看到 ACPRS 的运行结果最好。在所设定的迭代次数内，这些算法均能在 10 次运行中找到最优解。但 ACPRS 的平均解最好，分别为 61.7 和 152.2，与最优解 61 和 151 最接近（注意：表中的目标值均为标量，以下同）。这说明 ACPRS 的最优解搜索效率最高，这一点也可以通过它们 90% 的平均收敛比例率得到证明。由于不同算法每一代所需要的计算时间不同，平均收敛代数不能反映它们的收敛速度，但从平均 CPU 时间和平均收敛代数很容易计算出 ACPRS 的收敛速度最快，它的平均收敛 CPU 时间约占 AS 的 1/9 和 1/4，见表 4.2 最后一行。综合仿真结果可知，相比于其他信息素更新方式，ACPRS 的搜索性能及收敛速度最佳。

　　图 4.10 展示了模型空间 2 和模型空间 3 的管路布局结果。模型中的立方体代

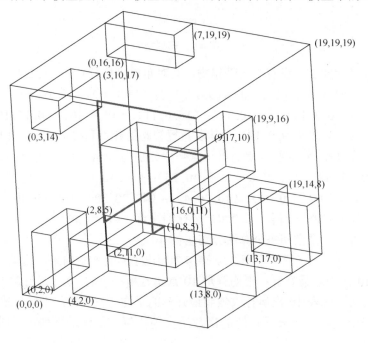

（a）模型空间2

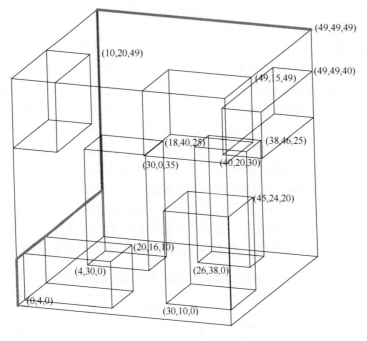

（b）模型空间3

图 4.10　管路布局结果

表障碍物，粗体线表示最优管路路径。容易看到，管路路径均可以满足避开障碍物、长度最短、弯头最少并以正交方式尽可能沿着障碍物敷设的约束条件。

4.2.8　仿真实验二

该仿真实验的目的在于测试 ACPRS 与 SPRGA 以及 SPRASAGA 进行管路敷设时的搜索性能。

为了进行有效对比，各算法采用同样的种群规模 m=40，最大迭代次数设为 150 代，设置 SPRGA 和 SPRASAGA 的交叉概率 P_c =0.8、变异概率 P_m =0.05、初始退火温度 T_0 =5、退火因数 R=0.99，其他参数同表 4.1。

构造对角点坐标均为（0,0,0）和（19,19,19）的三个模型空间进行该仿真实验，即模型空间 4、模型空间 5 和模型空间 6。三个模型空间均被分割成 19×19×19 的立方单元，其环境参数设置如下：模型空间 4 中有三个障碍物，其对角点坐标分别为（10,4,0）、（19,8,10），（10,12,0）、（19,16,10），（0,8,0）、（3,11,19）。模型空间 5 采用仿真实验一中的模型空间 2。模型空间 6 在模型空间 4 的基础上新增 4 个障碍，它们的对角点坐标是（0,0,8）、（8,3,13），（12,9,16）、（19,15,19），（10,0,16）、（19,4,19），（0,13,8）、（6,19,11）。在模型空间 4 和模型空间 6 中，所要布置的管路均从起点（0,0,0）走到终点（19,19,19）。模型空间 5 管路的起点和终点坐标分别为（0,19,0）和（19,0,19）。

针对每个模型空间，每种算法各运行 10 次，运行结果见表 4.3（表 4.3 中所测项目同表 4.2）、图 4.11 和图 4.12。从表 4.3 可以看到，在所测试的模型空间内，虽然 SPRGA 的收敛速度较快，即收敛所消耗平均时间较少，但其全局收敛率较低，仅为 45%左右；SPRASAGA 与 SPRGA 相比全局收敛率提高了近 30%，不过其平均收敛所消耗的 CPU 时间也有一定程度的增加，大概是 SPRGA 所用时间的两倍；而 ACPRS 不但具有较高的全局收敛率，约为 90%，而且其收敛速度相对较快，比 SPRGA 所消耗的平均收敛时间还少。从图 4.11 可以看到，ACPRS 不但收敛速度快，而且具有较强的跳出局部最优解的能力。由于在 ACPRS 中采用了动态的局部搜索方法，在 150 次的迭代搜索中有 3 次收敛到全局最优解。另外，从图 4.12 的管路布局结果看，所敷设的管路满足管路敷设的约束条件。实验结果证明，在船舶管路布局中 ACPRS 较之 SPRGA 和 SPRASAGA 具有更好的搜索性能。

表 4.3 最大迭代次数为 150 代时所测试算法的仿真结果

项目	模型空间 4			模型空间 5			模型空间 6		
	SPRGA	SPRASAGA	ACPRS	SPRGA	SPRASAGA	ACPRS	SPRGA	SPRASAGA	ACPRS
最优解 Obj（p）	79	76	76	61	61	61	72	72	72
平均解 Obj（p）	85	81.4	78.5	70.3	65.2	61.7	90.3	86.4	79.2
平均收敛代数	68	65	59	77	75.5	41.2	75.8	82.1	90.8
平均收敛比例/%	44	74	100	40	60	90	50	70	90
平均 CPU 时间/s	30	63	27.4	53	69	23.2	43	64.5	19.6
平均收敛 CPU 时间/s	13.6	27.3	10.8	27.2	34.7	6.37	21.7	35.3	11.8

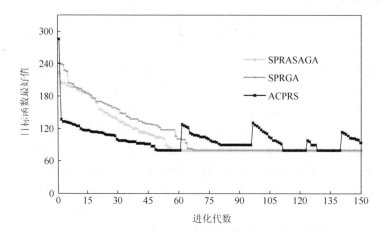

图 4.11　SPRGA、SPRASAGA 和 ACPRS 的进化曲线

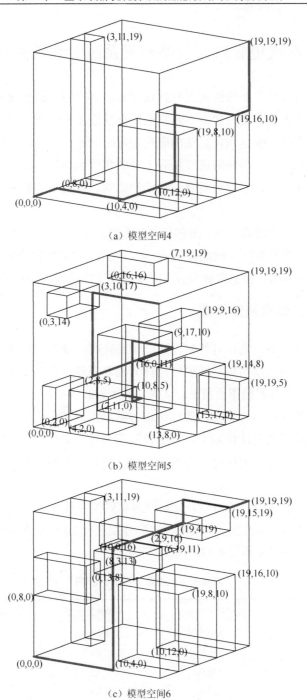

（a）模型空间4

（b）模型空间5

（c）模型空间6

图 4.12   模型空间 4、模型空间 5 和模型空间 6 的管路布局

4.3　迭代更新蚁群管路敷设系统参数敏感性分析

一个成功的算法应能够快速而有效地探索搜索空间，即在探索和开发之间寻找一个最佳的平衡点，这当然离不开算法的合理设计和构造，但参数的选择也起着至关重要的作用。蚁群优化算法的研究起步时间不长，理论不健全，很多问题还处于实验研究阶段，参数的选取要靠大量的实验和经验。因此，有必要分析在船舶管路布局优化设计中参数对算法性能的影响，以利于蚁群优化算法的拓展和推广。

各参数的仿真实验基于 4.2 节的模型空间 3，运用 ACPRS 进行[97]。在每次实验中默认算法各参数如下：蚂蚁数量 m=50，全局信息素残留系数 ρ =0.6，局部信息素残留系数 γ =0.8，信息素权重 α =1，启发式信息权重 β =1，阈值 q_0 =0.9。

4.3.1　局部信息素残留系数 γ

在一次迭代当中，当一只蚂蚁完成一条路径时，要对该蚂蚁所走过的路径进行局部信息素更新，以增加后续蚂蚁选择其他路径的机会，获得离散解，扩大搜索空间。当局部信息素残留系数 γ 较大时，后续蚂蚁选择走过路径的可能性较大，所获得解的离散性不强，算法收敛较快，容易陷入局部最优解；γ 的减小，后续蚂蚁选择走过路径的可能性减小，解的离散度增大，全局收敛性提高，但收敛速度减慢；当 γ 减小到一定程度，有可能影响已建立起来的信息素分布格局，从而影响算法的收敛性。

算法停止准则为进化 500 代，分别取局部残留系数 $\gamma \in \{0.1, 0.3, 0.8, 0.9, 0.99\}$，保持其他参数不变，只改变 γ，对每种情况分别进行 10 次仿真实验并取实验结果平均值，结果如表 4.4 和图 4.13 所示。

表 4.4　γ 对算法性能的影响

局部残留系数 γ	平均最优解 Obj(p)	平均收敛次数	平均消耗 CPU 时间/s
0.1	164.4	2.6	588
0.3	155.5	2.8	597
0.8	151.9	3.5	564
0.9	154.9	3.1	843
0.99	162.7	3.2	771

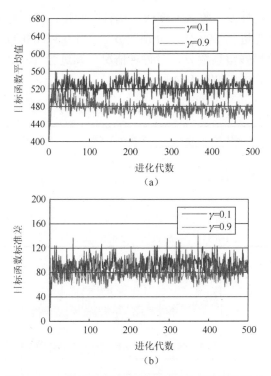

图 4.13　γ 对目标函数平均值和解的离散度的影响

从表 4.4 和图 4.13 可以看到，较小的 γ 对应的目标函数的平均值较不理想，标准差较大；较大的 γ 对应的目标函数的平均值较理想，但标准差较小，标准差的大小反映解的离散程度。因此，γ 对解的离散度有一定的控制作用，不适当的取值将会影响算法的收敛效果。另外，可以看到 γ 对算法的 CPU 时间消耗影响不大。实验证明，γ 不易取得过小，倾向取偏大值，能起到一定的离散作用即可，这里取 0.8～0.9 较为合适。

4.3.2　全局信息素残留系数 ρ

在一次迭代完成后，即当所有蚂蚁都完成其解的构造后，要进行全局信息素更新。通过全局信息素更新不断强化有利信息并遗忘所积累的不利信息，它是蚁群优化算法成功的关键。当全局信息素残留系数 ρ 太大时，相对削弱了信息正反馈的作用，信息素不易更新，蚁群的搜索行为基本上受控于过去积累的信息，虽然解的离散度大，搜索的随机性强，有利于提高全局搜索能力，但搜索速度慢，消耗 CPU 时间较长。当全局信息素残留系数 ρ 太小时，信息正反馈的作用较强，更新的信息素控制着蚂蚁的搜索行为，算法对过去积累的知识利用不够，解的离散度小，搜索的随机性差，收敛速度快，运行时间短，但容易陷入局部最优解。

算法停止准则为进化 500 代，分别取 $\rho \in \{0.1,0.3,0.6,0.9,0.99\}$，保持其他参数不变，只改变全局残留系数 ρ，对每种情况分别进行 10 次仿真实验，对实验结果取平均值，如表 4.5 和图 4.14 所示。

表 4.5 ρ 对算法性能的影响

全局残留系数 ρ	平均最优解 Obj(p)	平均收敛次数	平均消耗 CPU 时间（500 代）/s
0.1	155.4	3.2	504.5
0.3	153.9	3.6	566
0.6	151.9	3.5	564
0.9	156.5	3	912.5
0.99	166.6	2.6	1126

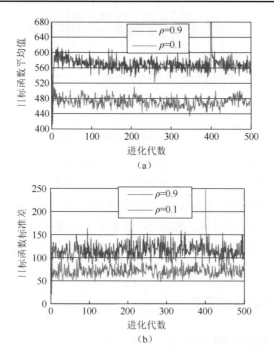

图 4.14 ρ 对目标函数平均值和解的离散度的影响

从表 4.5 和图 4.14 的仿真结果可以看到，当全局信息素残留系数 ρ 较小时，虽然解的平均值较理想，算法搜索速度快，但目标函数的标准差较小，解的离散度较差，随机性差，易收敛到局部最优解。当全局信息素残留系数 ρ 较大时，虽然目标函数的标准差较大，解的离散度较好，搜索的随机性强，但算法对新的信息利用不足，解的平均值较不理想，收敛效果不好且速度较慢。折中选取 $\rho \in$

（0.5～0.7），这样既可保证一定的收敛速度，又可保证信息素能得到及时更新，并且能够利用过去积累的有用信息。蚁群优化算法的进化过程是一个动态的变化过程，全局信息素应随进化状态的不同而进行动态更新[98]。ρ 在整个进化过程中也应当是一个可变的参数，即让其跟随进化状态的不同而自适应地调整，如在需要探索的阶段，要增强算法的随机性时，ρ 应取较大值；相反，在需要开发的阶段，要加强正反馈的作用，ρ 应取较小值。

4.3.3 信息素权重 α 和启发式信息权重 β

算法通过转移规则不断地选择节点构造解，α 和 β 的相对大小决定了转移概率对其要选择节点的信息素和启发式信息的相对重视程度，两者组合不好也会影响算法的收敛性。α 越大路径上的信息素对蚂蚁的决策影响越大，如果 α 偏大，算法容易陷入局部信息素最优解；β 越大启发式信息对蚂蚁的决策影响越大，如果 β 偏大，将会削弱信息素对算法收敛的指导，同样会引起算法陷入局部最优解[91]。

算法停止准则为目标函数累计 15 代不进化，分别取 $\alpha \in \{0.5,1,2,5,8\}$，$\beta \in \{1,2,5\}$，对 α 和 β 的不同组合分别进行 10 次仿真实验，对实验结果取平均值，如表 4.6 和图 4.15 所示。

表 4.6 α 和 β 的不同组合对算法收敛性的影响

β	α				
	0.5	1	2	5	8
1	172.3/147.8	176.2/146.5	185/153.1	194.2/143.7	210.5/147.7
2	193.6/123.9	174.8/127.5	164.7/138.7	205.2/149	182.7/158
5	192.5/128.1	185.9/128.1	200/132.2	197.7/161	178.4/177.5

注："/"左边为目标函数平均收敛解，"/"右边为平均搜索循环次数

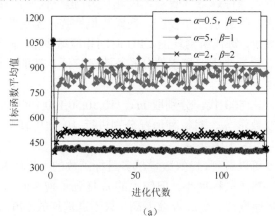

(a)

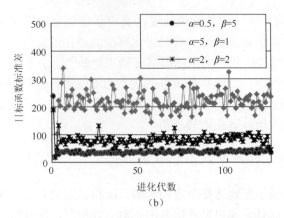

图 4.15　α 和 β 的不同组合对目标函数平均值和标准差的影响

　　从实验结果可以看到，α 和 β 的较优组合为（0.5,1）、（1,1）、（1,2）、（2,2）。如果 α 和 β 的组合较优，其目标函数的平均值和标准差都比较适中，算法的收敛性较好。调整 α 和 β 的不同组合同样是在调整解的离散程度，从而控制算法的探索和开发。在算法的整个进化过程中，取一对确定的数值只是一种兼顾算法收敛速度和避免早熟的折中考虑，根据算法的特点采取一种动态的确定方法，将会取得更好的收敛效果。

4.3.4　蚁群蚂蚁数量 m

　　蚁群优化算法是一种基于种群的后启发式随机搜索算法，在整个进化过程中存在两个基本阶段：适应阶段和协作阶段。在适应阶段各候选解根据积累的信息不断调整自身结构；在协作阶段各候选解之间通过信息的交流产生性能更好的解。因此，其搜索行为是依靠个体之间的信息交流和相互协作来完成的。蚁群中蚂蚁数量越大，算法的收敛性越好（收敛速度越快），但每代所消耗的 CPU 时间越多。由于蚂蚁数量大，信息素分布较广，搜索随机性强，全局收敛率较高。随着种群中蚂蚁数量的减少，每代所消耗的 CPU 时间相应减少了，但算法的收敛性也降低了，较少的蚂蚁数量造成信息素的分布不十分广泛，解的随机性较差，全局收敛性不高，易出现早熟。

　　算法停止准则为进化 500 代，分别取 $m \in \{10,30,50,100,150,200\}$，保持其他参数不变，只改变蚂蚁数量 m，对每种情况分别进行 10 次仿真实验，对实验结果取平均值，如表 4.7 和图 4.16 所示。

　　从表 4.7 和图 4.16 可以看到，蚂蚁数量越多目标函数的平均值和标准差越小，解的总体质量越好。虽然离散程度小，但较大的 m 增强了搜索的随机性，使算法平均收敛次数多、收敛速度快、全局收敛率高，只不过消耗的 CPU 时间较多。蚂蚁数量越少目标函数的平均值和标准差越大，虽然解的离散度大，消耗的 CPU 时间少，但较少的蚂蚁数量降低了算法搜索的随机性，使平均收敛次数少且搜索速度慢，容易造成早熟[99]。

表 4.7　m 对算法收敛性的影响

蚂蚁数量 m	平均最优解 Obj(p)	平均收敛次数	平均消耗 CPU 时间（500 代）/s
10	158.9	2.5	357.9
30	155.9	2.7	566.6
50	152.1	3.5	564
100	152.3	3.7	702
150	153.6	4	899.6
200	152.3	3.9	938

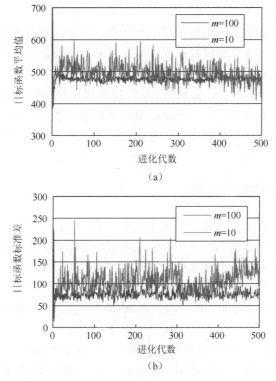

（a）

（b）

图 4.16　蚂蚁数量 m 对目标函数平均值和标准差的影响

4.3.5　结论

通过大量的仿真实验及对蚁群优化算法中各参数对算法性能影响的详细分析和探讨，可以看到每个参数本质上都是从不同的角度影响解的离散和集中，从而控制算法的探索和开发。每一个确定的参数在算法的整个进化过程中所起的作用都是双重的，即在对一方有利的同时必然会对另一方造成不利的影响，即在加速收敛的同时必然会使探索的力量减弱，反之亦然。因此，一个固定参数只能兼顾两方面影响以折中的方式进行选取。建立一个有效的后启发式算法就是要在探索和开发之间取得一个恰当的平衡点。但是，这个平衡点不应是固定的或朝一个方向变化的，而应是动态的，这不仅要求算法的设计能够使整个进化过程处于一种动态的变化过程，而且参数的设置也应是动态和自适应的。目前，虽然蚁群优化算法的许多应用和实验已展示出其光明的发展前景，但它还不像其他启发式算法那样已形成坚实的理论基础，许多问题有待于进一步探讨。

4.4　基于遗传变异蚁群优化算法船舶单管路布局优化设计

本节基于蚁群优化算法和遗传算法的特点，提出遗传变异蚁群优化算法求解船舶管路布局问题。该算法将蚁群优化算法和遗传算法结合起来，将遗传算法中的遗传算子操作嵌入蚁群优化算法的计算过程中，既能够发挥两种算法的计算特点，也能够相互弥补算法的计算缺陷，从而提高优化算法的计算性能[100]。根据船舶单管路布局问题的基本特征，该算法改进了路径的搜索过程、提出信息素的摆脱策略和改进信息素的更新规则等，对优化计算过程进行改进和创新，进一步提高优化算法的计算性能。

4.4.1　优化算法的目标函数

船舶管路布局优化设计希望在满足各种约束条件的前提下，尽可能减少管路布局的经济消耗，从而提高设计船舶的经济性。本节选择经济约束作为优化目标进行计算，其他约束条件则在优化计算过程中通过相应的计算"策略"表达。船舶单管路布局问题的优化目标函数如下所示：

$$\min f(\text{path}) = E_1 \times \text{Length(path)} + E_2 \times \text{Bend(path)} + E_3 \times \text{Installation(path)} \quad (4.14)$$

式中，f(path)表示船舶单管路布局问题中管路的经济消耗，即为计算过程中的适应度函数值；Length(path)表示管路路径的长度；Bend(path)表示管路路径的弯头数量；Installation(path)表示管路装配路径的长度；E_1、E_2和E_3表示各影响因素的权值，用于将这三个量纲不一致的影响因素联系起来，使它们能够进行求和计算。

4.4.2　遗传变异蚁群优化算法

蚁群优化算法的计算过程是通过信息素的积累和挥发作用，引导蚁群中的蚂蚁个体逐渐找到最优路径。然而，信息素的更新规则也会使计算出现早熟现象。遗传算法的计算过程是通过交叉过程和变异过程获得新的染色体，以实现群体的多样性。因此，可以将蚁群优化算法和遗传算法相结合，通过遗传算法的交叉过程和变异过程获得新的解，使计算结果摆脱信息素的引导作用，避免信息素造成计算过程早熟。

1. 路径搜索过程的改进

标准蚁群优化算法路径搜索过程如下：蚂蚁根据选择概率从相邻的可行节点中选择一个节点，重复执行选择过程，从一个节点移动到另一个节点，直到找到终点完成路径搜索过程。本节根据船舶单管路布局问题的特点，对路径搜索过程进行相应的改进和创新。遗传变异蚁群优化算法中路径搜索过程如下。

步骤 1：蚂蚁根据方向选择概率从三个坐标轴方向中选择一个移动的方向。

方向选择概率是指在路径搜索过程中，蚂蚁选择各坐标轴方向的概率值，如下所示：

$$\text{Pd}_i = \frac{\text{RL}_i \times \text{FR}_i}{\sum \text{RL} \times \text{FR}}, \quad i \in \{X, Y, Z\} \tag{4.15}$$

式中，Pd_i 表示蚂蚁选择 i 方向的概率；RL_i 和 FR_i 分别表示蚂蚁所在节点沿 i 方向的位置影响因素和可行域影响因素。

位置影响因素是指蚂蚁所在节点和终点之间的位置关系对方向选择概率的影响。位置影响因素的作用是提高蚂蚁选择一次行进距离较远方向的概率，从而使蚂蚁能够更快找到终点。各方向的位置影响因素等于蚂蚁所在节点和终点在各坐标轴方向的距离与曼哈顿距离的比值，如下所示：

$$\begin{cases} \text{RL}_X = \dfrac{|x_e - x_c|}{|x_e - x_c| + |y_e - y_c| + |z_e - z_c|} \\[3mm] \text{RL}_Y = \dfrac{|y_e - y_c|}{|x_e - x_c| + |y_e - y_c| + |z_e - z_c|} \\[3mm] \text{RL}_Z = \dfrac{|z_e - z_c|}{|x_e - x_c| + |y_e - y_c| + |z_e - z_c|} \end{cases} \tag{4.16}$$

式中，(x_c, y_c, z_c) 和 (x_e, y_e, z_e) 分别表示蚂蚁当前所在节点与终点的位置坐标。

可行域影响因素是指蚂蚁所在节点在各方向的可行距离对方向选择概率的影响。可行域影响因素的作用是提高蚂蚁选择可行距离较大方向的概率。在船舶管路布局空间中，由于舱壁和各种机电设备限制蚂蚁向各方向移动的范围，蚂蚁容易被困在由它们所组成的局部狭小空间，导致路径搜索过程失败。因此，可用可行域影响因素提高蚂蚁选择可以移动距离较大方向的概率，从而避免搜索过程出现失败。各方向的可行域影响因素等于蚂蚁所在节点在各坐标轴方向的可行距离与三个方向可行距离之和的比值。

步骤 2：蚂蚁根据节点选择概率，在移动方向的可行域范围内选择一个节点，然后移动到该节点。

节点选择概率是指在路径搜索过程中，蚂蚁选择各节点的概率值，如下所示：

$$Pp_j = \begin{cases} \dfrac{\tau_j^\alpha \times \eta_j^\beta}{\sum_J \tau^\alpha \times \eta^\beta}, & j \in J \\ 0, & \text{其他} \end{cases} \tag{4.17}$$

式中， Pp_j 表示蚂蚁选择 j 节点的概率； τ_j 和 η_j 分别表示蚂蚁选择移动到 j 节点的信息素强度和启发式信息； α 和 β 分别表示信息素强度和启发式信息相对重要程度的因子； J 表示可行域范围内所有节点的集合。如果 j 节点在 J 集合内，则蚂蚁能够移动到该节点，根据公式计算它的节点选择概率，如果 j 节点不在 J 集合内，则蚂蚁不能移动到该节点，该节点的选择概率等于 0。

步骤 3：蚂蚁根据搜索停止条件，判断是否能够从当前所在节点移动到终点。如果满足搜索停止条件，则路径搜索过程结束；否则返回步骤 1，蚂蚁继续执行路径搜索过程。

搜索停止条件是指在路径搜索过程中，判断蚂蚁是否能够从当前所在节点移动到终点的条件依据。搜索停止条件主要包括三条判断依据，应逐条进行判断，只要满足其中任何一条则说明蚂蚁能够从所在节点移动到终点。搜索停止条件各条判断依据如下。

（1）如果蚂蚁所在节点和终点之间的连线沿着坐标轴方向，并且没有被障碍物阻隔，则满足搜索停止条件，如图 4.17 所示。

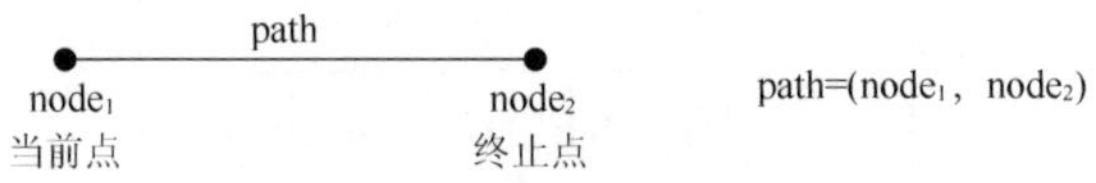

图 4.17　搜索停止条件（1）

（2）以蚂蚁所在节点和终点作为对角点建立矩形，如果该矩形所在的平面与坐标基准平面平行，并且连接两点的两条路径中至少有一条没有被障碍物阻隔，则满足搜索停止条件，如图 4.18 所示。

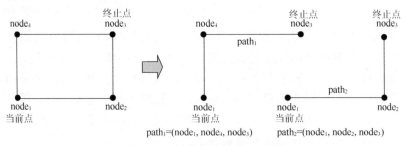

图 4.18　搜索停止条件（2）

（3）以蚂蚁所在节点和终点作为对角点建立长方体，如果连接两点的六条路径中至少有一条没有被障碍物阻隔，则满足搜索停止条件，如图 4.19 所示。

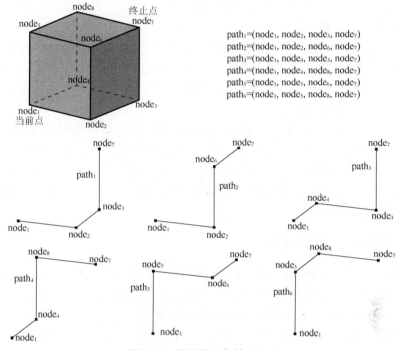

$$path_1=(node_1, node_2, node_3, node_7)$$
$$path_2=(node_1, node_2, node_6, node_7)$$
$$path_3=(node_1, node_4, node_3, node_7)$$
$$path_4=(node_1, node_4, node_8, node_7)$$
$$path_5=(node_1, node_5, node_6, node_7)$$
$$path_6=(node_1, node_5, node_8, node_7)$$

图 4.19　搜索停止条件（3）

在用判断依据（2）和（3）进行判断时，可能会存在多条路径连接蚂蚁当前所在节点和终点，并且各条路径的长度相等。因此根据优化目标，选择其中弯头数量最少的路径，结束管路的搜索过程。

2. 信息素影响的摆脱策略

在路径搜索过程中，蚂蚁会在经过的路径上留下信息素用来引导后续蚂蚁搜索。在优化计算过程中，如果信息素过早地在非最优解路径上积累，则计算过程将出现早熟现象，不能得到全局最优解。为了避免这种情况，本节在船舶管路布局优化问题的求解过程中，提出一种摆脱信息素影响的策略。

信息素摆脱策略是指在蚂蚁搜索路径的过程中，使蚂蚁能够摆脱信息素的影响进行路径搜索的方法，以防止计算过程出现局部最优解。

在蚂蚁搜索路径的步骤 2 中使用信息素摆脱策略，通过控制式（4.17）中信息素强度因子 α 和启发式信息因子 β 的取值，使蚂蚁有一定概率可以在不考虑信息素影响的情况下选择移动的节点，如下所示：

$$\begin{cases} \alpha=0且\beta=1, & q \leqslant q_0 \\ \alpha=1且\beta=0, & q > q_0 \end{cases} \qquad (4.18)$$

式中，q 表示 0～1 的随机数；q_0 表示信息素摆脱阈值，是判断蚂蚁能否摆脱信息素影响选择节点的条件依据，计算方法如下所示：

$$q_0 = 0.6^{(\tau/60)} \tag{4.19}$$

其中，τ 表示信息素强度。

由式（4.18）可知，如果随机数的值小于等于信息素摆脱阈值，则信息素强度因子 α 等于 0，此时节点选择概率只受到各节点的启发式信息影响；如果随机数的值大于信息素摆脱阈值，则启发式信息因子 β 等于 0，此时节点选择概率只受到各节点信息素强度影响。

由式（4.19）可知，信息素摆脱阈值的取值与信息素强度相关，信息素摆脱阈值随信息素强度的增加而减少。因此，当信息素强度越大，蚂蚁摆脱信息素的概率越小；当信息素强度越小，蚂蚁摆脱信息素的概率越大。通过这种定义方式，既能够保证信息素强度对路径搜索过程的引导作用，也能够使蚂蚁有机会摆脱信息素影响执行搜索过程。

3. 遗传算子的操作过程

在船舶管路布局优化问题的迭代计算过程中，选取由蚁群优化算法获得的解路径，执行遗传算法的遗传算子操作，从而获得新的解路径。通过遗传算子操作得到的解路径，由于是在非信息素影响作用下获得，进一步避免信息素更新造成的早熟现象，提高算法计算过程的准确性。为了能够执行遗传算子的操作过程，需要对所求问题的解进行基因编码化处理。使用构成管路路径的一系列节点的位置坐标对管路的路径进行表达。该表达方式符合遗传算法的基因编码结构，因此，能够执行遗传算子的变异过程，也为遗传算法和蚁群优化算法的结合提供了实现基础。

遗传算子操作过程主要包括交叉过程和变异过程。遗传算子变异过程如图 4.20 所示。在改进的遗传变异蚁群优化算法中，变异操作的具体过程如下：根据变异概率选择路径上的节点作为变异基因序列，以该节点和它的两个相邻节点为其中的三个顶点建立矩形，如果矩形的各边都没有被布局空间内的障碍物阻断，则将该节点移动到其在矩形中的对角位置，从而获得新的路径。通过执行变异过程获得的新路径与原路径相比，能够减少其中的弯头数量。

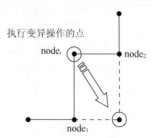

（a）node$_i$ 移动到矩形的对角位置

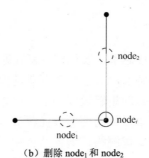

（b）删除 node₁ 和 node₂

图 4.20　变异过程

遗传算子的交叉过程如图 4.21 所示。在遗传变异蚁群优化算法中，交叉操作的具体过程如下：选择两条路径上的相交节点作为交叉基因序列，交换两条路径相交节点之后的路径，从而获得两条新的路径。通过执行交叉过程获得的新路径与原路径相比，能够缩短路径的长度，以及减少路径中的弯头数量。

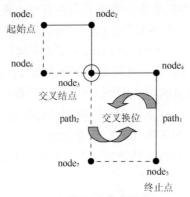

（a）交换相交节点后的路径

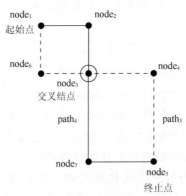

（b）删除相交节点

图 4.21　交叉过程

4. 信息素更新过程的改进

蚁群优化算法通过更新信息素，发挥信息素在路径搜索过程中的引导作用。根据船舶单管路布局问题的特点，对信息素更新过程进行相应的改进和创新。遗传变异蚁群优化算法中信息素的更新过程如下：首先，管路布局空间内部所有节点上的信息素以一定比例挥发，从而使非最优解节点的信息素逐渐降低；然后，提高当前计算过程中获得的最优解路径上各节点和扩展节点的信息素强度。信息素的更新过程使最优解路径中各节点的信息素逐渐增多，引导蚂蚁集中到最优解路径。

路径搜索过程中增加了方向选择的概念，相应的信息素强度中增加了方向属性。布局空间中的各节点通过三个值分别表达三个坐标轴方向的信息素强度。通过在信息素强度中增加方向属性，使蚂蚁在路径搜索过程中，既能够根据信息素强度选择要移动的节点，也能够根据信息素强度选择要移动的方向。

在迭代计算过程中，分别更新布局空间内所有节点在各坐标轴方向的信息素。在 $t+1$ 次迭代中，布局空间内各节点在 i 方向的信息素浓度更新规则如下所示：

$$\tau_i(t+1) = \rho \cdot \tau_i(t) + \Delta\tau_i(t), \quad i \in \{X, Y, Z\} \tag{4.20}$$

式中，$\tau_i(t+1)$ 和 $\tau_i(t)$ 分别表示 $t+1$ 次迭代和 t 次迭代该结点在 i 方向的信息素强度；$\Delta\tau_i(t)$ 表示信息素的增量；ρ 表示信息素残留系数。

信息素残留系数用于在计算过程中降低信息素强度，以此模拟信息素的挥发过程。信息素残留系数一般选取 $0\sim1$ 的常数定值。在本节提出的遗传变异蚁群优化算法中，改进信息素残留系数的取值方法是将信息素残留系数与适应度函数值联系起来，如下所示：

$$\rho = K \times \rho_b \tag{4.21}$$

式中，ρ_b 表示信息素残留系数的基值，其取值为 $0\sim1$；

$$K = \max\left(\frac{\text{fitness}_b}{\text{fitness}_c}, 0.5\right) \tag{4.22}$$

其中，fitness_b 表示最优解路径的适应度值；fitness_c 表示当前路径的适应度值。

由式（4.21）和式（4.22）可知，fitness_b 与 fitness_c 的比值越大，信息素残留系数的值越大。通过该方法，优秀解路径上的节点能够保留更多信息素，而劣质解路径上的节点将损失更多的信息素，增强高质量解路径上各节点的信息素引导作用，从而提高遗传变异蚁群优化算法的计算效率。

在本节提出的遗传变异蚁群优化算法中，为了进一步增强信息素的引导作用，扩展了增加信息素强度的节点范围。不仅增加最优解路径上各节点的信息素强度，还增加最优解路径周围一定空间范围内节点的信息素强度。范围的具体取值则根据最优解路径的信息素强度进行计算。因此，在迭代计算的过程中，最优解路径上各节点的信息素强度越大，受其影响而增加信息素强度的范围越大。

4.4.3　基于遗传变异蚁群优化算法管路布局优化计算过程

遗传变异蚁群优化算法用于求解船舶单管路布局优化问题的计算过程如下。

步骤 1：设置算法基本参数、输入路径的起点和终点位置、布局空间和障碍物的位置。

步骤 2：开始新的迭代循环过程。

步骤 3：开始新的蚂蚁求解过程。

步骤 4：搜索路径获得所求问题的解。

（1）从起点出发，开始执行搜索过程；

（2）计算各坐标轴方向的选择概率，选择移动的方向；

（3）根据信息素摆脱策略，计算各节点的选择概率，选择移动的距离；

（4）根据搜索停止条件，判断能否找到终点，如果满足搜索停止条件，则完成路径搜索过程，获得连接起点和终点的解路径，执行步骤 5；否则，返回步骤 4 中（2），继续搜索路径。

步骤 5：执行遗传算子的变异过程。

（1）根据变异概率选择路径上的节点作为变异基因序列；

（2）以该节点和它的两个相邻节点为其中三个顶点建立矩形，如果矩形的各边都没有被布局空间内的障碍物阻断，则将该节点移动到其在矩形中的对角位置，从而获得新的路径；

（3）将新的路径与原路径进行比较，保留其中适应度值较好的路径。

步骤 6：如果种群中所有蚂蚁都已经完成求解过程，则执行步骤 7；否则，返回步骤 3。

步骤 7：执行遗传算子的交叉操作过程。

（1）选择两条路径上的相交节点作为交叉基因序列；

（2）交换两条路径相交节点之后的路径，从而获得两条新的路径；

（3）将新的路径与原路径进行比较，保留其中适应度值较好的路径。

步骤 8：根据适应度值确定本次迭代的最优解路径。

步骤 9：更新管路布局空间内的信息素。

（1）模拟管路布局空间内各节点信息素挥发过程；

（2）增加当前计算过程中最优解路径上各节点以及路径周围各节点的信息素浓度。

步骤 10：如果迭代循环次数达到最大值，则执行步骤 11；否则，返回步骤 2。

步骤 11：计算过程结束并输出最优解。

基于遗传变异蚁群优化算法的管路布局优化流程图如图 4.22 所示。

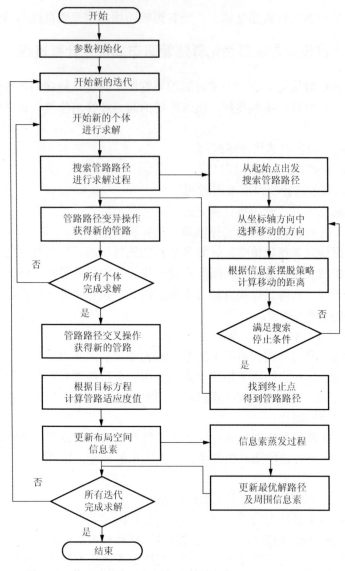

图 4.22　基于遗传变异蚁群优化算法的管路布局优化流程图

4.4.4　仿真实验

　　用 MATLAB 软件开发遗传变异蚁群优化算法求解船舶单管路布局优化问题。通过开发相应的函数（function），实现遗传变异蚁群优化算法的计算过程。通过开发主函数构建遗传变异蚁群优化算法的计算框架。对于需要反复多次使用计算步骤以及算法代码过长的计算策略，由于它们不适宜放在主函数中，开发不同的子函数实现相应计算步骤和计算策略。通过主函数执行优化计算的过程中，根据计算需要调用相应的子函数，最终获得所求问题的解。

1. 建立数值模拟算例的管路布局空间

构造管路的布局空间为立方体，基于栅格法其对角位置坐标分别为（1, 1, 1）和（20, 20, 20），空间分割为 20×20×20 的节点单元。根据船舶管路路径的基本样式，设计布局空间内障碍物的位置。在布局空间内共设置有 6 个障碍物，布局空间内各障碍物的位置如图 4.23 所示。空间内包括竖直方向的障碍物和水平方向的障碍物，所有障碍物组合构成复杂的布局空间，用来验证算法求解路径的能力。

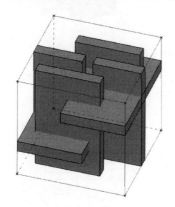

图 4.23　数值模拟算例的布局空间

障碍物在布局空间内的对角坐标如表 4.8 所示。

表 4.8　障碍物在布局空间内的对角坐标

障碍物序号	障碍物的对角坐标
1	（2,3,1）和（14,5,20）
2	（1,9,1）和（8,11,20）
3	（12,9,1）和（20,11,20）
4	（6,15,1）和（18,17,20）
5	（1,1,5）和（12,20,7）
6	（8,1,13）和（20,20,15）

对管路布局空间内障碍物设计进行分析，如图 4.24 所示。障碍物包括两个组成部分，即竖直方向的障碍物和水平方向的障碍物。竖直方向的障碍物与水平方向的障碍物相结合，使数值模拟算例的解路径能够包含相应的船舶管路路径的基本样式。另外，竖直方向的障碍物不仅能够验证算法搜索路径的能力，还能够验证算法选择最优路径的能力。因此，虽然该算例是从实际船舶管路布局问题的工

程设计中抽象得到的，但是该算例的解路径能够包括船舶管路路径的基本样式，能够很好地代表实际船舶管路布局问题。通过数值模拟算例能够验证算法在求解船舶管路布局问题的有效性和可行性。而且，由于建立的数值模拟算例具有很好的代表性和检测能力，该算例可以用于验证其他算法求解船舶管路布局问题的能力。

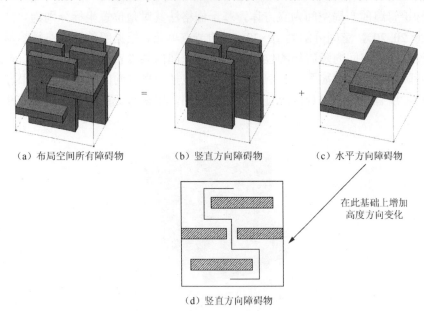

（a）布局空间所有障碍物　　　（b）竖直方向障碍物　　　（c）水平方向障碍物

在此基础上增加
高度方向变化

（d）竖直方向障碍物

图 4.24　各障碍物在布局空间的作用

2. 单管路数值模拟算例的计算过程和结果

在布局空间内部对单管路布局优化进行模拟实验。根据布局空间内障碍物的位置，确定数值模拟算例的求解路径。为了检验算法对路径的搜索能力，将管路的两个端点分别放置在布局空间内障碍物阻隔的两端，路径的两个端点分别为（10,1,1）和（10,20,20）。

单管路布局优化的数值模拟算例中，遗传变异蚁群优化算法的基本参数设置如表 4.9 所示。

表 4.9　遗传变异蚁群优化算法的基本参数设置

参数名称	参数值
迭代次数	100
各种群个体数量	25
搜索最大步长	50
目标方程权值	$E_1 = 1$；$E_2 = 2$；$E_3 = 0.5$
变异概率	$P_m = 0.5$
信息素基本剩余参数	$\rho_b = 0.8$

由于计算过程的随机性，单管路布局优化设计的数值模拟算例先后完成多次计算过程。由计算结果可知，每次计算都能够获得相应的结果，从而验证遗传变异蚁群优化算法的求解能力；每次计算过程收敛时的适应度函数值基本一致，从而验证遗传变异蚁群优化算法计算的稳定性。其中一组计算过程的适应度值曲线如图 4.25 所示。

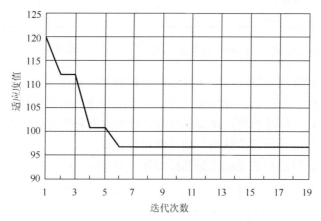

图 4.25　数值模拟算例的适应度值曲线

由图 4.25 可知，在计算的过程中，适应度值随迭代次数的增加而逐渐减小，直至收敛。适应度值曲线的变化过程说明，随着迭代次数的增加，遗传变异蚁群优化算法求出的管路路径的质量逐渐提高，最终获得单管路布局问题的最优路径布局方案，如图 4.26 所示。

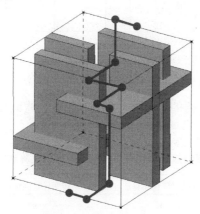

图 4.26　单管路数值模拟算例的最优布置方案

单管路数值模拟算例中，管路路径的优化计算结果为(10,1,1)→(14,1,1)→(14,6,1)→(14,6,13)→(12,6,13)→(12,13,13)→(6,13,13)→(6,20,13)→(6,20,20)→

(10,20,20)。

在管路路径的优化计算结果中，管路的长度和节点数量如表 4.10 所示。

表 4.10　单管路数值模拟算例计算结果的属性参数

名称	数值
管路长度	54
节点数量	8

3. 改进的遗传变异蚁群优化算法与标准蚁群优化算法计算结果对比

遗传变异蚁群优化算法将遗传算法的遗传算子操作嵌入蚁群优化算法，进一步提高了蚁群优化算法的计算性能。为了验证遗传变异蚁群优化算法具有更好的计算性能，将其与标准蚁群优化算法比较，使用这两种优化计算方法分别对船舶单管路布局优化设计问题的数值模拟算例进行计算。

两种算法计算过程的适应度值曲线如图 4.27 所示。

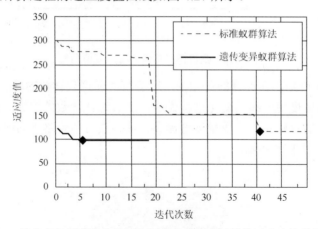

图 4.27　遗传变异蚁群优化算法和标准蚁群优化算法的适应度值曲线对比

在求解数值模拟算例的过程中，两种算法的适应度值和收敛代数对比如表 4.11 所示。

表 4.11　遗传变异蚁群优化算法和标准蚁群优化算法的计算性能对比

计算参数	标准蚁群优化算法	遗传变异蚁群优化算法	提高比例/%
适应度值	116	97	16.4
收敛代数	41	6	—

由图 4.27 和表 4.11 可知,遗传变异蚁群优化算法适应度值优于标准蚁群优化算法，说明通过遗传变异蚁群优化算法计算得到的解路径质量更好，即能够获得

更合适的管路路径布置方案；遗传变异蚁群优化算法在收敛代数方面优于标准蚁群优化算法，说明遗传变异蚁群优化算法能够更快地得到解路径，即具有更好的计算效率。因此，在求解船舶单管路布局优化问题时，遗传变异蚁群优化算法与标准蚁群优化算法相比具有先进性。

4. 船舶单管路布局优化设计问题的数值模拟算例对比

为了进一步验证遗传变异蚁群优化算法在船舶单管路布局优化设计中具有可行性和先进性，需要与船舶单管路布局优化设计相关研究中数值模拟算例进行对比。选取 4.2 节中模型空间 5 和模型空间 6 两个数值模拟算例，使用遗传变异蚁群优化算法分别对这两个数值模拟算例进行计算，获得相应的最优管路路径布局方案，并将计算结果与 4.2 节的全局信息素迭代更新的蚁群单管路布局优化算法（以下简称迭代更新算法）获得的计算结果进行对比，如图 4.28 和图 4.29 所示。

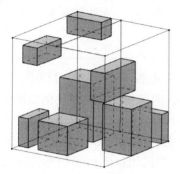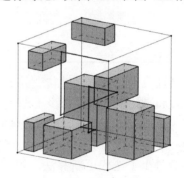

（a）遗传变异蚁群优化算法计算结果　　　　　　（b）迭代更新算法计算结果

图 4.28　模型空间 5 计算结果对比

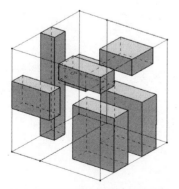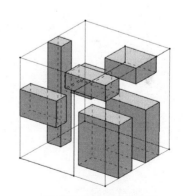

（a）遗传变异蚁群优化算法计算结果　　　　　　（b）迭代更新算法计算结果

图 4.29　模型空间 6 计算结果对比

在求解模型空间 5 和模型空间 6 的过程中，遗传变异蚁群优化算法和迭代更新算法的计算性能和计算结果对比如表 4.12 和表 4.13 所示。

表 4.12　算法的计算性能对比

比较参数	模型空间 5		模型空间 6	
	迭代更新算法	遗传变异蚁群优化算法	迭代更新算法	遗传变异蚁群优化算法
平均收敛代数	41.2	2	90.8	1.4
平均收敛时间/s	6.37	0.99	11.8	0.70

表 4.13　算法的计算结果对比

比较参数	模型空间 5			模型空间 6		
	迭代更新算法	遗传变异蚁群优化算法	提高比例/%	迭代更新算法	遗传变异蚁群优化算法	提高比例/%
管路长度	570	570	0	570	570	0
节点数量	6	3	50	5	3	40

通过表 4.12 可知，遗传变异蚁群优化算法在求解两个模型的过程中，平均收敛代数和平均收敛时间都少于迭代更新算法，说明遗传变异蚁群优化算法的计算效率优于迭代更新算法。通过表 4.13 可知，两种算法的计算结果中虽然管路长度相等，但是在遗传变异蚁群优化算法计算两个模型得到的最优解路径中，管路的弯头数量少于迭代更新算法，说明遗传变异蚁群优化算法在船舶单管路布局优化设计中能得到更优解。

第5章　基于协同进化算法的船舶管路布局优化设计

协同进化算法是通过模拟各物种在进化过程中表现出的相互竞争和协作的关系提出的优化计算方法。与协同进化相比，目前常用的遗传算法和新出现的蚁群优化算法都只采用基于个体自身适应度的进化模式，没有考虑进化中的个体和环境之间的复杂联系对个体进化的影响。因此，对于内部变量具有很强的相互作用、相互影响的复杂系统，基于单一种群的优化算法很难取得满意的效果。而协同进化算法可以对复杂系统内的各控制变量进行合理的种群划分，并通过由各种群组成的生态系统的协同进化取得系统的整体优化解。在船舶管路布局中，存在很多要求并行敷设的管路系统及分支管路系统，该类管路系统中的各管路在布局时相互作用、相互影响，各管路采取怎样的布局将直接影响管路系统的整体布局效果。本章主要研究基于协同进化算法的船舶多管路并行布局优化设计问题和分支管路布局优化设计问题。

5.1　协同进化算法简介

"协同进化"是近年提出的有关生物进化的新模式。该模式认为，一个物种群落是在一个较短的时期内作为一个整体一起进化的，协同进化算法正是在遗传算法的基础上，基于"协同进化"模式提出的。

5.1.1　协同进化的生物学基础

在现代生物学领域，特别是生物进化论及与之密切相关的生态学、遗传学研究中，竞争（competition）与协同（coordination）已成为两个非常重要的概念[101]。以往生物学家们在解释自然界中生物进化时，一直将生物之间的竞争作为最活跃的作用因素来考虑。随着生物进化理论的发展，人们逐渐认识到，与竞争密切联系的协同作用同样是影响生物进化的重要因素。

20 世纪 40 年代，美国遗传学家戈德施米提出了"宏进化"观念，认为生物进化不但有达尔文的线性进化方式，而且有多种相关线系构成的谱系进化，以及非线性进化。随着生态学研究的深入，20 世纪 60 年代以来生态系统的研究成果告诉人们：在自然界，任何物种或个体、任何一个种群和群落都处在一定的生态系统之中，生态系统内的生物个体、物种、种群、群落内部及相互之间，以及它们与环境的关系都既有竞争，又有协同。

　　竞争是生物个体或种群之间由于资源问题而产生的相互阻碍或制约的副作用。协同本身是协调、适应、和谐的意思。在生物学中将协同理解为生物之间相互选择、相互协调的现象或过程。

　　1976 年，德国学者哈肯创立了"协同论"，描述了系统进化过程中内部要素相互之间的协同行为，并指出这种协同行为是系统进化的必要条件。

　　协同进化（coevolution）一词最早由 Ehrlich 和 Rave 在讨论植物和植食昆虫蝴蝶相互之间的进化影响时提出来的，但他们未对协同进化下定义[101]。不同的研究者对该词有不同的定义。Jazen 对协同进化的定义如下：协同进化是一个物种的性状作为对另一个物种性状的反应而进化，而后一物种的这一性状本身又是作为对前一物种性状的反应而进化[101]。这一定义要求：特定性——每一个性状的进化都是源于另一个性状；相互性——两个性状都必须进化。更严格的定义还要求同时性——两个性状必须同时进化。但当协同进化是扩散型时，就不具备同时性的标准，在这种情况下，协同进化只表明物种对生态环境特征的适应。协同进化在广义上可等价于进化。

　　"协同进化"模式提出，物种群落作为一个整体，是在一个被漫长的物种演化速度较慢的稳定时期隔开的较短时期中发生的冲刺式快速演化。"协同进化"理论实质上是把埃尔德列奇和古尔德提出的关于个别物种的"点断平衡"理论推广应用到了生物的群落上[77]。"点断平衡"理论的主要观点是物种进化由突变和渐变结合进行。对于生物物种为什么会在一个较短时期内发生快速进化，马萨诸塞大学的莫里斯提出了下面的解释：在稳定时期，物种间的相互作用抑制了可供利用的小环境的类型和数量，对从其他地区迁徙来的物种没有留下生存的空间；另外，物种间的相互作用还阻止了物种的急剧演化[77]。该理论较为合理地解释了生命演化史上的很多记录，最重要的一点是提出了生物界的进化不但有渐进而且有跃进。协同进化理论的核心是中国古代的"相生相克"理论，即一些生物个体、物种、种群和群落的进化与另一些生物个体、物种、种群和群落的进化相互之间是相生相克的关系，既相互竞争、制约，又相互协同、受益。它们之间通过生存竞争，各自夺取所需资源，求得自身的生存和发展；又通过协同，相互利用、共同生存、节约资源，求得生态系统的生存平衡和持续发展。

　　如果将竞争看成是生物发生或者表现的一种行为，与竞争对立的概念应该是协同。竞争是生物生态过程中的分离行为，结果是生物双方相互制约、相互抑制；而协同则是生物生态过程中的一致性行为，结果是生物之间相互协调与平衡、共同受益。从对竞争与协同概念的具体使用上看，谈及竞争往往是指生物之间的关系（虽然竞争是由资源或环境问题引起的）；而涉及协同时，既可以指生物之间，也可以指生物与环境（非生物）之间。

　　从广义的概念上理解，协同进化指生物与生物、生物与环境之间在进化过程中的某种依存关系。可以从分子水平、细胞水平、个体水平、种群水平和生态系统水平上对协同进化进行研究。在自然生态系统中，种群关系上的协同进化现象非常普遍。在长期的进化过程中，相互作用的种群间从单方的依赖性发展为双方的依赖关系，种群间互为不可缺少的生存条件，相互依赖、相互调节而共同进化。达尔文进化论过分强调生存竞争，主要是繁殖过剩所引起的种内斗争，把繁殖过剩所引起生存斗争当成生物进化的主要动力，忽略了生物其他方面的种种联系，显然具有片面性。大量的研究事实表明，生物协同进化理论能够更好地解释自然生态系统进化的复杂性，因此，该理论得到了迅速发展，业已成为生态学的基础理论之一。

生物多样性是认识协同进化的前提和出发点。生物多样性是指一个地区或整个地球所有生物物种和它们拥有的遗传基因及它们所构成的生态系统的丰富度的总称。简而言之，生物多样性是一定范围内物种及其基因和生态系统的总和。生物多样性通常包括遗传基因多样性、物种多样性和生态系统多样性三个层次，这三个层次描述了生命系统迥然不同的三个方面。

5.1.2　协同进化算法的基本特征

协同进化算法区别于传统进化算法的基本特征主要包括以下内容。

（1）传统进化算法将待求解的问题映射为单一种群或单一种群的多个子种群的进化。而协同进化算法在传统进化算法的基础上引入生态系统（ecosystem）的概念，将待求解的问题映射为相互作用的各物种组成的生态系统，以生态系统的进化来达到问题求解的目的，即采用多个种群共同进化，一个种群表示完整解的一部分，完整解是由所有（或部分）种群个体构成的一个共生体。

（2）在传统进化算法中，个体的评估相互隔离，适应度互不影响。而在协同进化算法中，个体之间适应度相互影响，个体并不是用一个固定的适应度函数来评估，而是通过与种群（或其他物种）中其他个体的比较或配合来进行评估的。

由此可见，在协同进化计算中，各个物种群体都采用进化算法实现各自的进化过程，而在对个体进行适应度评价时，则加入对群体间交互协调的处理。对那些有利于群体间协调的个体赋予较高的适应度，而不利于群体间协调的个体则赋予较低的适应度，这样各个群体就会向着有利于相互协调适应的方向进化，从而产生协调行为。

5.1.3　协同进化算法的发展现状

协同进化算法是在协同进化论基础上提出的一类新的进化算法，协同进化算法与其他进化算法的区别在于：协同进化算法在进化算法的基础上，考虑了种群与环境之间、种群与种群之间在进化过程中的协调性。虽然在这方面的研究起步较晚，但由于协同进化算法的优越性，越来越多的学者对此进行了研究，协同进化算法已成为当前进化计算的一个热点问题。

根据算法采用的生物模型不同，协同进化算法可分为以下几类：基于竞争机制的协同进化算法；基于捕食机制的协同进化算法；基于互利共生机制的协同进化算法等。下面分别介绍这三种算法和其他类型的协同进化算法。

1. 基于竞争机制的协同进化算法

这类算法把种群分成几个子种群，这几个子种群是竞争关系，但同时又存在合作行为。种群间通过个体的迁移来达到信息交流的目的。

并行遗传（进化）算法是一种最简单的协同进化算法，它包括三种模型：踏脚石模型[102-105]、粗粒度模型[106,107]和细粒度模型[108-111]。这三种模型都是通过种群间个体的迁移等手段达到信息交换的目的，从而实现各种群的协同进化。但这种协同进化并没有考虑种群间的差异，即每个种群的竞争系数都为 1，定期或不定期进行信息交换。

Tahk 和 Sun[112]提出了协同进化增广拉格朗日（Lagrangian）算子方法求解约束优化题。这种方法首先把约束优化问题转化为一个 Lagrangian 问题，所以，优化问题的最优值问题变成寻找 Lagrangian 问题的鞍点。同时，采用协同进化算法求解这个 Lagrangian 问题。采用的协同进化算法是基于博弈的观点，用两个同时进化的种群表示相互对立的目标函数和约束，这两个对立种群就是静态二人零和博弈的两个局中人。每个种群有各自的进化过程，并且都会最优化各自的支付：种群中的每个个体表示局中人的一个策略，两个种群中的所有个体定义了一个有限维的近似零和矩阵博弈。进化过程使得每个种群在鞍点附近的个体密度逐渐增加，对每个种群适应度的评估是依据均衡策略进行的。如果原问题有解，则总可以构造出增广 Lagrangian 函数，使之至少存在一个局部鞍点。当仅有一个局部鞍点时，它就是全局鞍点；如果存在多个局部鞍点，则协同进化会收敛到其中一个局部鞍点。关志华等[113]将上述算法用于求解多目标优化问题，这种算法首先采用 ε-约束方法对多目标优化问题进行处理，使其转化为一个单目标带约束的优化问题，然后采用协同进化方法对约束优化问题进行求解。

郑浩然和曹先彬等[114-117]提出了基于生态竞争模型的协同进化算法。该算法把种群分成若干子种群，算法在每次迭代中都依次进行进化和协同过程。其中，进化过程采用遗传算法的操作方法，协同过程通过种群竞争方程计算种群密度，并根据计算出的种群密度调整各个子群规模，从而实现根据适应度的情况动态地调整各个模式在种群中比例的目的。

2. 基于捕食机制的协同进化算法

捕食关系是遭受选择压力的个体间的一种反馈机制，这种反馈机制为系统解决复杂问题提供了有力的驱动。算法采用一种互逆的适应度相互作用，一方的成功对另一方则是失败，必须做出相应的反应以保持其生存的机会。捕食者和被捕食者任何一方的进步都会威胁另一方的生存能力，捕食者和被捕食者的生存能力都不完全由自身决定，还受到对方影响。捕食者为了捕获被捕食者产生的生存压力会刺激捕食者的进化，被捕食者为了逃脱捕食者产生的生存压力也会刺激被捕食者逐渐进化。捕食者和被捕食者相互刺激对方而协同进化。自然界中的猎豹和羚羊就是一个很典型的例子，生存的压力迫使猎豹和羚羊在长期的进化过程中变成了能够高速奔跑的动物。

Hillis[118]第一个把捕食协同进化作为计算模型，并将这类算法称为协同进化遗传算法（coevolutionary genetic algorithm，CGA）。文献[119]和文献[120]在上述方法的基础上给出了两个应用：神经网络分类问题和约束满足问题。这两个例子都利用捕食关系增强智能搜索的能力，并与传统遗传算法进行了性能比较。

Paredis[121]、Potter 和 De Jong[122]提出了一种采用生命期限适应度评价（lifetime fitness evaluation）的协同进化遗传算法，用于一类"test-solution"问题（包括归纳学习、约束满足问题）。这种算法有两个种群：候选解种群和测试种群。前者是问题的解，后者是事例或约束条件。候选解种群的个体适应度等于最近20个事例中满足它的评价要求个数，而测试种群的个体适应度等于最近 20 个个体中不满足它的评价要求个数。因此，候选解种群内个体与测试种群内个体具有相反的适应度，它们构成了一个捕食系统。协同进化遗传算法的操作作用在这两个具有相互作用的种群上。一般情况下，对候选解种群进行进化，也可以对两个种群都进行进化。

3. 基于互利共生机制的协同进化算法

这类算法把问题分解为几个子问题，每个子问题对应一个种群，并且每一个种群用一个进化算法来进化。面对一个待求解问题，每一个进化个体只对应问题的部分解，由不同种群个体构成的一个共生体对应问题的一个完整解。不同算法的区别在于个体适应度的计算方法不同。

Potter 等[123-125]提出了用于函数优化问题的协同进化遗传算法（cooperative coevolutionary genetic algorithm，CCGA）。考虑一个具有 n 个变量的待优化函数，CCGA 对每个变量维持一个种群，并用传统遗传算法对每个种群进行优化。由于各个种群的单个个体只是部分解，个体适应度的计算需要从各个种群选出个体构成问题的一个完整解来赋值。在 CCGA 中，初始化时个体适应度等于这个个体与从其他种群随机抽出个体构成问题的一个完整解的适应度；在进化的过程中，个体的适应度等于这个个体与其他种群内最优的个体构成问题的一个完整解的适应度。这种方法比较简单，其缺点是只能获得一个贪婪解。

郑浩然等[126]提出多模式共生进化算法（multi-pattern symbiotic evolutionary

algorithm，MSEA），它与 CCGA 的不同之处在于：其一，MSEA 把优化函数变量分成几组，称为模式，各个模式采用不同的进化方式；其二，个体适应度的计算方法不同，对于某个种群内的个体 a，MSEA 首先从各个种群随机选取 n 个个体与 a 组成 n 个完整解，然后计算这 n 个完整解的适应度，把这些解的适应度的平均值作为个体 a 的适应度。这虽然能够克服 CCGA 的缺点，但计算个体适应度的计算量较大。

Seredynski 和 Zomaya[127,128]针对 N 人博弈问题提出了协同进化多智能系统模型。由于采用非合作策略不能使系统在到达 Nash 平衡点时获得最大报酬，Seredynski[129]提出了局部合作算子，个体的适应度等于其邻域内所有个体适应度的平均。同时证明了这种局部合作算子能够把最大化收益点转变成 Nash 平衡点。在这个模型的基础之上，Seredynski[129]和 Bouvry 等[130]又提出了松散连接遗传算法。该算法把问题分成几个子问题，每个子问题维持一个种群，个体的适应度等于相邻个体适应度和的平均值。同时，将局部合作算子用于信用度分配机制，提出了松散连接分类系统。

Kim 等[131]提出了一个网格上的共生进化算法。这种算法有三个种群：Pop-A、Pop-B 和 Pop-AB。Pop-A 和 Pop-B 中的个体各自包含问题的一部分解，而 Pop-AB 的个体是问题的一个完整解。Pop-AB 中的个体与 Pop-A、Pop-B 中的个体是竞争关系。同时，Pop-AB 可以独自进化，该方法把种群 Pop-A 和 Pop-B 的局部优化和 Pop-AB 的全局优化结合起来以提高算法搜索效率。

4. 其他类型的协同进化算法

根据病毒进化理论，病毒具有一种特有的感染功能，它能获得一个个体的染色体基因，并且感染给另一个个体，使得该个体的部分染色体基因发生相应的变化，从而改变该个体的遗传信息。Naoyuki 等[132]和 Kubota 等[131-135]提出了基于病毒协同进化理论的遗传算法（virus coevolution genetic algorithm，VEGA），并成功地用于求解 TSP、背包问题等。VEGA 在进化计算过程中产生两种群体：主群体和病毒群体。主群体对应问题的解空间，进行遗传操作，实施解空间的全局搜索；病毒群体进行病毒感染操作，在同代个体之间横向传递进化基因，实施解空间的局部搜索。VEGA 将主群体的全局进化和病毒群体的局部进化进行动态结合，从而快速得到问题的全局近似最优解。胡仕成等[136]针对次序约束和资源约束的多模式项目调度问题提出了一种病毒协同进化遗传算法，并提出了解的编码、选择、交叉、变异和病毒感染等操作。

5.1.4 多种群互利共生类协同进化算法

船舶多管路布局优化设计和分支管路布局优化设计中，各管路为了共同的目标——整个管路系统最优而进行优化协调，管路之间更多的是合作关系，即管路之间总路径最短、不能相互干涉而且应尽量成束敷设，以取得整体最优解，与多物种的互利共生的协同进化关系相似。因此，下面主要讨论这类协同进化算法，将其作为本章研究的方法基础。

在多种群协同进化算法中，各种群采用什么类型的进化算法以及进化算法的具体构成形式对问题的求解没有本质性的影响，这些低层次的特征并不是多种群协同进化算法的主要内容。多种群协同进化算法的主要特征体现在更高层次的实现形式和协同进化关系的实施方式上，体现在算法中各种群之间的相互影响上，即各种群中个体的适应度如何评价，也就是说在个体适应度评价时如何考虑其他物种的影响。在协同进化算法中将这种各物种协同进化关系的实施方式称为物种间的协同机制。根据所采用的协同机制的不同，多种群互利共生类协同进化算法可分为以下三种形式：基于生命周期适应度评估的协同进化算法、分布式协同进化算法、合作式协同进化算法。

5.1.4.1　基于生命周期适应度评估的协同进化算法

基于生命周期适应度评估的协同进化算法[121, 137]是并行的"岛屿模型"，实现各物种独立进化，不定期地与其他种群中的成员相互作用。每个个体需要与其他物种的多个个体配合，以这些配合分配的适应度的均值作为评价该个体的适应度。种群中的个体按照适应度进行排名，算法循环中，按照排名选择两个个体繁殖，产生的后代用生命周期适应度评估的方法计算适应度，用来对种群中的个体进行评估的其他种群个体也是基于排名选择的。产生的后代的适应度若大于种群中的最小适应度，则按其适应度大小依次插入种群，同时丢弃种群中适应度最小的个体；否则，丢弃该后代个体。

5.4.1.2　分布式协同进化算法

分布式协同进化算法中每个物种都采用分布式进化。不同物种种群的个体分布在同一个网格上，各物种在网格的每个点均只有一个个体存在，各物种个体的繁殖及与其他各物种的相互作用在局部地域范围内进行，即在个体所在点的邻域内进行。选择操作的作用是局部的，个体只能与其邻域中的同一物种的其他个体进行交配繁殖。邻域所包含的点按到中心点的距离的正态分布选定。配偶是从待交配个体的邻域中依据适应度排名选择的一个同种个体，交配产生的后代保存在父体的邻域内，替换与适应度排名相反的排名次序选择的该邻域内较差的同种个体。各物种之间在表现型上相互作用，不同种群之间的相互作用局限在同一点内部，即个体评估时，根据个体所在点中各物种的个体组成的完整解目标函数值来分配适应度。

5.4.1.3　合作式协同进化算法

合作式协同进化算法又称为协作式协同进化，用相互分离的顺序执行（或并行执行）多个进化算法实现各物种的进化，其中，每个物种个体的评估函数都考虑其他种群的影响[138,139]。算法初始时各物种种群个体适应度的计算如下：将它与从其他物种中随机选取的个体一起组成一个完整解，计算这一完整解的目标函数值，作为该个体的适应度。此后，在算法的执行过程中，如果各种群个体的适应度值按它与其他各种群当前最高适应度个体组成完整解的目标函数值来分配，即对某种群个体的评价是根据它与其他种群的当前最优个体配合情况来进行。配合较好的个体被赋予较高的适应度，这种协同机制称为最优个体配合协同。合作式协同进化算法每代中各种群轮流执行适应度计算和进化操作，独立繁殖后代。每代执行过程中，各种群都通过适应度比较找到种群的当前最佳个体，以各种群的当前最佳个体的组合作为当前的系统解，各物种的进化分别改善系统解的各组成部分，这样一代代进行下去以搜索系统最优解。合作式协同进化算法中各种群也可以独立进化若干代，才和其他种群通信一次，即采用岛屿模型实现。

最优个体配合机制的算法构成简单，适应度值的计算量小，适合多管路和分支管路协同布局。

Potter 等[123-125]认为合作式协同进化是一种宏观协同进化的方法，它结合并扩展了早期的进化计算的思想以提高其通用性和在没有人工干涉情况下演化互适应的子群体的能力。Potter 等研究了协同进化的几个例子，如函数优化、建立自治机器人行为的基于规则的系统、建立和训练一个两层的前向反馈神经网络等。

合作式协同进化适用于能够分为几个群体，各群体中的成员为了达到总目标最优而需要合作来共同实现的一类系统。例如，数学分析中的函数优化问题、生态系统中的互利共生的群体组成的系统以及创新概念设计系统等。

将合作式协同进化算法应用到实际问题中的一种基本方法如下：把一个问题自然地分解为几个小的组成部分，每个部分分配一个子群体，这样在特定子群体中的个体代表整体问题解的一个部分。所有子群体同时并行演化，但是彼此相对独立。为了计算特定子群体中的个体的适应度值，需要从其他的子群体中选择"合作者"，以形成一个完整的解。为此，可以基于传统的遗传算法创建一种合作协同进化的框架——CCGA，算法的规范描述过程如算法 5.1 所示。

算法 5.1：

代数　gen=0
for　每个种群 *s* do
begin

　　　　　随机初始化种群 Pops（gen）
　　　　　评价种群 Pops（gen）中个体的适应度
end
while　结束条件=false do
begin
　　　　　代数 gen=gen+1
　　　　　for　每个种群 s do begin
　　　　　从种群 Pops（gen–1）中基于适应度选择个体形成 Pops（gen）
　　　　　对种群 Pops（gen）实施遗传操作：交叉和变异
　　　　　评价种群 Pops（gen）中个体的适应度
end

　　该算法始于对一定数量的子群体进行初始化，每个子群体代表一个单独的物种，每个物种内的一个成员的适应度是通过与来自其他物种的个体的合作来计算的。如果在初始时没有达到目标问题的满意解，所有的物种将进一步进化。对于每一个物种，其进化包括通过个体的适应度选择来繁殖个体、执行遗传操作来产生新的后代、计算后代的适应度，以及用新产生的优秀个体代替种群中旧的个体。该算法的结构如图 5.1 所示。

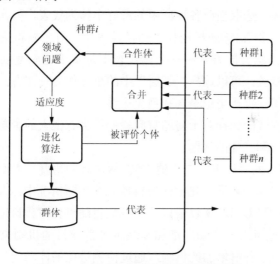

图 5.1　合作式协同进化遗传算法结构图

下面简单介绍互利共生类协同进化算法中适应度的计算方法、合作者选择机制、个体/群体的"产生"与"消亡"。

（1）适应度的计算方法。在合作式协同进化中，个体的适应度评价不是孤立进行的。相反，进行适应度计算时个体首先按照问题域的知识与来自其他群体的个体"代表"结合，形成一个问题的解向量，再计算评价个体适应度。这个过程也称为"合作"，因为这个个体的优劣最终要以是否有利于问题求解和在多大程度上有助于问题求解来判断。适应度评价的最后一步是将"合作体"应用于目标问题并计算其适应度，这个适应度将分配给被评价的个体。具体适应度计算评价过程如算法 5.2 所示。

算法 5.2：

从其他种群中选择"合作代表"

for 种群 s 中的每个个体 i

begin

　　　将个体 i 与来自其他种群的代表个体组合形成合作体

　　　将合作体应用于目标问题并计算评价其适应度

　　　将合作体的适应度分配给个体 i

end

（2）合作者选择机制。解向量中选择其他群体中个体（合作者）的方法如下：①选择最好的个体，选取当前各种群中的最好个体为代表，但在有些情况下，这种策略显得太"贪婪"；②随机选择个体，从每个种群中随机选取个体的代表，或者采用更富生态意义的方式——个体代表不是基于适应度以确定性的方式选择，而是与分布有关，可以选择"邻居"中的个体作为合作者；③选择具有平均适应度的个体；④根据历史记录选择精英个体。

显然，合作方式的选择对于问题解向量的优劣有很大的影响，这四种选择方式较多地依赖经验和具体的问题。

（3）个体/群体的"产生"与"消亡"。从理想的角度，人们希望进化中有一个合适数量的种群作为协同进化的涌现特性。在实际情况中，人们可能不能事先决定最后所要的种群数目，所以最好让种群数目随进化过程自适应地调整，达到一个最佳值。通过引入一个动态增加和减少种群数目的机制来完成这一任务。Potter 等提出了一个种群增加的机制，通过检测进化的停滞增加种群，即进化了很多代之后适应度仍没有大的提高，这时就应该增加新的种群。算法 5.3 是一个通过调整种群的产生与消亡来达到自适应调整的目标的方法。

算法 5.3：

---

if *进化停滞* then
begin
  for　*每个种群* s
    begin
      检查 Pt（s）*贡献度*
      如果种群 s *无"产出"则将其从演化系统中去除*
    end
  以随机群体初始化新种群 Pt（snew）
  评价种群 Pt（snew）*中个体的适应度*
end

即如果进化停滞了，必定是演化系统中的种群数量太少，以致不能构造出好的解，从而创建一个新的种群并随机初始化它的群体。相反，如果一个种群不再对问题的解答有帮助（这可由其个体对参与合作的贡献决定），即如果贡献度低于一个阈值，这个种群将被销毁。进化是否停滞可以通过应用下面的不等式监测合作质量来探测：

$$f(t) - f(t-K) < C \tag{5.1}$$

式中，$f(t)$ 是对应时间 t 最好的适应度；C 是一个常数，表明适应度值的一个有意义的提高；K 是一个常数，表明一个适应度值必须有显著提高的进化窗口长度。

合作式协同进化就像一个"生态"系统模型，该模型由两个或两个以上的同区域内具有生态意义上的互利共生特点的种群组成。系统中的种群被鼓励与其他的种群进行合作，合作通过对相关种群进行"奖赏"而展开，这个"奖赏"以它们共同对目标问题解决的贡献程度为基础。如同在自然界中，种群在遗传上是孤立的，通过在分离的群体中演化不同的种群而执行遗传隔离。虽然种群间不异种交配，它们却在一个共同的领域问题模型中彼此相互作用。为了将基本的进化计算模型扩展到互适应子群体涌现行为上，需要详细考察以下几个重要的问题：决定问题分解的精确性；处理子系统间的相关性；为每个子系统根据其对问题解决的贡献程度分配适当的信用；确定子系统之间的协作方式；保持系统在环境中的多样性；保持系统在进化中固有的并行性。

（1）问题分解的精确性。对于有些问题，一个合适的分解可能事先已知，如一个有 K 个独立变量的函数优化问题，在某些情况下采用一种"分而治之"的方法将该问题分解为相应的 K 个子任务是合理的。但是，有很多问题，关于它的组成子部件的数量和角色的信息人们知道很少甚至不知道，如学习分类规则问题，很难对其按一种合理的方式进行分解。在形式上，用 S_i 代表第 i 个系统子部件所响应的环境的子集，则在覆盖问题中，可以构造一个由 K 个子部件构成的集合：

$$M = \bigcup_{i=1}^{K} S_i \tag{5.2}$$

式中，M 代表系统响应环境的整体的集合。

（2）子群体（局部）之间的相关性。如果一个问题可以分解为几个独立的子部件，每个子部件将可以独立地解决，而不用考虑其与其他子部件的关系。可以想象每个子部件按照它自己的"适应度景观"演化到一个高适应度值状态，该"适应度景观"仅是基因型或表现型的适应度值的一个分布。然而，大部分问题只能分解为存在复杂的相关性/相依性的子部件。改变其中的一个子部件将导致与其相连的其他子部件的"适应度景观"的"扭曲"或"变形"。

（3）信用分配。在合作协同进化模型中，信用分配发生在两个不同的层次：个体层和物种层。个体层的信用分配在每个再生（复制）周期里执行，用来决定个体复制的可能性；物种层次的信用分配在进化过程受阻时执行，用来决定是否把某个物种从生态进化系统中去除。在评价一个物种中个体的适应度时，其他物种中的个体保持固定。适应度的微分是个体对于问题解决的贡献度的严格函数。此外，仅为被评价的个体分配适应度而不给参加评价的其他种群的个体代表分配适应度极大地简化了信用分配问题。为了决定进化受阻时一个种群是否要从生态系统中去除，需要对种群的贡献度水平做粗略的估计。虽然精确的计算依赖于具体问题，但是在一些情况下，可以将来自各种群的个体"代表"组成"合作体"，再计算某个种群中的个体适应度的变化情况，从而达到检验种群贡献度的目的。

（4）多样性。在协同进化模型中，保持种群的多样性问题转变为保持生态系统中物种间的多样性问题。根据个体与来自其他种群的个体合作对问题解决的贡献来"奖赏"，这确保了生态系统的群体多样性。

（5）并行性。合作协同进化模型可以利用以前的所有并行进化计算方法，包括在单独的处理器上运行辅助过程以执行适应度评价，以及使用粗粒度模型和细粒度模型等。

5.2　基于多蚁群合作式协同进化算法船舶多管路布局优化

管路布局的一般规则是先布置粗管后布置细管，这种布置规则可考虑顺序布置方式或并行布置方式。规则要求管路不能相互干涉并应尽量成束敷设，对同径管路的布局问题，应该采取怎样的管路敷设次序才能取得整个管路系统最优的布局结果，这仍然是一个与顺序有关的组合优化问题。在管路数量较大的情况下，顺序布置方式很难在较短的时间内找到最优的布局结果，本节尝试基于迭代更新蚁群管路敷设系统和合作式互利共生类协同进化算法，建立针对船舶多管路布局优化设计的多蚁群合作式协同进化算法（multi-ant colony cooperative coevolution algorithm，MACCCA）来解决该问题[74]。经仿真实验证明，该算法可取得管路间协同性更好的布局结果。另外，在算法的协作机制中，由于采用了优良个体构造小环境的方式，避免了在管路增多情况下的组合爆炸现象。

5.2.1　多蚁群合作式协同进化算法模型

（1）问题的分解。管路系统中的每一条管路对应一个种群，整个管路系统构成一个多种群的生态系统。

（2）各种群的进化方式。每一个种群按迭代更新蚁群管路敷设系统实现各自的进化过程。

（3）种群的进化次序。在每一代中，管路的敷设次序是随机生成的，即每一代中种群的进化次序是随机的。

（4）个体适应度的评价。采用最优个体配合协同方式，即任一种群中个体的进化环境由原始环境和当前其他种群中的最优个体所形成的小环境叠加而成。因此，不同种群的进化环境各不相同，同一种群在不同的进化代数下所处的进化环境也可能不相同，而种群个体适应度的评价［式（3.12）］取决于该个体所处的环境。图 5.2 显示了个体适应度的评价原理，这种适应度评价方法在管路增加时，只会增加小环境的数量，不会引起组合爆炸现象。同时，可以看到其他种群的代表在适应度评价过程中只提供一个环境，其本身并不接受任何"奖赏"或"惩罚"，组合在评价中获得的结果并不会影响这些代表自身的适应度。

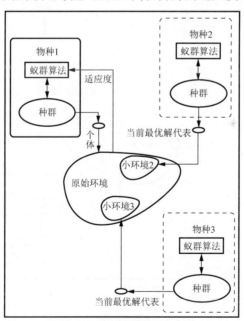

（a）

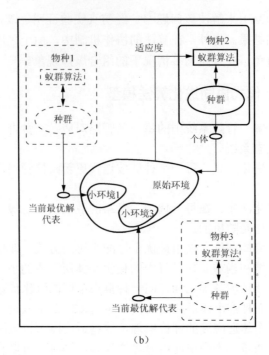

（b）

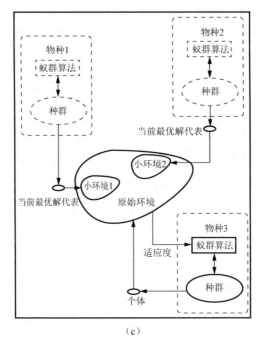

（c）

图 5.2　个体适应度评价原理

（5）终止条件，当某一种群累计 gsgen 代未进化时记录该种群的迭代最优解和其他种群的当前最优解作为管路系统的一个整体最优解。当某个整体最优解经过 gsgen′ 次未进化时，输出这个整体最优解作为管路系统的全局整体最优解，或以某一固定的进化代数为终止条件。

5.2.2　多蚁群合作式协同进化算法流程及其实现

以三个种群 i、j、l 组成的生态系统为例，其多蚁群合作式协同进化算法的实现步骤如下。

步骤 1：初始化。

（1）分割布局空间为 $M \times N \times L$ 的网格节点；

（2）赋予网格节点坐标值 (x,y,z)、状态值 $o_{(x,y,z)}$、能量值 $e_{(x,y,z)}$、信息素初始值 $t(i)_{0(x,y,z)}$、$t(j)_{0(x,y,z)}$ 和 $t(l)_{0(x,y,z)}$；

（3）产生初始种群 i、j 和 l；

（4）设置进化代数 gen=0 和已完成进化操作的种群个数 k=0。

步骤 2：计算各初始种群中各个体 n 的适应度值 $F(i)_n$、$F(j)_n$ 和 $F(l)_n$（$n = 1,2,\cdots,m$，m 为种群规模），并记录各种群的最优个体 $P(i)_{\text{best}}$、$P(j)_{\text{best}}$ 和 $P(l)_{\text{best}}$。

步骤 3：根据适应度值对各种群的信息素进行第一次全局信息素更新 $t(i)_{1(x,y,z)}$、$t(j)_{1(x,y,z)}$ 和 $t(l)_{1(x,y,z)}$。

步骤 4：记录进化代数 gen。

步骤 5：记录已完成进化操作的种群个数 k。

步骤 6：从当代未完成进化操作的种群中随机选择一个种群 i。

步骤 7：在布局环境中设置当前最优个体 $P(j)_{\text{best}}$ 和 $P(l)_{\text{best}}$ 为障碍，即个体 $P(j)_{\text{best}}$ 和 $P(l)_{\text{best}}$ 所经过各点的状态值 $o_{(x,y,z)} = 1$，并设置当前最优管路 j 和 l 周围各点的能量值 $e_{(x,y,z)} = 0$。

步骤 8：对所选定的种群 i 执行迭代更新蚁群优化算法的各步骤（见第 4 章），并记录当前最优个体 $P(i)_{\text{best}}$。

步骤 9：判断算法是否满足终止条件。满足执行步骤 11，不满足执行步骤 10。

步骤 10：判断当前代数是否有未进化的种群。如果有，增加已进化的种群数 k=k+1，并执行步骤 5；如果没有，增加进化代数 gen=gen+1，令 k=0，并执行步骤 4。

步骤 11：输出迭代最优解 i 和当前最优解 j 和 l 的最优路径。

多蚁群合作式协同进化算法的流程图如图 5.3 所示。

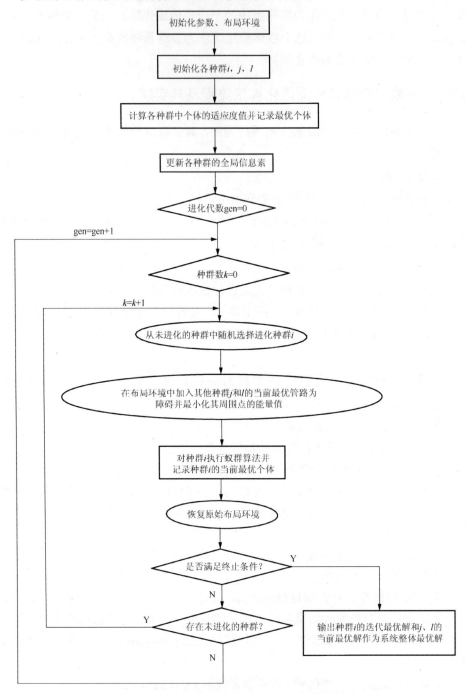

图 5.3　多蚁群合作式协同进化算法流程图

5.2.3　仿真实验

1.　参数设置

本节仿真实验的参数设置同第 4 章 4.2.7 节，在此不再介绍。

2.　模型空间

构造如图 5.4 所示的模型空间，空间对角点坐标为（0,0,0）和（49,49,49）。空间布置有设备 M1、M2、M3 和 M4，它们的对角点坐标分别为（0,10,0）、（8,15,10）、（0,34,0）、（8,39,10）、（41,20,0）、（49,28,20）、（20,0,0）、（29,3,10）。R1～R5 是五个虚拟障碍，它们的对角点坐标分别为（14,14,0）、（35,35,21）、（41,17,0）、（49,20,20）、（41,28,0）、（49,31,20）、（20,0,10）、（29,3,49）、（20,44,4）、（20,49,8）。其中，虚拟障碍 R1 用来控制管路避开中心部位，为在建造和维修阶段所用的吊车、绞车和移动设备提供操作空间，在其周围设有希望远离的能量分布带，并用希望远离的能量隶属函数表示远离的程度；R2 和 R3 是为设备 M3 提供维修空间而设的虚拟障碍，为禁止区域；M4 为一燃油箱，因此在其上部设置虚拟障碍 R4

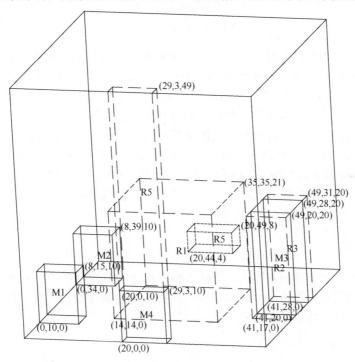

（a）正视图

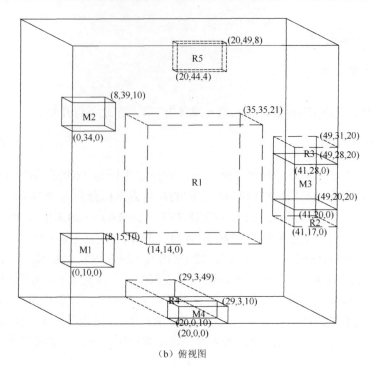

（b）俯视图

图 5.4　模型空间

为禁止区，以防高温管路通过其上方，为保证安全，在 M4 周围设有用希望远离的能量隶属函数表示的能量分布带，希望高温管路离其越远越好；R5 是考虑方便阀的操作而设置的虚拟区间，其内部的能量用类似于正态分布的隶属函数来表示，以使具有高操作频率阀的管路尽量通过利于阀操纵的区域。除此之外，布局空间四周（底层除外）设有希望接近的能量分布带，用希望接近的能量隶属函数表示，使管路尽量靠近舱壁敷设，合理利用周围结构所能提供的合乎逻辑的支撑点。

管路 1、管路 2 连接设备 M2 和 M3，起点和终点的坐标分别为（4, 37, 10）、（45, 27, 20）和（4, 37, 10）、（45, 25, 20）；管路 3 连接设备 M1 和 M3，起点和终点坐标为（4, 13, 10）和（45, 23, 20）。

3. 优化目标

寻找满足约束条件的管路 1、管路 2 和管路 3 的最短路径，约束条件是各路径不与障碍物相交、管路弯头尽可能少、路径尽量走能量低的区域、管路之间不能相互干涉并尽可能成束敷设。

4. 布局结果

如图 5.5 和图 5.6 是应用多蚁群合作式协同进化算法的两个布局结果，图 5.7

是使用 ACPRS 依次单独进行三条管路的敷设的布局结果。可以看出，采用多蚁群合作式协同进化算法，三条管路的路径基本成束；而采用 ACPRS，虽然每条管路路径较优，但它们的整个布局较为分散，不利于安装，即它们构成的管路系统并不是较优或最优的。

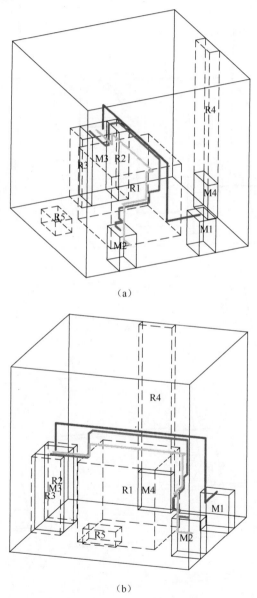

(a)

(b)

图 5.5　多蚁群合作式协同进化算法布局结果 1

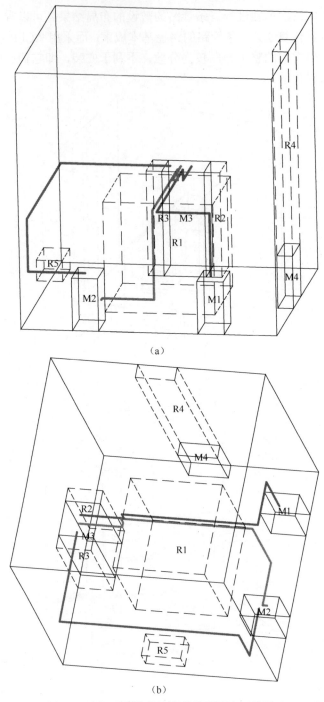

（a）

（b）

图 5.6　多蚁群合作式协同进化算法布局结果 2

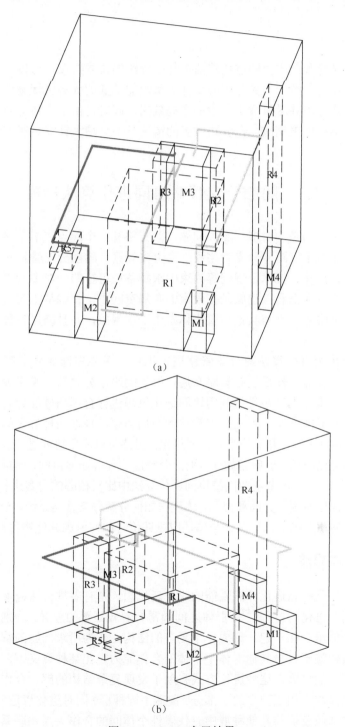

(a)

(b)

图 5.7　ACPRS 布局结果

5. 结论

应用多蚁群合作式协同进化算法进行多管路的协同敷设,可以在管路最短、不与障碍物发生干涉、弯头尽可能少并尽量走能量低的优势区域条件下,取得无管路间的干涉现象并尽量成束敷设的布局效果。同时,由于个体适应度的评价只需依靠建立小环境来完成,在管路增多的情况下不会增大计算量和产生组合爆炸问题。

5.3　船舶分支管路协同进化算法建模

分支管路布局是一对多的布局问题,即管路有一个起点、多个终点。其形式复杂,系统包括主管路、分支管路和嵌套分支管路。船舶分支管路布局设计是在给定的几何、拓扑、技术、规则等约束中求解各种可行的一对多管路布局结果的过程。从几何意义上看,也就是在限定的布局空间中,管线从指定起点开始,寻找出到达多个终点、不与其他布置物体发生干涉现象,并且满足各种约束条件的无碰路径。

若采用传统进化算法对分支管路进行优化,需要先选择分支管路的敷设顺序,再确定分支点,然后进行管路布局,解的编码十分复杂,难于表达,不利于进化的收敛。将分支管路系统利用协同进化思想进行合理巧妙的分解,形成多个种群,这些种群能够完全表达分支管路的布局问题,且这些种群之间并不是全无关系,而是相互关联、相互影响、协同进化,最终可以应用协同进化算法来解决分支管路布局优化问题。但问题如何分解、分解后的种群如何协同,是能否取得系统整体优化解的关键。本节主要围绕协同进化算法中比较核心的内容进行介绍,即分支管路布局优化问题的分解和协同,体现在如何分解分支管路系统、分解后的独体支管种群如何相互影响,以及在个体适应度评价时如何考虑其他物种群的影响。

5.3.1　基本思想

协同进化是提高进化算法性能的一个新思想,是有着耦合适应度的两个或更多个群体同时进化的过程[140]。群体之间通常有着较显著的差异,分别来自各个群体的独立个体组合在一起,形成一个复杂的结构,作为所求问题的解。一个个体的适应度值依赖于它与其他群体中个体的合作能力。在某种意义下,协同进化是传统进化算法的扩展,这种进化方式有助于发现复杂结构的解。合作式协同进化模型的进化算法中相互独立的子部分(覆盖不同种群)同时进化以达到一定水平。每个个体的适应度值与其他种群中有代表性个体间的合作关系相联系。协同进化算法适合解决存在以下难点的进化问题：所搜索的解很复杂；整个问题或者问题的解可以进行完全分解；解元素间有很强的相互依赖关系；各部分之间的调整对适应度有很大影响。

协同进化扩大了进化计算的应用范围。一个个体的适应度依赖于它与其他群体中个体合作的能力。这种方式下，问题的难度所产生的进化压力有助于开发合作策略和提升个体水平。与传统的进化算法相比，协同进化算法对复杂问题的分化解决非常有效，减小了个体的编码长度和难度，同时提高了进化的效率。

对群体中个体的评价，是要考察它与另一群体中一个或多个代表合作后，所组成系统的整体性能。代表通常称为"合作者"。从第 $g-1$ 代中选择一些有代表性的个体作为合作者，它们可以根据适应度值的高低选择，也可以随机选择。在第 g 代，经历适应度评价的个体分别与其他种群的合作者合并组成整个问题的解，之后在问题领域评价这些解的优劣，其适应度值依赖于这些解的性能量化值，通常采用的是平均值或最大值。

从评价过程可以看出，算法把复杂的问题分解开来，分而治之，各个群体可以采用各自相适应的进化策略。同时，算法充分体现了"协作"的思想，个体适应度的评价就是要考察个体与其他群体中个体协作解决问题的能力。而且，各个群体也是在每一代中相互协调、同步向上进化的，具有较高的并行性和鲁棒性。

基于以上思想，本节构造了船舶分支管路协同进化算法来进行系统布局优化。首先将分支管路系统分解为多个独体支管，每个独体支管代表一个种群，种群间通过小环境相互影响适应度的评价，以使分支管路系统布局达到最优。与传统的分支管路布局优化方法相比，本算法既没有选择分支管路的敷设顺序，也无需确定分支点，即可实现分支管路布局优化[141]。

5.3.2　算法模型

为了使研究问题更方便，此算法模型的建立是对船舶实际情况的一种简化，只涵盖了分支管路布局问题最主要、最本质的内容。

将分支管路的待布局空间用三维网格划分,同时赋予网格节点坐标值 $(x，y，z)$ 和状态值 o。对由障碍物的轮廓占据和包含的网格节点，其状态值 o 用 1 表示；对于剩下的网格节点，状态值 o 用 0 表示。将分支管路的管径都近似为相同尺寸，走向都为正交，管路用其中心线来表达，管路路径由连接起点、终点和中间节点的线段组成。首先，对障碍物进行简化，任何形状的障碍物都可简化为一个或多个包容该障碍物的长方体；其次，将布局空间转化为姿态空间，即根据管道大小和即将延伸的方向，将简化后的障碍物向外扩展一定的距离，同时，管道缩成一个点，形成姿态空间。

5.3.3　分支管路路径优化问题的分解

　　每个分支管路系统有一个起点和多个终点，分别将起点和每个终点相连，则分支管路系统分解为多条"独立"的单管路。把这些"独立"的单管路定义为独体支管，每条独体支管代表一个种群。各条独体支管起点相同，终点不同，如图 5.8 所示。其中，点 A 为分支管路的起点，点 B、C、D 为分支管路的终点，则此分支管路系统被拆分为由独体支管 AB、AC、AD 组成的管路系统。

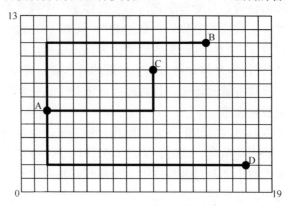

图 5.8　分支管路系统的分解

5.3.4　分支管路系统的协同进化

　　分支管路系统分解后的每条独体支管分别对应一个种群，所有种群构成一个生态系统。任一种群个体的进化环境都由原始环境和当前其他种群中的最优个体代表所形成的小环境叠加而成。不同种群的进化环境各不相同，同一种群在不同的进化代数下所处的进化环境也可能不同，而种群个体适应度的评价会受到该个体所处环境的影响，如图 5.9 所示。可以看到，其他种群的代表在适应度评价过程中只提供一个环境，其本身并不接受任何"奖赏"或"惩罚"，在评估中所获得结果并不会影响到这些代表自身的适应度。

　　具体来说，独体支管种群间的协作行为和相互影响主要是使分支管路系统的总路径最短。在单条独体支管路径最短的前提下，其与别的独体支管重合的路径越长，说明它们共用的管路越多，则节省的管路也越多，即总路径越短、经济性越好，如图 5.10 所示。

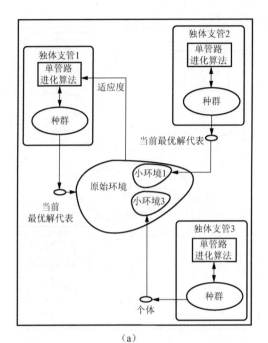

（a）

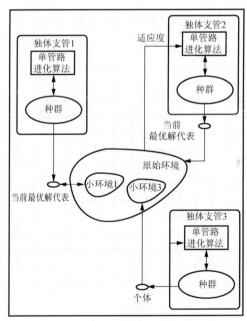

（b）

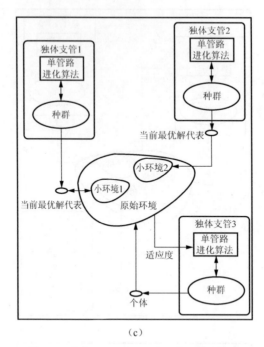

（c）

图 5.9　独体支管间的个体适应度评价原理

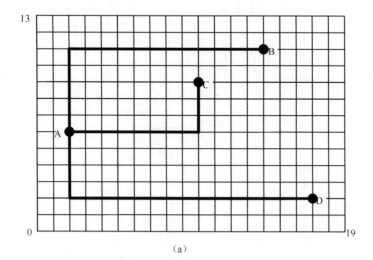

（a）

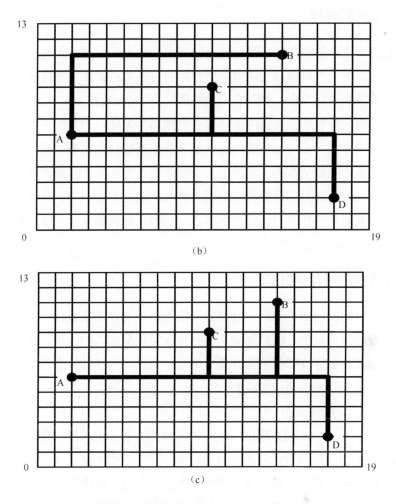

图 5.10　使总路径最短的重合布局方法

　　图 5.10 中单条独体支管的路径都是最短的，但总路径的长短却不相同。显然，方案（a）的总路径最长，其次是方案（b），最优的是方案（c），其独体支管间重合的部分最长、节省的管路最多、总路径最短。

　　由此可以看出，本方法不必考虑管路的分支点的位置，也不必考虑支管敷设的顺序，只需要使独体支管的路径最短且与其他独体支管路径重合得最多，就可以使分支管路系统的布局达到最优。

5.3.5　重合势能值

势能值（又称能量值）在管路敷设问题中用来表示节点的优先权值。势能值越小的节点，其优先权值越大，越希望管路通过该节点。本方法将势能值特别应用于驱使独体支管的重合，称为"重合势能值"，用 e_r 表示。

前面讲到，种群个体的适应度评价会受到原始大环境和其他种群代表提供的小环境的影响，这个小环境的影响就是重合势能值变化的影响。在原始环境中，网格节点的重合势能值都为 1。当某一个独体支管种群的个体被评价时，其他独体支管种群代表所经过的路径节点的重合势能值动态地变为 0，致使被评价个体更易于通过其他种群代表个体经过的节点。当本次评价结束时，重合势能值变回1，回复原始环境。

5.3.6　约束条件及优化目标

本节所讨论的问题是求分支管路系统的最短路径，约束条件是管路不与障碍物相交、管路弯头最少。映射到对某一独体支管种群个体的评价，就是求该独体支管个体与其他独体支管代表重合最多的最短路径，且该独体支管个体不穿过障碍物、弯头最少。那么适应度函数为

$$\text{fitness}(p) = e^{-\{a \cdot L_s(p) + b \cdot [L_s(p) - L_r(p)] + c \cdot B(p) + d \cdot E_r(p) + e \cdot O(p)\}} \qquad (5.3)$$

式中，a、b、c、d、e 是正常数；$L_s(p)$ 表示独体支管 p 的长度，在空间网格边长相等的情况下，此长度可由管路经过的网格节点的个数代替；$L_r(p)$ 表示独体支管 p 与其他独体支管重合的长度，也可由网格节点的个数代替；$B(p)$ 表示独体支管路径 p 上的弯头个数；$E_r(p)$ 表示路径 p 总的重合势能值；$O(p)$ 是罚函数，代表独体支管 p 上的各个节点穿过禁止区的个数。

5.3.7　算法流程

船舶分支管路协同进化算法流程图如图 5.11 所示。

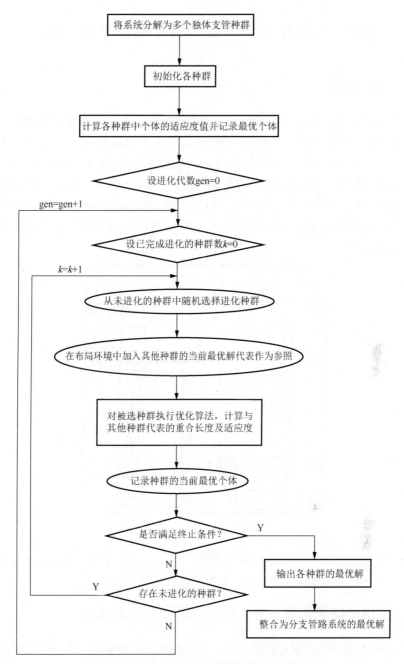

图 5.11　船舶分支管路协同进化算法流程图

5.4　船舶分支管路协同进化算法仿真实验

5.4.1　实验模型

为了便于比较，本节都采用同一个模型进行仿真实验。此仿真模型设计为一个立方体，被分割为49×49×49的立方单元，其对角点坐标为(0, 0, 0)、(49, 49, 49)。其中七个立方体为障碍物，它们的对角点坐标分别为（0, 4, 0）、（20, 16, 10）、（30, 0, 35）、（49, 15, 49）、（4, 30, 0）、（18, 40, 25）、（30, 10, 0）、（45, 24, 20）、（26, 38, 0）、（38, 46, 25）、（0, 0, 34）、（10, 20, 49）、（40, 20, 30）、（49, 49, 40），如图5.12所示。分支管路的起点坐标为（4, 10, 10），终点坐标分别为（15, 30, 20）、（32, 38, 15）、（45, 30, 30）。

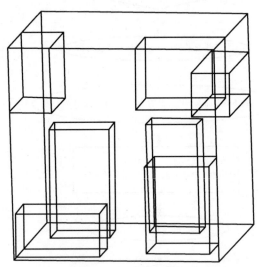

图 5.12　仿真实验模型

适应度函数都采用式（5.3），其参数统一设定为 a=0.0025，b=0.0025，c=0.002，d=0.003，e=0.5。种群规模为50，最大进化代数为1000。

5.4.2　遗传协同进化算法分支管路布局优化仿真实验

用遗传算法进化独体支管种群，结合合作式协同进化算法对分支管路布局进行仿真实验。现简要说明这种遗传协同进化算法分支管路布局优化方法[41]的编码方法、遗传算子、算法步骤和仿真实验。

1. 编码方法

开发遗传算法解决管路优化问题，首先需将问题的解编码为染色体，它是遗传算法进行其余步骤的先决条件。种群中的一个个体（染色体），采用浮点数编码方式，用路径节点坐标 (x, y, z) 组成的链表表示。

2. 遗传算子的确定

（1）选择算子。选择算子决定哪个个体可以进入下一代。算法采用轮盘赌选择加精英保护策略的方法来进行选择。首先对群体进行轮盘赌选择，对选择出的个体进行杂交、变异生成子代群体，比较子代和父代适应度值最高的个体，以确保最优秀的染色体在不被轮盘赌选中的情况下能够在新一代中得以保留，这样的选择算子可使遗传算法具有更好的收敛性。

（2）杂交算子。杂交运算是遗传算法进化过程中产生新个体的主要方法，在遗传算法中起着关键作用。标准遗传算法采用二进制表示，本算法的特殊编码方案不能使用基本遗传算法的杂交（变异）方式，需要专门的杂交（变异）算子与之适应。代表管路的染色体的基因即网格节点是相互关联的，经杂交（变异）后的染色体必须保证其基因的相互关联性，以防止非法个体的产生。

（3）变异算子。变异可以维持群体的多样性，防止出现早熟现象。针对管路布局编码方式的特点，采用随机地删除一段再添加一段的变异方式，即在杂交后的染色体上随机地选择两个变异位置（不包含源节点和目标节点），生成子路径，并用该子路径替代原位置间的路径。

（4）接受算子。接受算子采用优势个体接受原则。对于杂交和变异后的子代个体，如果其适应度值高于其父代个体的适应度值，则接受该个体进入下一代种群，否则仍保留父代个体。

3. 算法步骤

以一个起点、三个终点的分支管路系统为例，独体支管种群采用遗传协同进化算法进行分支管路布局优化的步骤如下。

步骤 1：初始化。

（1）将系统分解成为多个独体支管种群 i, j, l；

（2）设定交叉概率 P_c 和变异概率 P_m；

（3）产生初始种群 i, j, l；

（4）设置进化代数 gen=0 和已完成进化操作的种群个数 k=0。

步骤 2：计算各初始种群中个体 n 的适应度值 $F(i)_n$、$F(j)_n$ 和 $F(l)_n$（$n=1,2,\cdots,m$，m 为种群规模），并记录各种群的最优个体 $P(i)_{best}$、$P(j)_{best}$ 和

$P(l)_\text{best}$。

步骤 3：记录进化代数 gen。

步骤 4：将环境变为初始环境，各节点重合势能值设为 1。

步骤 5：记录已完成进化操作的种群个数 k。

步骤 6：从当代未完成进化操作的种群中随机选择一种群 i。

步骤 7：在布局环境中设置当前最优个体 $P(j)_\text{best}$ 和 $P(l)_\text{best}$ 经过路径的重合势能值为 0。

步骤 8：对所选定的种群 i 执行迭代遗传算法，计算与其他种群代表配合的适应度，并记录当前最优个体 $P(i)_\text{best}$。

步骤 9：判断算法是否满足终止条件。如果满足执行步骤 11，否则执行步骤 10。

步骤 10：判断当前代数是否有未进化的种群。如果有，增加已进化的种群数 $k=k+1$，并执行步骤 5；如果没有，增加进化代数 gen=gen+1，令 $k=0$，并执行步骤 3。

步骤 11：输出迭代最优解 i 和当前最优解 j 和 l 的最优路径。

4. 仿真实验

参数设置：杂交概率 P_c=0.8，变异概率 P_m=0.05。进化算法的终止条件是某一最大的迭代循环次数或一确定的 CPU 时间，该管路敷设系统以最大的迭代循环次数作为停止准则。

经过 15 次计算机仿真实验，得到如图 5.13 所示的路径。结果显示管路总长度为 132，弯头个数为 6，另外有两个三通。仿真实验证明了遗传协同进化算法分支管路布局优化方法是可行的。

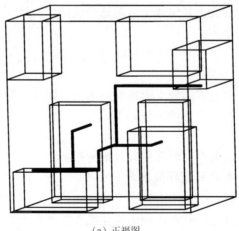

(a) 正视图

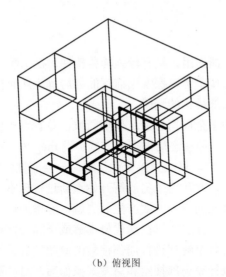

（b）俯视图

图 5.13 遗传协同进化算法分支管路布局优化仿真结果

5.4.3 蚁群优化协同进化算法分支管路布局优化仿真实验

本算例将蚁群优化算法应用于独体支管种群的进化，结合合作式协同进化算法对分支管路布局进行仿真实验。简要说明这种基于蚁群算法的单管路布局优化方法的组成要素构成形式。

5.4.3.1 算法构成及实现

1. 初始化和启发式信息

一条管路路径设置为一只蚂蚁从起点走到终点所形成的路径，即构成算法的一个解。设定所有节点的初始信息素强度 $T_0(i,j,k)$ 为零，采用方向指导机制用来产生初始路径和子路径，同时构成蚁群算法的启发式信息 $\eta(i,j,k)$。

2. 选择概率

蚂蚁在选择下一个未访问的邻居节点时采用 ACS 的选择规则，如式（4.9）和式（4.10）所示。

3. 解的构造

在本算法的迭代过程中，仍采用动态增长的 tabu 表形式来存储当前蚂蚁已访问过的节点，从而避免重复节点的产生。tabu 表随着路径的完成而清空，为下一条路径生成做准备。

4. 局部搜索

蚁群算法采用正反馈作用，具有较强的鲁棒性，在求解过程中易收敛到局部最优解，而加强其局部搜索可以探索当前解的邻居解，从而在局部以搜索的方式提高解的质量，跳出局部最优的陷阱。

借鉴前面讲述的基于全局信息素迭代更新蚁群单管路布局优化设计方法，引入模拟退火方法，建立一种动态局部搜索方式：设 fneg 为一确定的正常数，当非进化代数 neg 小于 fneg 时，算法只接受优良解；一旦非进化代数 neg 超过 fneg，算法即接受一个劣质解，并从这个劣质解开始重新进行搜索进化。

算法中采用遗传算法的变异方式产生邻居解，除增加局部搜索外，对最优解也要进行启发式操作。该算法中只在迭代最优解或全局最优解上进行局部搜索和启发式操作，因此与对每个解都进行局部搜索的原始蚁群系统算法相比，节省了大量的搜索时间。当执行完局部搜索和启发式操作后，对种群进行全局信息素更新，然后开始下一个迭代过程。

5. 信息素更新

信息素的更新方法是蚁群优化算法的关键问题。蚁群优化算法中常用的信息素更新包括全局信息素更新和局部信息素更新。当蚂蚁完成了一个解的构造后，局部信息素更新方式采用式（4.11）更新该蚂蚁所走过的所有节点上的信息素。在该信息素的更新过程中，只有被访问节点上的信息素以一定的比率挥发，这种信息素更新方式可以使其他蚂蚁以更大的概率选择其他节点，从而扩大搜索空间。

种群中所有蚂蚁都完成了路径搜索，到达终点，完成解的构造并且执行完局部搜索和启发式操作后，对所有蚂蚁所经过的节点进行全局信息素更新。这个更新过程类似于蚁群系统算法的离线信息素更新方式，但采用的是一种迭代的、对所有蚂蚁都进行的全局信息素更新方式。其更新过程见式（4.12）和式（4.13）。

6. 停止准则

ACO算法的停止准则可以是某一最大的迭代循环次数或一确定的CPU时间。该管路敷设系统以一最大的迭代循环次数作为停止准则。

5.4.3.2　算法流程

以一个起点、三个终点的分支管路系统为例，独体支管种群采用蚁群协同进化算法进行分支管路布局优化的步骤如下。

步骤1：初始化。

（1）将系统分解成多个独体支管种群 i, j, l；

（2）赋予信息素初始值 $t(i)_{0(x,y,z)}$、$t(j)_{0(x,y,z)}$、$t(l)_{0(x,y,z)}$；

（3）产生初始种群 i,j,l；

（4）设置进化代数 gen=0 和已完成进化操作的种群个数 $k=0$。

步骤 2：计算各初始种群中个体 n 的适应度值 $F(i)_n$、$F(j)_n$ 和 $F(l)_n$（ $n=1,2,\cdots,m$，m 为种群规模），并记录各种群的最优个体 $P(i)_{\text{best}}$、$P(j)_{\text{best}}$ 和 $P(l)_{\text{best}}$。

步骤 3：记录进化代数 gen。

步骤 4：将环境变为初始环境，各节点重合势能值设为 1。

步骤 5：记录已完成进化操作的种群个数 k。

步骤 6：从当代未完成进化操作的种群中随机选择一种群 i。

步骤 7：在布局环境中设置当前最优个体 $P(j)_{\text{best}}$ 和 $P(l)_{\text{best}}$ 经过路径的重合势能值为 0。

步骤 8：对所选定的种群 1 执行迭代更新蚁群优化算法，计算与其他种群代表配合的适应度，并记录当前最优个体 $P(i)_{\text{best}}$。

步骤 9：判断算法是否满足终止条件。如果满足，执行步骤 11，否则执行步骤 10。

步骤 10：判断当前代数是否有未进化的种群。如果有，增加已进化的种群数 $k=k+1$，并执行步骤 5；如果没有，增加进化代数 gen=gen+1，令 $k=0$，并执行步骤 3。

步骤 11：输出迭代最优解 i 和当前最优解 j 和 l 的最优路径。

通过比较可以看出，以上算法步骤与遗传协同进化算法分支管路布局优化步骤相比，根据各自独体支管种群采用的进化算法的不同，只在步骤 1 和步骤 8 做出了改变。其他的单管路布局优化方法也可嵌入协同进化算法分支管路布局优化方法中。

5.4.3.3　仿真实验

采用图 5.12 的仿真实验模型，相关的参数设置如表 5.1 所示，其他相关参数见 5.4.1 节。

表 5.1　相关的参数值

参数名称	参数值
初始信息素值	$T_0(i,j,k)=0$
固定常数	fneg=15 或 20
信息素更新规则参数	$\rho=0.6$，$\gamma=0.8$
选择概率参数	$\alpha=1$，$\beta=1$
阶段常数	$c_1=2$，$c_2=0$，$c_3=1$
转换规则参数	$q_0=0.9$

　　经过 15 次计算，得到如图 5.14 所示的较优结果。

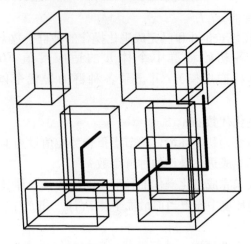

（a）正视图

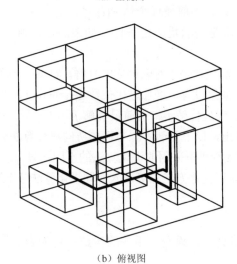

（b）俯视图

图 5.14　蚁群协同进化算法分支管路布局优化仿真结果

　　本结果的管路总长度为 126，弯头个数为 4，另外有两个三通。可以看出，独体支管在绕开障碍物且弯头尽可能少的情况下，可以与其他独体支管重合敷设，使分支管路的总路径较短。仿真实验初步证明该方法可以在满足一定约束的条件下获得分支管路最优路径，仿真结果比较令人满意。

　　本实验结果与遗传协同进化算法分支管路优化仿真实验的结果对比如表 5.2 所示。管路总长度和弯头个数都有所减少，布局效果优于遗传协同进化算法。实验结果显示，在分支管路布局优化研究中，蚁群协同进化算法较之遗传协同进化算法具有更好的搜索性能。

表 5.2　仿真实验结果对比

方法	管路总长度	弯头个数
遗传协同进化算法	132	6
蚁群协同进化算法	126	4

5.4.4　结论

本节在分析船舶分支管路布局特点的基础上，将协同进化算法分别与遗传算法和蚁群优化算法相结合，进行船舶分支管路布局优化设计。两种方法的仿真实验都取得了较优结果，证明了基于协同进化算法的分支管路布局优化设计方法的有效性和可行性。同时也证明协同进化的思想和方法不受某一种单管路布局优化方法的限制，易于与其他优化算法结合。与传统优化算法相比，基于协同进化的分支管路布局既不需要选择分支管路的敷设顺序，也无需确定分支点，解的编码简单易行，并且提高了进化效率。

5.5　并行管路与分支管路混合协同进化算法

船舶内部各处布置有大量不同类型的管路，不仅布局在舱室内部连接相应的机电设备，也布局在双层底管隧内部贯通整个船体底部，还布局在甲板以上连接相应的舱室。这些管路布满整个船舶，连接各种复杂的机电设备和相应的舱室，以支持船舶日常的航运工作。因此，在实际船舶管路布局设计过程中，需要同时对多条管路的路径布局进行系统设计。与单管路布局问题相比，多管路布局问题不仅需要考虑单管路布局问题中的所有约束条件，还要综合考虑各管路之间的位置协调关系和相互约束及影响。而且，管路中不仅有出入口为一对一关系的普通管路，还有出入口为一对多关系的分支管路，分支管路的设计进一步增加了管路布局的设计难度。因此管路布局设计是一项系统性和关联性很强的复杂的设计任务。当前船舶管路布局设计主要依靠设计工程师的设计经验和参考母型船的管路布局方案，并且需要消耗大量的设计资源才能获得优选的船舶管路布局方案设计。因此，研究船舶多管路布局的设计和优化具有重要的理论意义和工程实际价值。

针对上述问题，本节在前面管路布局优化设计问题研究的基础上，对船舶多管路（包括并行管路和分支管路）布局优化问题进行研究。以 4.4 节提出的遗传变异蚁群优化算法为基础，结合船舶多管路布局问题的设计特点，建立一种既适应并行多管路布局优化设计又适应分支管路布局优化设计的协同进化算法，对管路的路径进行优化设计。

5.5.1　船舶多管路布局的基本特征

　　多管路布局设计是在满足各种约束的条件下，为船舶布局空间内的多条管路设计出合适的路径方案。与单管路布局设计相比，多管路布局设计过程中不仅要考虑单管路布局设计过程中的各种约束条件，包括物理约束、经济约束、生产约束和强度约束等，而且要考虑各管路之间的位置协调关系和相互约束及影响。在多管路布局设计中，每条管路的布局设计都可以看成是整个问题的子问题，每条管路的布局设计都是多管路布局设计的一个组成部分。

　　在船舶多管路布局问题中，各管路之间既相互独立又相互联系。各管路之间的相互独立性表现为各管路的布局设计都是根据船舶管路约束要求单独设计完成。各管路之间的相互联系表现为各管路的布局设计过程中都需要考虑其他管路路径的位置，如避免管路干涉和尽量并行成束布局。避免管路之间的干涉是指在设计过程中各管路在几何空间内应该相互避让，避免出现管路体积干涉的现象。尽量并行成束布局是指由于船舶管路需要通过管夹和支架等配件安装固定在船舶布局空间内，在管路布局过程中应尽量将走向相同的管路进行并行成束布局。通过将管路成束布局，既能够使管路共享管夹和支架以方便安装并降低成本，也能够有效节省管路所占用的空间，易于管路维护和检测。管路成束布局与分开布局对比如图 5.15 所示。

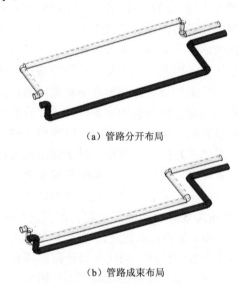

（a）管路分开布局

（b）管路成束布局

图 5.15　管路成束布局与分开布局对比

　　分支管路是一类具有一个起点和多个终点的管路。在船舶管路系统中有很多分支管路，先通过主管路将主要的设备进行连接，再从主管路的路径上引出多条分支管路连接相应的机电设备。本节通过将分支管路分解为多条管路的方法，将分支管路布局问题转化为多管路布局问题，将分支管路视为多管路，统称为多管路的布局问题，如图 5.16 所示。

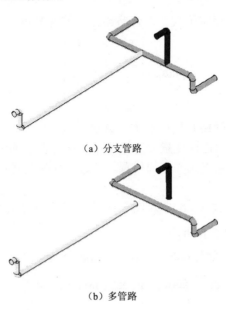

（a）分支管路

（b）多管路

图 5.16　分支管路分解为多管路

5.5.2　优化算法的基本要素

1. 路径表达

　　船舶多管路布局优化设计问题需要在布局空间中为多条管路寻找布局路径，因此，需要对多条管路的路径进行表达。以各条管路的路径为基础进行优化计算，将所有管路放在一起定义管路的路径集合，通过列举的方法分别对集合中的管路路径进行表达。因此，船舶多管路布局问题中管路路径的表达式如下所示：

$$\text{path} = \{\text{path}_1, \text{path}_2, \cdots, \text{path}_n\} \tag{5.4}$$

式中，path 表示管路的路径集合，$\text{path}_i(i=1,2,\cdots,n)$ 表示集合中各条管路的路径。

　　将管路路径抽象简化为一系列首尾相连的线段，通过线段的节点对管路路径进行表达，如下所示：

$$\text{path}_i = \left(\text{node}_1^{\text{type}}, \text{node}_2^{\text{type}}, \cdots, \text{node}_m^{\text{type}}\right), \quad i=1,2,\cdots,n \tag{5.5}$$

式中，path 表示管路的路径；$\text{node}_i^{\text{type}}(i=1,2,\cdots,n)$ 表示管路路径中各节点，其中，

type 表示管路各节点类型，主要类型有 dd（端点）、wt（弯头）、fm（阀门）、fl（法兰）、gj（管夹）等。$\text{node}_1^{\text{type}}$ 和 $\text{node}_m^{\text{type}}$ 分别为管路的起点和终点。

管路路径中的各节点则通过布局空间内的坐标值进行表达，如下所示：

$$\text{node}_j^{\text{type}} = (x_j, y_j, z_j), \ j = 1, 2, \cdots, m \tag{5.6}$$

将式（5.6）写成矩阵形式，对管路路径中的各节点进行表达，如下所示：

$$\text{path}_i = \begin{bmatrix} x_1 & y_1 & z_1 \\ x_2 & y_2 & z_2 \\ \vdots & \vdots & \vdots \\ x_m & y_m & z_m \end{bmatrix} \tag{5.7}$$

在提出的船舶多管路布局问题中，通过式（5.4）～式（5.7）表达优化算法的计算结果，该问题的设计变量即为管路路径中各端点的位置。在优化计算过程中，已知各管路路径起点和终点的位置，通过计算确定各路径中节点的个数，以及各节点的位置坐标。

根据式（5.4）～式（5.6），对图 5.17 中多管路路径进行表达，如下所示：

$$\begin{cases} \text{path} = \{\text{path}_1, \text{path}_2\} \\ \text{path}_1 = \left(\text{node}_1^{\text{dd}}, \ \text{node}_2^{\text{wt}}, \ \text{node}_3^{\text{wt}}, \ \text{node}_4^{\text{fm}}, \ \text{node}_5^{\text{wt}}, \ \text{node}_6^{\text{wt}}, \ \text{node}_7^{\text{dd}}\right) \\ \text{path}_2 = \left(\text{node}_8^{\text{dd}}, \ \text{node}_9^{\text{wt}}, \ \text{node}_{10}^{\text{wt}}, \ \text{node}_{11}^{\text{gj}}, \ \text{node}_{12}^{\text{wt}}, \ \text{node}_{13}^{\text{wt}}, \ \text{node}_{14}^{\text{dd}}\right) \end{cases} \tag{5.8}$$

（a）多管路路径

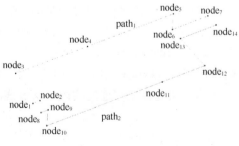

（b）多管路路径简化

图 5.17　多管路布局问题的路径表达

分支管路的路径与普通管路的路径不同，普通管路的出入口为一对一的关系，而分支管路的出入口为一对多的关系。因此，需要对分支管路进行相应的处理，将分支管路沿分支点分解为多条管路，分别对各条路径进行表达。在实际分支管路布局设计过程中，主管路的管径往往大于分支管路的管径，对主管路和分支管路进行简化，将主管路和分支管路的路径进行统一表达，不在路径表达中区分主管路和分支管路。

根据式（5.4）～式（5.7），对图 5.18 中分支管路路径进行表达，如下所示：

$$\text{path} = \left\{ \text{path}_{1\text{-}1}, \text{path}_{1\text{-}2}, \text{path}_{1\text{-}3} \right\} \tag{5.9}$$

式中，

$$\text{path}_{1\text{-}1} = \left(\text{node}_1^{dd}, \ \text{node}_2^{wt}, \ \text{node}_3^{gj}, \ \text{node}_4^{wt}, \ \text{node}_5^{wt}, \ \text{node}_6^{gj}, \ \text{node}_7^{dd} \right)$$

$$\text{path}_{1\text{-}2} = \left(\text{node}_8^{st}, \ \text{node}_9^{fm}, \ \text{node}_{10}^{wt}, \ \text{node}_{11}^{wt}, \ \text{node}_{12}^{dd} \right)$$

$$\text{path}_{1\text{-}3} = \left(\text{node}_{13}^{st}, \ \text{node}_{14}^{wt}, \ \text{node}_{15}^{dd} \right)$$

式（5.9）中用双下标形式表示该路径为分支管路，下标的首个数字表示路径的编号，第二个数字表示分支的编号。

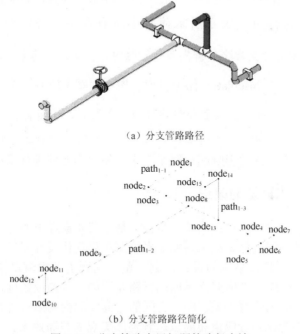

（a）分支管路路径

（b）分支管路路径简化

图 5.18　分支管路布局问题的路径表达

2. 目标函数

船舶多管路布局优化设计问题中的解包括多条管路的路径，因此，在优化目标中应该综合考虑所有管路共同的经济性。多管路布局优化设计问题的优化目标方程并不是将布局空间中各条管路的适应度值简单相加，而是应该体现出各管路之间的位置协调关系和相互约束影响。因此，在单管路布局问题优化目标函数[式（4.14）]的基础上，选择经济约束作为优化目标进行计算，其他约束条件则在优化计算过程中通过相应的计算"策略"进行表达。船舶多管路布局问题的优化目标函数如下所示：

$$
\begin{aligned}
\min \quad f(\text{path}) = {} & E_1 \times \left(\sum_{i=1}^{n} \text{Length}(\text{path}_i) - \text{Length}'(\text{path}) \right) \\
& + E_2 \times \left(\sum_{i=1}^{n} \text{Bend}(\text{path}_i) - \text{Bend}'(\text{path}) \right) \\
& + E_3 \times \left(\sum_{i=1}^{n} \text{Installation}(\text{path}_i) - \text{Installation}'(\text{path}) \right)
\end{aligned}
\tag{5.10}
$$

式中，$f(\text{path})$ 表示船舶多管路布局问题中管路的经济消耗，即计算过程中的适应度值；$\sum_{i=1}^{n} \text{Length}(\text{path}_i)$ 表示所求问题中所有管路路径的长度之和；$\text{Length}'(\text{path})$ 表示将分支管路分解为多条管路时，管路路径的重合部分，该部分路径的长度需要去除；$\sum_{i=1}^{n} \text{Bend}(\text{path}_i)$ 表示所求问题中所有管路路径的弯头数量之和；$\text{Bend}'(\text{path})$ 表示将分支管路分解为多条管路时，重复计算的弯头数量，该部分弯头数量需要去除；$\sum_{i=1}^{n} \text{Installation}(\text{path}_i)$ 表示所求问题中所有管路装配路径的长度之和，$\text{Installation}'(\text{path})$ 表示多管路并行成束布置时，重复计算的管路装配路径的长度，该部分路径的长度需要去除；E_1、E_2 和 E_3 表示各影响因素的权值，用于将这三个量纲不一致的影响因素联系起来，使它们能够进行求和计算。

5.5.3　协同进化算法的改进

根据船舶多管路布局设计的基本特征，基于第 4 章提出的遗传变异蚁群优化算法，建立一种协同进化算法求解船舶多管路布局优化设计问题。多管路布局优化设计问题是一项复杂系统的设计问题，整个问题需要求解多条管路的路径位置，每一条管路的路径都需要满足船舶管路布局的各种约束条件，而且还需要考虑与其他管路之间的位置关系。即在有限的布局空间内为所有管路找到合适的路径，并且尽量将管路并行成束布局以达到整洁美观的布局效果。

在船舶多管路布局优化问题中，每条管路都是整个管路系统的组成部分，因此，各管路的布局都可以认为是整个问题的子问题，整个多管路布局优化问题能够分解为多个子问题。由于各管路之间既相互独立又相互联系，多管路布局优化设计问题中各子问题之间存在一定的作用关系，每条管路的路径都将作为其他子问题的布置环境。每条管路的路径在设计过程都要考虑其他子问题，既要避免与其他子问题中的管路出现干涉，也要尽量与其他子问题中的管路并行成束布置。

协同进化算法在计算过程中强调种群与种群之间、种群与环境之间的相互配合和相互协调，从而实现各种群和环境的共同进化。在船舶多管路布局优化设计问题中，将整个管路系统按照各管路的路径分解为若干个子问题，并且各子问题之间存在既相互独立又相互联系的关系，这与协同进化算法适合求解问题的特征一致，因此，本节选择协同进化算法求解船舶多管路布局的优化问题[142]。

在协同进化算法中，并不对各种群所采用的进化算法的构成形式和进化过程进行要求，协同进化算法中主要体现的是整个生态系统中各种群间实现协同进化的具体方法。因此，在协同进化算法计算过程中，需要根据船舶多管路布局的特征选择合适的计算策略，以实现各种群之间在进化过程中的相互影响。第 4 章提出了遗传变异蚁群优化算法用于求解船舶单管路布局优化设计问题，本节在求解多管路布局优化设计问题中用不同种群分别代表问题中的不同管路路径，各种群都能够作为一个单管路布局优化设计问题进行求解，因此，可以将遗传变异蚁群优化算法运用到协同进化算法中，作为各种群的进化算法。而且基于蚁群优化算法发展起来的多蚁群优化算法，为蚁群遗传在协同进化算法中的应用提供了一定的理论基础。基于协同进化理论，根据船舶管路布局问题的特征开发相应的协同计算策略将各种群的进化过程联系起来。

1. 分支管路分解为多管路

分支管路是具有一个入口和多个出口的管路类型，本节将分支管路分解为多条管路，从而将分支管路布局问题转化为多管路布局问题。将分支管路转化为多条管路，既能为分支管路的布局优化设计找到一种合理有效的计算途径，又能使分支管路的布局优化设计和多管路的布局优化设计采用基本一致的计算过程，还能将分支管路和普通管路放在一起同时进行布局优化。

实际分支管路包括主管路和支管路，一般主管路和支管路的管径并不一致。由前面提出的分支管路的路径表达方式可知，管路通过路径中各端点进行描述和表达。因此，本节在分支管路布局的优化计算过程中，并不对整个分支管路路径中的主管路和支管路进行区分。

在分支管路布局优化问题中，已知分支管路各端的节点位置，由分支管路的基本特征可知分支管路节点数大于 2。为了能够使用本节提出的协同进化算法求解分支管路布局优化问题，需要将分支管路分解为多条普通管路再进行求解。具体分解方法如下：在分支管路的所有节点中选择一个节点作为特定节点，将该特定节点与其他各节点分别配对，构成多条普通管路进行求解。对计算求得的管路路径进行相应的处理，去除各管路中重合的路径。

在分支管路分解的过程中，选择不同的节点作为特定节点，将影响路径的搜索过程。本节选择与其他节点曼哈顿距离最小的节点作为特定节点，将该特定节点与其他各节点分别配对得到多条管路进行求解。相对其他分解方法，这种分解方法能够缩短由分支管路分解得到的各条管路的路径长度，更容易搜索并获得管路的路径，从而减少优化计算的时间并提高计算效率。

2. 种群的进化过程

在协同进化求解过程中，各种群相对独立地执行进化过程，因此，各种群可以根据各自代表问题的特点和需要选择相应的进化算法。本节对船舶多管路布局优化问题进行种群划分，即整个布局问题中各条管路分别由一个种群表示，每个种群都可以看成是一个船舶单管路布局优化问题，因此，各种群能够选择相同的进化算法进行计算求解。第4章提出遗传变异蚁群优化算法用于求解船舶单管路布局的优化问题，与本节中各种群对应的问题相一致，因此，将遗传变异蚁群优化算法作为协同进化过程中各种群的进化算法。

在协同进化算法中，根据数学模型确定种群模式，即种群固定不变，或者种群存在产生和消亡过程。一般对于种群非明确指代的问题，在进化计算过程中根据种群对整个生态环境系统的贡献和作用程度创造出新的种群或者使现有种群消亡。本节中，每个种群都明确地代表船舶管路布局优化设计问题中的一条管路，因此，在进化计算过程中种群的数量保持不变。

在船舶多管路布局优化设计问题中，各条管路并没有主次之分，因此没有规定管路的求解顺序。对于这样的情况，为了能够获得较好的计算结果，每次迭代计算过程中种群的进化顺序都重新随机生成。选择不同管路求解顺序，能够满足整个问题解路径的多样性，更容易获得所求问题的全局最优解。另外，由遗传变异蚁群优化算法的搜索过程可知，蚂蚁从管路端部的一个节点开始，在布局空间内搜索合适的路径连接管路另一个端部节点。在管路每次搜索路径的过程中，随机从管路两个端部的节点中选择一个作为蚂蚁搜索的起点。选择管路不同端部的节点作为起点，也能够体现该管路解路径的多样性，更容易找到该管路的最优解路径。确定蚂蚁搜索的起点之后，便可以根据遗传变异蚁群优化算法进行计算，通过路径搜索和遗传变异操作等计算过程获得船舶管路的路径。

3. 种群的协同过程

协同进化算法中的重点是系统进化过程中各种群的协同过程，根据种群间不同的进化关系能够建立不同的协同进化类型。在多管路布局优化设计问题中，各管路所代表的种群在计算过程中存在相互影响和相互制约的关系，该特征主要表现为各条管路在布局空间范围内既要相互争夺使自身管路达到最优效果的布局位置，又要相互配合寻找使所有管路达到最优效果的布局方案。各条管路在优化计算的过程中，既能够影响其他管路的计算过程，也会受到其他管路的影响。因此，各管路之间相互影响和相互制约的关系，对应协同进化过程中种群之间互利共生的关系，本节基于互利共生关系的协同进化方法，根据船舶管路布局的特征开发相应的协同过程。

在船舶多管路布局优化设计问题中，各条管路在布局空间范围内相互争夺使自身管路达到最优效果的布局位置。这是因为在多管路布局的过程中，各条管路的路径在布局空间内不能出现干涉。因此，在优化计算的每次迭代过程中，每计算一条管路的路径之后，都需要将该管路的路径作为障碍物放入布局空间，重新计算管路布局空间内部各节点的可行域，从而使后续管路在搜索路径过程中避免与之前的管路出现干涉现象，获得合理的管路路径。通过这种方式实现各管路之间的相互影响，每条管路路径都会作为其他管路路径搜索的环境背景，同时，每条管路路径搜索的背景环境也都是由其他所有管路共同构成。

在船舶多管路布局优化设计问题中，各条管路在布局空间范围内相互配合使所有管路整体达到最优布局效果。这是因为在多管路布局的过程中，各管路的路径在布局空间内应尽量并行成束布局。因此在优化计算的过程中，通过目标方程计算整个问题所有路径的适应度值。如果船舶所有管路之间并排布局的长度占所有管路路径长度总和比例越大，这组路径的适应度值越好；相反，如果所有管路都分开布局而没有并排布局，则这组路径的适应度值较差。因此，通过目标函数能够使优化算法找到管路并行成束布局的解路径。在船舶多管路布局优化设计问题中，问题的解是由多条管路共同构成的解集合，因此，在计算适应度值时需要所有管路的路径作为输入条件。在计算过程中每条管路先后执行路径搜索过程获得解路径，在计算适应度值时，需要输入当前最优解中其他管路的路径参与计算才能获得整个问题的适应度值。

在船舶多管路布局优化计算过程中，利用局部种群代表和全局种群代表获取管路最优解路径。

局部种群代表是指各条管路在完成每次迭代计算后，从该管路本次迭代的所有解中按照选择规则选出的优秀路径。全局种群代表是指在协同进化计算过程中，各条管路构成当前整个问题最优解的路径。

根据遗传变异蚁群优化算法可知，在每次迭代的计算过程中，需要对各管路分别进行若干次求解。具体求解次数可依据种群规模确定。因此，在一次迭代计算过程中，各条管路都会计算得到多个解路径。局部种群代表的选择规则如下所示：

（1）选择当前最优解中该管路的全局种群代表；

（2）在不考虑其他管路路径的情况下对该管路所有解路径进行评价，选择其中适应度最优的路径作为局部种群代表；

（3）在考虑其他管路路径的情况下对该管路所有解路径进行评价，选择其中适应度最优的路径作为局部种群代表。

　　根据选择规则从管路的本次迭代获得的所有解路径中选出该管路的局部种群代表。

　　在每次迭代计算过程中，所有管路都完成路径搜索过程后，将各管路的局部种群代表组合起来获得整个问题的解。由于每条管路有多个局部种群代表，将各管路的局部种群代表进行排列组合，也会获得多组解，构成整个问题的解集合。对解集合中的所有解进行评价，将其中适应度最优的解作为当前迭代的最优解。分支管路和不考虑管路之间干涉的情况可以按照局部种群代表的选择规则选择出适应度值最好的解路径作为局部种群代表；而在考虑管路之间干涉的情况，因为在每条管路计算获得解路径之后，需要将该管路的最优解路径添加到后续管路搜索空间中作为障碍物，所以采用最优个体配合协同的方式，仅按照局部种群代表的选择规则中的（3）选择出适应度最优的解路径作为局部种群代表。

5.5.4　协同进化算法求解船舶多管路布局优化设计问题的计算过程

　　协同进化算法求解船舶多管路布局优化设计问题的步骤如下。

　　步骤 1：设置算法基本参数，输入各路径的起点和终点，布局空间和障碍物的位置。

　　步骤 2：开始新的迭代循环过程，确定随机管路的求解顺序。

　　步骤 3：按照计算顺序，开始对新的管路进行求解。

　　步骤 4：开始管路新的求解过程。

　　步骤 5：根据遗传变异蚁群优化算法搜索路径，获得该管路的解路径。

　　步骤 6：执行遗传算子的变异操作过程。

　　步骤 7：如果该管路的所有蚂蚁都已经完成求解过程，则执行步骤 8；否则，返回步骤 4。

　　步骤 8：执行遗传算子的交叉操作过程。

　　步骤 9：按照局部种群代表的选择规则，从所有解路径中选择该管路的局部种群代表。

　　步骤 10：根据所求问题的类型，将该管路的最优解路径作为障碍物，添加到布局空间中。

　　步骤 11：如果所求问题中的所有管路都已经完成求解过程，则执行步骤 12；否则返回步骤 3。

　　步骤 12：将各管路的局部种群代表进行排列组合，构成整个问题的解集合，计算解集合中各组解的适应度值，选择适应度最优的解作为本次迭代的最优解。

　　步骤 13：更新管路布局空间内的信息素。

　　步骤 14：如果迭代循环次数达到最大值，则执行步骤 15；否则返回步骤 2。

　　步骤 15：计算过程结束并输出最优解。

　　协同进化算法求解船舶多管路布局优化设计问题流程图如图 5.19 所示。

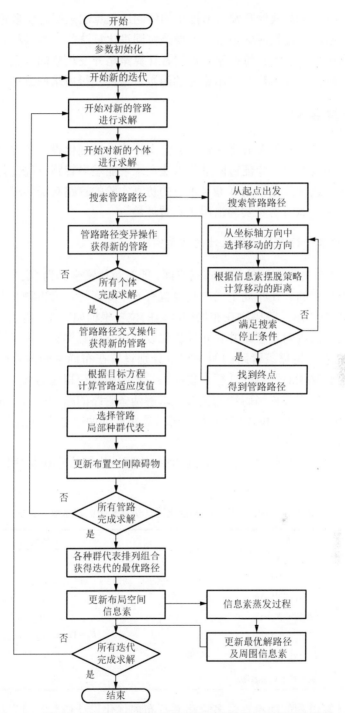

图 5.19　协同进化算法求解船舶多管路布局优化设计问题的流程图

　　通过 MATLAB 软件开发本节提出的协同进化算法求解船舶多管路布局优化设计问题。通过开发相应的函数，实现该协同进化算法的计算过程。开发主函数构建该协同进化算法的计算框架，根据各计算策略开发相应的函数。通过主函数执行计算过程，并根据需要调用相应的函数，最终获得所求问题的解。

5.5.5　仿真实验

　　通过对多管路并行布局优化设计、分支管路布局优化设计和混合管路布局优化设计进行仿真实验，验证协同进化算法在求解船舶多管路布局优化设计问题中的可行性和先进性。由于第 4 章 4.4 节的仿真实验的管路布局环境具有代表性并可以作为参考，本节仿真实验沿用该布置环境。

1.　多管路并行布局优化设计的仿真实验

　　沿用 4.4 节仿真实验的管路布局空间，即对角位置坐标为（1, 1, 1）和（20, 20, 20）的立方体空间。在布局空间内共设置有 6 个障碍物，障碍物在布局空间内的位置如图 4.23 所示。障碍物在布局空间内的位置坐标如表 4.8 所示。

　　在布局空间内对多管路并行布局优化设计进行仿真实验。为了检验算法对路径的搜索能力，将每条管路的两个端点分别设置在布局空间内障碍物阻隔的两端；为了检验算法对路径的并行布置能力，将两条路径相应的端点设置在邻近的位置。根据布局空间内障碍物的位置，求解两条管路的路径：第一条路径的两个端点分别为（20,1,1）和（1,20,20）；第二条路径的两个端点分别为（10,1,1）和（10,20,20）。

　　多管路并行布局优化设计仿真实验中，协同进化算法的基本参数设置如表 5.3 所示。

表 5.3　多管路并行布局优化设计仿真实验的基本参数设置

参数名称	参数值
迭代次数	150
种群数量	2
各种群个体数量	40
搜索最大步长	50
目标方程权值	$E_1 = 1$；$E_2 = 2$；$E_3 = 0.5$
变异概率	$P_m = 0.5$
信息素基本剩余参数	$\rho_b = 0.8$

　　考虑计算过程的随机性，多管路并行布局优化设计仿真实验先后完成 10 次

计算。由计算结果可知，每次计算都能够获得相应的结果，从而验证了协同进化算法的求解能力；每次计算收敛时适应度值基本一致，从而验证了协同进化算法计算的稳定性。其中一组计算过程的适应度值曲线如图 5.20 所示。

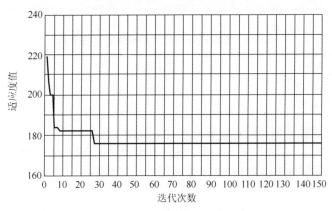

图 5.20　适应度值曲线

由图 5.20 可知，在计算过程中，适应度值随迭代次数的增加而逐渐减小，直至收敛。适应度值曲线的变化过程说明，随着迭代次数的增加，协同进化算法求出管路路径的质量逐渐提高，最终获得多管路布局问题的最优管路路径布局方案，如图 5.21 所示。

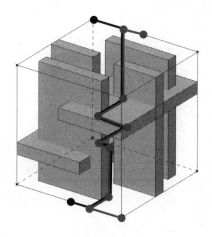

图 5.21　多管路布局问题的最优管路路径布局方案

管路路径的优化计算结果如下。

第一条路径：（1,20,20）→（6,20,20）→（6,20,8）→（6,13,8）→（12,13,8）→（12,5,8）→（14,5,8）→（14,5,1）→（14,1,1）→（20,1,1）。

第二条路径：（10,20,20）→（6,20,20）→（6,20,8）→（6,13,8）→（12,13,8）→

（12,5,8）→（14,5,8）→（14,5,1）→（14,1,1）→（10,1,1）。

　　管路路径的优化计算结果中，各条管路的长度和节点数量如表 5.4 所示。而且，计算结果中两条管路重合部分的路径长度为 46，分别占各条管路路径长度的 81%和 85%，从而验证协同进化算法能够对多管路路径进行并行布置。

表 5.4　管路路径优化计算结果的属性参数

名称	管路长度	节点数量
第一条管路	57	8
第二条管路	54	8

　　为了进一步验证用协同进化算法进行多管路并行布局优化设计具有可行性和有效性，使用本节提出的方法对 5.2 节中的仿真实验算例进行计算，获得相应的最优路径布局方案，并将计算结果与 5.2 节中获得的计算结果进行对比，如图 5.22 所示。

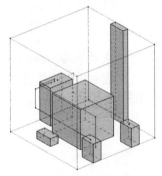
（a）本节方法计算结果

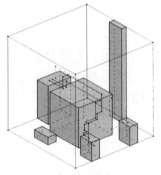
（b）5.2 节多蚁群协同进化算法计算结果 1

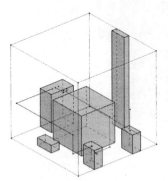
（c）5.2 节多蚁群合作式协同进化算法计算结果 2

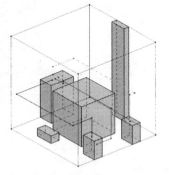
（d）5.2 节 ACPRS 顺序布局计算结果

图 5.22　本节方法与 5.2 节方法的计算结果对比

本节方法和 5.2 节方法的计算结果对比如表 5.5 和表 5.6 所示。

表 5.5　本节方法和 5.2 节方法的计算结果对比

比较参数	5.2 节方法结果 1	5.2 节方法结果 2	5.2 节 ACPRS 顺序布局结果	本节方法
管路长度总和	223	215	235	189
节点个数总和	23	12	12	7

表 5.6　本节方法和 5.2 节方法的计算效果对比　　（单位：%）

比较参数	与 5.2 节方法比较结果 1	与 5.2 节方法比较结果 2	与 5.2 节 ACPRS 顺序布局比较结果
路径长度减少比例	15.2	12.1	19.6
节点个数减少比例	69.6	41.7	41.7

通过表 5.5 和表 5.6 可知，本节方法仿真实验得到的最优解路径，管路的长度总和与节点个数总和都少于 5.2 节中方法，说明利用本节方法计算能得到更优路径解。由计算结果可知，通过本节方法获得的最优路径布置方案，既能缩短管路路径的总长度，又能减少管路的弯头数量，还能保证尽量将管路并行成束布置。

2. 分支管路布局优化设计的仿真实验

在布局空间内对分支管路布局优化设计进行仿真实验。根据布局空间内障碍物的位置，确定求解管路的路径，选择求解具有 3 个端点的分支管路的路径，端点分别为（10,1,1）、（20,13,13）和（10,20,20）。为了检验算法对路径的搜索能力，将管路的各端点分别放置在布局空间内障碍物阻隔的各端。

根据本节提出的协同进化算法对于分支管路的处理方法，从分支管路各端点中选择出特定节点，将分支管路分解为多条普通管路。分别计算分支管路各端点与其他两个端点的曼哈顿距离，选择其中曼哈顿距离之和最小的点，即点（20,13,13）作为特定节点，将分支管路分解为两条普通管路路径进行计算。第一条分支路径的两个端点分别为（20,13,13）和（10,1,1）；第二条分支路径的两个端点分别为（20,13,13）和（10,20,20）。

分支管路布局优化设计仿真实验中，协同进化算法的基本参数设置如表 5.7 所示。

表 5.7　分支管路数布局优化设计仿真实验的基本参数设置

参数名称	参数值
迭代次数	150
各种群个体数量	40
搜索最大步长	50
目标方程权值	$E_1=1$；$E_2=2$；$E_3=0.5$
变异概率	$P_m=0.5$
信息素基本剩余参数	$\rho_b=0.8$

　　分支管路布局优化设计仿真实验先后完成 10 次计算过程。由计算结果可知，每次计算都能够获得相应的结果，从而验证了协同进化算法的求解能力；每次计算收敛时适应度值基本一致，从而验证了协同进化算法计算的稳定性。其中一组计算过程的适应度值的曲线如图 5.23 所示。

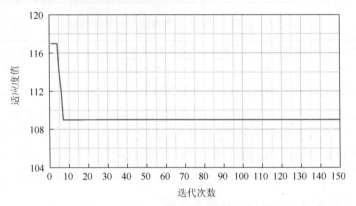

图 5.23　适应度值曲线

　　由图 5.23 可知，在计算过程中，适应度值随迭代次数的增加而逐渐减小，直至收敛。适应度值曲线的变化过程说明，随着迭代次数的增加，协同进化算法求出管路路径的质量逐渐提高，最终获得分支管路布局问题的最优管路路径布局方案，如图 5.24 所示。

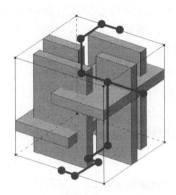

图 5.24　分支管路布局问题的最优管路路径布局方案

　　管路路径的优化计算结果如下。

　　第一条分支路径：（20,13,13）→（12,13,13）→（12,13,1）→（12,6,1）→（14,6,1）→（14,1,1）→（10,1,1）。

　　第二条分支路径：（20,13,13）→（6,13,13）→（6,13,20）→（6,20,20）→（10,20,20）。

　　管路路径的优化计算结果中，各条分支管路和整条管路的管路长度和节点数量如表 5.8 所示。

表 5.8　管路路径优化计算结果的属性参数

名称	管路长度	节点数量
第一条分支路径	38	5
第二条分支路径	32	3
整条管路	62	8

为了进一步验证用协同进化算法解决分支管路布局优化问题具有可行性和有效性，使用本节方法对 5.4 节中的仿真实验算例进行计算，获得相应的最优路径布局方案，并将计算结果与 5.4 节中获得的计算结果进行对比，如图 5.25 所示。

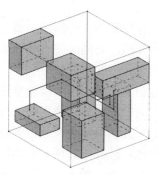
（a）本节方法

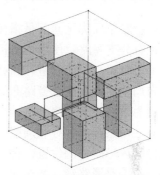
（b）5.4 节中遗传算法计算结果

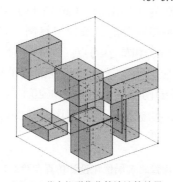
（c）5.4 节中蚁群优化算法计算结果

图 5.25　本节方法和 5.4 节方法的计算结果对比

仿真实验中，本节方法和 5.4 节方法的计算结果对比如表 5.9 和表 5.10 所示。

表 5.9　本节方法和 5.4 节方法计算结果对比

比较参数	5.4 节中遗传算法	5.4 节中蚁群优化算法	本节方法
管路长度	132	126	94
节点个数	8	7	5

表 5.10　本节方法和 5.4 节方法计算效果对比　　　　（单位：%）

比较参数	与 5.4 节中遗传算法比较结果	与 5.4 节中蚁群优化算法比较结果
管路长度减少比例	28.8	25.4
节点个数减少比例	37.5	28.6

通过表 5.9 和表 5.10 可知，采用本节方法进行仿真实验得到的最优解路径中，管路长度和节点个数都少于 5.4 节中方法，说明利用本节方法计算能得到更优路径解。由计算结果可知，通过本节方法获得的最优路径布局方案，既能够缩短分支管路路径的长度，又能够减少管路的节点个数。

3.　混合管路布局优化设计的仿真实验

混合管路布局优化问题是指在多管路布局优化问题中，管路的类型既有普通管路，也有分支管路。使用本节提出的协同进化算法，对同时带有普通管路和分支管路的多管路布局问题进行路径优化，验证其可行性和有效性。

在布局空间内对混合管路布局优化设计进行仿真实验。为了检验算法对路径的搜索能力，将每条管路的各端点分别放置在布局空间内障碍物阻隔的各端；为了检验算法对路径的并行布局能力，将两条路径相应的端点设在邻近的位置。根据布局空间内障碍物的位置，确定求解管路的路径，选择求解两条管路的路径，第一条路径为普通路径，两个端点分别为（1,20,20）和（20,1,1）；第二条路径为分支管路的路径，端点分别为（10,1,1）、（20,13,13）和（10,20,20）。

分支管路的处理方法参照本节的数值模拟算例，将分支管路分解为多条普通管路。选择其中曼哈顿距离之和最小的点（20,13,13）作为特定节点，将分支管路分解为两条普通管路路径。第一条分支路径的两个端点分别为（20,13,13）和（10,1,1）；第二条分支路径的两个端点分别为（20,13,13）和（10,20,20）。

混合管路布局优化设计的数值模拟算例中，协同进化算法的基本参数设置如表 5.11 所示。

表 5.11　混合管路布局优化设计仿真实验的基本参数设置

参数名称	参数值
迭代次数	150
各种群个体数量	40
搜索最大步长	50
目标方程权值	$E_1 = 1$；$E_2 = 2$；$E_3 = 0.5$
变异概率	$P_m = 0.5$
信息素基本剩余参数	$\rho_b = 0.8$

　　混合管路布局优化设计的数值模拟算例先后完成 10 次计算过程。由计算结果可知，每次计算都能够获得相应的结果，从而验证了协同进化算法的求解能力；每次计算收敛时适应度值基本一致，从而验证了协同进化算法计算的稳定性。其中一组计算过程的适应度值曲线如图 5.26 所示。

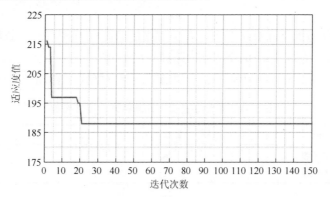

图 5.26　适应度值曲线

　　由图 5.26 可知，在计算的过程中，适应度值随迭代次数的增加而逐渐减小，直至收敛。适应度值曲线的变化过程说明，随着迭代次数的增加，协同进化算法求出管路路径的质量逐渐提高，最终获得混合管路布局问题的最优管路路径布局方案，如图 5.27 所示。

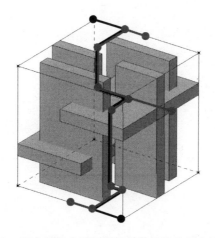

图 5.27　混合管路布局问题的最优管路路径布局方案

　　管路路径的优化计算结果如下。

　　普通管路的路径：（1,20,20）→（6,20,20）→（6,13,20）→（6,13,13）→（12,13,13）→（12,8,13）→（12,8,1）→（14,8,1）→（14,1,1）→（20,1,1）。

分支管路的路径:

第一条分支路径:(20,13,13)→(12,13,13)→(12,8,13)→(12,8,1)→(14,8,1)→(14,1,1)→(10,1,1)。

第二条分支路径:(20,13,13)→(6,13,13)→(6,13,20)→(6,20,20)→(10,20,20)。

管路路径的优化计算结果中,各条管路的管路长度和节点个数如表 5.12 所示。计算结果中两条管路重合部分的路径长度为 46,分别占分支管路和普通管路路径长度的 74%和 81%,验证了协同进化算法能够对混合管路路径进行并行布置。

表 5.12　管路路径优化计算结果的属性参数

名称	管路长度	节点个数
分支管路	62	8
普通管路	57	8

第 6 章　基于人机合作的船舶管路布局优化设计

船舶管路智能布局优化设计虽然已经取得了一定的研究成果，但主要集中在算法研究方面，没有充分考虑和利用设计人员的专业知识和经验，优化过程缺乏有效的引导，难以得到满足工程要求的稳定解，没有形成一套可以用于解决实际工程问题的智能化管路布局优化设计系统。目前，管路布局优化设计需要解决的关键问题如下：一是如何构造有效算法；二是如何发挥人的作用，使人机更好的交互或结合，解决船舶管路智能化设计问题，最终达到实用化的目的。前者涉及带性能约束的三维布局优化算法问题，后者涉及人机合作、人机结合和协同设计等问题。基于此，本章主要研究基于人机合作的船舶管路三维布局优化设计方法，即将人工个体（人工解）与算法个体（算法解）在演化算法基因层面上结合的船舶管路三维布局优化设计方法。

定义 6.1　人工个体（artificial individuals）：针对某管路布局具体问题，根据专业知识和经验（或相关样品数据库），考虑工程实际和计算情况，以及算法提供的可交互信息等，由设计者提供的问题解的编码串形式称为人工个体。

定义 6.2　算法个体（algorithm individuals）：对于待求解船舶管路布局问题，无人工参与，完全由算法自动生成的问题解的编码串形式称为算法个体。显然，采用随机策略等初始化方法得到的个体是算法个体。

6.1　人机合作思想及其在布局优化中的应用

人工智能专家 Lenat 和 Feigenbaum 提出的人机结合（man-machine synergy）[143] 思想和中国学者钱学森院士提出的人机合作（human-computer cooperation）[144] 思想认为，"智能计算机和智能人之间是一种同事关系，人和计算机各自完成自己最擅长的任务，系统的智能就是这种合作的产物"。该思想重新对"人智"和"机智"的作用进行了评价和定位，纠正了长期以来人们在人工智能、系统复杂性研究以及各工程实践领域始终坚持以"机器智能"为主要技术路线的做法，对实践中复杂问题的求解具有重要的指导意义。

6.1.1　人机合作思想国内外研究现状

基于人机合作思想，20 世纪 90 年代，国内外学者开始进行人机结合系统的研究，并取得了一定的研究成果。其中，Jones 等[145,146]及 Woods 等[147]和 Lucas 等[148]研究的人机系统、路甬祥和陈鹰[149]研究的人机一体化机械系统、李耀东等[150]研究的"综合集成研讨厅"比较具有代表性。国内外学者针对人机结合的设计方法，先后提出的人机合作、人机结合、人机一体化等指导思想中，最具代表性的是人机结合思想和人机合作思想。

路甬祥和陈鹰对人机一体化系统科学与技术思想进行了立论和讨论，建立了人机一体化学科的框架体系，并且对该学科做了功能层次上的分析。Jones 等对人机结合系统的方法进行了研究，具体研究了人机结合中的知识工程、建模方法以及仿真求解方法等，该研究为解决复杂工程领域问题实现人机交互开辟了新思路。Woods 等对人机认知系统进行了探索研究，提出了如何更好地将"人智"与"机智"结合解决实际工程问题，该思想有一定的进步性和指导意义。李耀东等研究的"综合集成研讨厅"中探讨了开放的复杂巨系统及其方法论，提出了构建人机结合的巨型智能系统的思想。这些研究成果在一定程度上为人机合作的科学有效性提供了理论依据。

此外，有不少学者将人机合作思想与其他方法结合进行研究，并对实际问题进行求解，得出了较好的结果。2001 年，钱志勤等[151]借鉴人机合作思想提出了一种人机结合的布局设计方法，即人机交互式遗传算法，从而将人机合作理念用于一类航天器舱内仪器设备布局问题中，取得了较好的效果。2005 年，李广强等[152]、霍军周等[153]提出了人机合作的免疫算法、人机结合蚁群/遗传算法等方法，他们以充分发挥人机各自特长的思想为出发点，提出了一种基于人机合作的更好地求解复杂工程设计问题的方法，并以卫星舱布局设计为例验证了该方法的可行性和有效性。2008 年，Liu 和 Teng[154]提出基于人智-图形-计算布局设计方法，该方法将人给出的人工解、布局图获取的先验知识及演化算法给出的算法解三者以统一数值编码串形式表达，共同组成演化群体，参与演化算法操作，并通过在航天器布局设计领域的应用，验证了该方法的可行性。2013 年，范文等[155]研究了人机布局优化问题与蚁群优化算法的结合方法，提出的符合人机特性的蚁群优化算法能够将人机约束和算法结合，提高了布局优化设计的质量和效率。2013 年，何再明等[156]对人机结合的智能虚拟布局设计关键技术进行了研究，基于人机结合系统的交互性、沉浸感，采用智能模拟退火算法构建虚拟布局设计模型，借助虚拟设备对人机结合智能虚拟布局设计关键技术进行研究，结合规则图形布局问题，对相关技术进行验证，取得了一定成果。

综合人机合作思想的研究现状，其应用领域逐渐拓展，但在船舶管路布局方面的人机合作方法鲜有研究。综合目前国内外对船舶管路布局优化方面的研究现状和进展情况，不论是二维平面内的简单约束还是在三维立体空间内的多目标、复杂约束优化问题，都是以"机器智能"为主要技术路线，所采用的大多是简化的规则环境模型，一直以来忽略了人工个体或人工算子对优化目标的作用，很难在可以接受的计算成本下稳定地获得工程满意解。这也是船舶管路智能布局优化设计方法没能在船厂实际工程中得到推广应用的根本原因之一。因此，开展基于人机合作的船舶管路智能布局优化设计方法研究是非常必要的。

6.1.2　船舶管路布局优化中的人机合作问题

管路布局中的人机合作是指在船舶管路三维布局优化设计过程中，工程设计人员和计算机软硬件之间在合适的协调安排优化设计进程中，在适当的时机将人的因素加入到优化过程中去，通过算法的优化设计，得到比仅依靠专家、管道工程师或仅依靠计算机优化设计更优的结果。这种更优不仅体现在优化结果的稳定性、合理性上，更体现在优化设计的效率上。

基于人机合作的船舶管路三维布局优化设计方法的基本思想如下：针对船舶管路布局问题的计算复杂性、工程复杂性和工程实用化复杂性三重求解难度，在三维布局空间下利用当前先进的计算机技术，充分考虑和利用设计人员的专业知识和经验，将人工个体不断提供给算法，同算法个体在基因层面进行有效结合，一起形成进化群体，经选择、交叉、变异等操作，进化寻优，直至满足结束准则。本章从人工解与算法解的结合机理入手，研究人工解的构造及更新方法和人工解与算法解的有效结合方式，分析船舶管路复杂布局环境、繁杂约束条件、多重优化目标，建立环境模型和基于人机合作的船舶管路布局动态优化模型，在将船舶管路布局优化问题分解为单管路布局、多管路并行布局和分支管路布局问题的基础上，分别提出基于人机合作的布局优化算法。

人机合作在多方面应用理论上的逐步完善以及在舱室智能布局上的成功应用，为将人机合作的思想和方法引入船舶管路三维布局优化设计提供了理论和实践依据。基于人机合作的思想进行船舶管路三维布局优化设计既能充分发挥人的主观能动性（利用人的设计经验），又能充分发挥计算机高效的计算效率，从而使三维多管路的布局优化设计达到高效、高质、稳定的效果。

船舶管路实际工程的设计工作和船舶管路布局优化方面的研究工作显示：

（1）船舶管路布局优化设计需要有人工参与，单纯依靠计算机智能很难得到工程实用解；

（2）船舶管路布局优化设计是一个多目标、多约束的组合优化问题，其中有一些是无法或难以用现有数学手段形式化为计算机可以接受的优化目标或约束条件；

（3）基于演化算法的人机合作是在目前的计算机技术水平下解决船舶管路布局优化设计瓶颈的有效手段。

针对船舶管路智能布局优化设计的关键问题——如何发挥人的作用和如何使人机更好地结合，本章对基于人机合作的船舶管路智能布局问题进行了探讨性研究，提出基于人机合作、发挥人机各自特长、将人工解与算法解在演化算法基因层面上进行结合的船舶管路三维布局优化设计方法，为中国船舶管路自动化、智能化设计提供一定的理论方法和技术支撑，对中国船舶智能设计建造水平的提高具有重要意义。

船舶管路布局是一个复杂的工程问题，在布局过程中要受到很多条件的约束限制，具体来说主要有物理约束、经济约束、安全及规范约束、生产及安装约束、操作及维护约束、力学约束等各种约束条件。而良好的管路布局系统对于保持船舶良好的安全性、操作性、经济性等各方面性能都具有重要意义。当前，船舶管路设计主要依靠船舶管路设计专家或工程师人为设计，自动化设计能力较低。同时，由于管路设计的复杂性导致管路返工率较高，造成了资源的浪费和成本的提高。尤其是对于具有复杂管路系统的船舶，其管路设计周期更是在整个船舶设计周期中占有大比例。因此，提高船舶管路设计效率、设计质量，降低船舶设计和建造成本意义重大。而通过人机合作实现人机交互来进行船舶自动化设计将会成为未来船舶管路设计的一个重要的发展方向，这种人机结合的自动化管路设计方法不仅利用了机器高效的计算能力，而且充分利用了管路设计专家和工程师的专业知识和设计经验。这能够大幅度降低管路设计专家和工程师的工作量，提高船舶设计效率和设计质量，大幅降低设计和建造成本。

1. 人机合作的基本思路和关键问题

船舶管路布局中的人机合作就是将"人智"与"机智"，或者说将"人智"与"算法"结合起来，使其更高效地求解船舶管路三维布局优化设计问题[3]。人机合作的船舶管路三维布局优化设计的基本方法如下：首先，通过一定的方法获取多个人工个体，同时，由程序算法产生算法个体；然后，在合适的时机将人工个体加入到程序算法中，使人工个体与算法个体在基因层面上融合交流，进而实现再进化。

要实现船舶管路三维布局优化设计的人机合作，涉及的关键问题主要有以下几个方面：

（1）将管路设计专家和工程师根据其专业知识和经验设计的方案准确地表达成与算法个体表达方式一致的人工个体，这样才能在发挥好人的作用的同时使人工个体与算法个体更好地进行基因交流融合；

（2）怎样获取多样化的人工个体，人工个体的加入方法，人工个体加入的时机、数量以及加入的人工个体的性能，人工个体与算法个体的有效融合方式；

（3）选择确定要采用的进化算法或交流方法，使人工个体与算法个体在基因层面更好地融合，并能将人工个体中的优良基因在进化过程中继承下去；

（4）改进进化算法，协调好"人智"与"机智"的信息交流、信息结合以及人机交互问题，从而使人机更好地发挥各自的优势。

解决好这些问题是实现船舶管路三维布局优化设计的基础。

2. "人智"的作用

人在思维、联想、问题表达、宏观控制以及因此而表现出的创造性等方面与计算机相比具有较强的优越性，而计算机在数据处理和特定逻辑问题求解方面则具有人所没有的优势。因此，为了充分利用人机各自的优势来解决现实中的问题，人主要负责具有创造性、控制性以及协调性的工作，而计算机主要按照程序的预设进程完成对数据的处理、加工、优化求解并将结果呈现出来等工作。

针对船舶管路三维布局优化设计问题，"人智"的作用主要体现在以下几个方面，如图 6.1 所示。

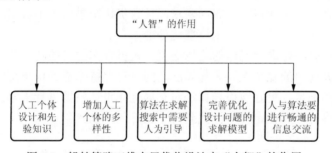

图 6.1　船舶管路三维布局优化设计中"人智"的作用

（1）人工个体设计和先验知识。人工个体的设计主要有两类：一类是在程序还没开始之前，按照计算生成的算法个体样式人为对人工个体规划和编制；另一类是在算法进行过程中，选择一定数量的算法个体，然后根据管路设计专家和工程师的经验对选出的算法个体进行修改，再将其作为人工个体。而先验知识是指有经验的设计人员在不考虑计算机具体优化技术的情况下，根据自己的设计经验和所积累的知识成果，对现有布局问题进行主观设计，并且经过稍加改进即能被计算机获取利用。

（2）增加人工个体的多样性。通过人工个体设计和先验知识可以得到一定数量的人工个体，并将人工个体加入智能进化算法中。加入算法中的人工个体在一定程度上都会对算法个体的遗传进化产生影响。例如，当加入的人工个体性能相比于算法个体性能占有较大优势时，算法个体的优良基因很容易在迭代过程中被淹没，使算法个体的性能没有得到充分的发挥，从而导致算法收敛于只含有人工个体优良基因的普通解。因此，需要增加人工个体的多样性，获得具有不同性能的人工个体。

（3）算法在求解搜索中需要人为引导。船舶管路三维布局优化设计问题是一个在多约束条件下的多目标优化问题，要求得多目标优化问题的最优解通常比较困难。在实际工程优化求解中，通常的做法是求得多个可行解，也就是符合约束条件的多个可行方案，然后，依据对各个优化目标不同的侧重程度选取不同的可行方案。在获得不同可行方案的过程中，需要人参与进来对程序进行引导，使其产生不同的可行优化结果。

（4）完善优化设计问题的求解模型。对所布局管路空间的模型进行简化与完善，对提高优化设计结果的质量有很大的影响。在人机合作的管路布局优化算法中，首先要根据现实的船舶舱室空间环境建立布管空间模型，而模型建立得细致与否会影响到算法求解的难易程度。如果模型建立得过于细致复杂，尽管在一定程度上增加了对现实问题求解结果的准确性，但同时会造成算法的复杂度成倍提高，引起大量计算时间的消耗；反之，如果模型建立得过于粗糙，会导致算法求解结果不能满足现实管路空间布局要求，导致优化结果粗劣不实用。因此，需要对管路布局空间环境进行较好地模型化处理。

（5）人与算法要进行畅通的信息交流。人机合作的目的就是在一定程度上降低管路布局设计中的复杂性。人与算法之间只有保持畅通的信息交流，才能更好地完善算法的不足，更好地引导算法对布局优化设计问题进行求解，从而使算法在布局设计准确性和稳定性方面找到一个较好的平衡点。

6.2　人工个体与算法个体结合机理与结合方法研究

人工个体与算法个体的结合机理就是在解决人工个体编码问题的基础上，将人工个体不断提供给算法，同算法个体在基因层面进行有效结合，一起形成进化群体，经选择、交叉、变异等操作，进化寻优，直至满足结束准则。怎样获取多样化的人工个体是人机合作的关键，同时还要解决算法进化过程中人工个体的加入方法、人工个体加入的时机和数量、加入的人工个体的性能，以及人工个体与算法个体有效融合方式等一系列问题。

6.2.1　人工个体的获取方式

要实现船舶管路三维布局优化设计的人机合作，最基本的方式是人工个体与算法个体进行基因融合、基因信息交流。因此，首先要获取人工个体[157]。获取人工个体的方式主要有以下三种。

（1）自行设计法。自行设计法是指针对具体的船舶管路三维布局优化设计问题，设计者根据其专业知识和设计经验，考虑工程实际和计算情况，结合算法个体的编码方式，自行对人工个体进行设计。其优点为，生成的设计方案易携带算法个体所不具有的优良基因，设计方案符合布局环境内的各项约束条件，设计结果具有可行性；其缺点为，自动化水平较低，对设计者能力要求较高，尤其是对于复杂布局空间中的三维布局优化设计，其工作量大、耗时长。

（2）择优法。择优法是指针对不同的管路布局优化设计问题，设计者考虑具体的工程实际问题和计算情况，根据其具有的专业知识和设计经验，从纯算法优化解中选出自己认为比较好的算法个体作为人工个体。该方法的优点为，获取人工个体不需要人工设计，节约了大量的时间和精力；其缺点为，设计者在获取人工个体时的参与性比较低，没有将自己丰富的专业知识和经验充分用于人工个体的生成上，进而可能会造成人工个体中缺乏优良基因。并且，该方法对算法的要求较高，加大了算法设计的难度。

（3）修改法。修改法是指针对特定的管路布局优化设计问题，设计者在考虑实际工程问题以及各种计算问题的情况下，根据其专业设计经验和知识，将对纯程序算法优化结果进行适当修改得到的个体作为人工个体。该方法的优点为，既可以提高人工个体的产生效率，又充分利用了设计者丰富的设计经验，另外，也能在人工个体中加入算法个体所不具有的优良基因，保证人机更好地交互和结合；其缺点是，对人机交互的技术也就是设计者的设计经验与算法个体的融合能力要求较高。

6.2.2　构建人工方案参考集

人工方案参考集的作用是增强人工个体的多样性。其主要由管路设计专家或工程师的经验成果，以及在算法迭代求解过程中个体的更新规则构成。个体在求解过程中的更新规则体现在预先设计好的程序中，它在算法迭代求解过程中保持不变。管路设计专家或工程师的经验在管路优化设计中可以适时参与，对算法起到适当的引导作用。但由于在复杂算法求解过程中，人的参与水平具有一定的局限性，随着算法进程的深入和人参与程度的下降，算法中不可避免地会产生相似个体。这些相似个体的特点是具有相同的拓扑模式，这样就降低了参考集的多样性，从而降低了算法个体的多样性。

为了保证参考集的多样性不受影响，应采取以下措施：设置一个评价参考集多样性的指标 M_std，首先计算初始的人工方案参考集的多样性指标，然后在添加人工设计方案更新人工个体参考集及在迭代求解过程中对人工个体参考集更新时，需要计算要加入人工方案参考集的新人工个体与已在参考集中各人工个体的差异值，并找出差异值中的最小值 M_min，当 M_min > M_std 时，将新人工个体加入到参考集中，否则，将信息反馈给设计者，设计者可以对该新人工个体进行修改、检验、再加入，也可舍弃该人工个体，重新设计。构建人工方案参考集的具体思路如图 6.2 所示。

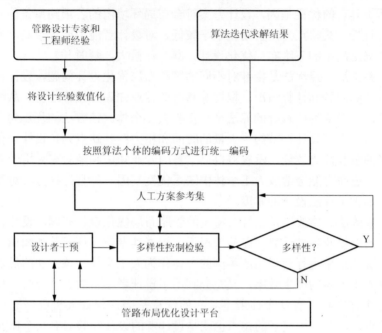

图 6.2　人工方案参考集的构建框架图

参考集中人工个体 A、B 之间的多样性差异值 M_min(A,B)可以用欧几里得距离来表示，具体求解方法如下所示：

$$\mathrm{M\_min}(A,B) = \sqrt{\sum_{i=1}^{n}(A_i - B_i)^2}, \ \forall i = 1,2,\cdots,n \qquad (6.1)$$

6.2.3　人工个体的加入原则

人工个体加入原则主要有两部分内容，分别是人工个体的加入时机以及人工个体的加入数量。在管路布局中按照算法计算的阶段不同，可将人工个体的加入划分为两个阶段：计算前和计算时。以下将从这两个阶段分别论述人工个体的加入时机和加入数量。

计算前加入人工个体主要是指在种群初始化阶段加入人工个体。由于算法随机生成的初始种群往往在质量上得不到有效保证，需要在进行优化计算之前加入人工个体，这样可以有效地提高初始种群的质量，引导遗传进化，进而提高算法的效率。加入的数量不宜过大，过大会使遗传算法迅速收敛到较优的人工个体，陷入局部最优解而无法获得全局最优解。一般计算前加入人工个体的数量以不超过种群规模的 10%～20%为宜。

　　计算时加入人工个体主要是根据算法运算时的反馈信息来判断是否需要加入人工个体。如果需要加入人工个体，则应当在人工个体池中选出性能较优的个体加入算法种群中。在计算时加入人工个体应当遵循以下两个原则。

　　（1）人工个体加入数量不宜过大。人工个体加入的数量是加入人工个体首先要面对的问题，人工个体加入的数量太多会造成两方面的影响：一方面是设计人工个体的工作量变大；另一方面是不能充分利用算法个体，破坏了算法计算，使算法计算效率降低。经过数值模拟实验，根据种群规模的大小，加入人工个体的数量占种群规模的 10%～20%为宜。

　　（2）进化的子代性能优于人工个体时，人工个体才被替换，否则保留人工个体。这条原则是为了确保人工个体在计算中能充分发挥作用，避免人工个体还未发挥作用就被算法个体所淹没，不仅无法有效地提高设计效率，反而因为需要设计人工个体而降低了设计效率。

6.2.4　管路布局优化设计中的人机合作机理研究

　　由设计经验丰富的管路设计专家或工程师将自己的设计方案数值化后构成人工个体加入到人工方案参考集中，另外，可利用纯算法迭代计算，将满足要求的求解结果加入到人工方案参考集中。在此基础上对人工方案参考集进行多样性扩展，得到能够与算法个体更好融合的人工个体，然后对人工方案参考集和多样性方案参考集中的人工个体按照准确的编码方式统一编码，构成统一的数值编码池。在进化时，将人工个体、多样性方案个体和演化算法生成的算法个体三者统一用编码串表达，并依据其适应度值和多样性值决定是否加入到演化算法群体。为了让人工方案与算法个体之间达到一种持续动态的信息融合，在进化过程中不断进行人工方案、多样性方案与算法群体的信息融合，使三者通过一种潜移默化的方式进行融合。

　　人工方案、多样性方案与算法群体信息融合主要采用三种融合方式。

　　（1）"替换"方式。将人工个体加入到算法群体中并按照一定规则替换一定数量的算法个体，此算法个体可以随机从算法群体中选择，也可以是算法群体中较差的算法个体，此后对算法群体进行演化操作。

　　（2）"交叉"方式。在算法群体中按照一定规则选取算法个体，分别与某人工个体进行交叉操作，并在每次交叉操作后产生的两个子个体中选取一个，将其重新放回算法群体，从而使人工个体的基因片段与算法个体的基因片段进行充分的信息交流与融合，此后再进行算法群体的演化操作。

　　（3）"交叉"与多目标函数权衡法相结合方式。首先，根据管路布局工程要求和算法运行状态，人工修改各目标函数的权重系数来调整各目标函数之间的相对重要性；其次，对当前进化代中的全部（或部分）算法个体与人工个体强制进行交叉操作，使得算法群体中的个体继承人工方案的部分基因，从而对整个算法群体有一个导向作用。

在进行船舶管路三维布局优化设计过程中，按照人工个体加入原则将人工个体加入到算法群体中，同时，设计者要适时的干预，对算法的优化求解进行引导。另外，要对布管的空间模型进行合适的算法表达，使其尽可能反映现实的布管空间环境，又不会导致大幅提高算法的复杂程度。管路布局优化设计中的人机合作机理如图 6.3 所示。

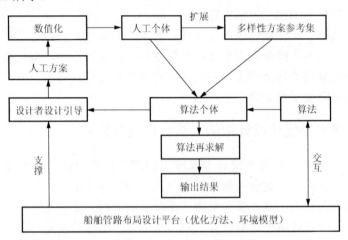

图 6.3　管路布局优化设计中的人机合作机理框架

6.3　基于人机合作遗传算法的船舶单管路布局优化设计

6.3.1　算法的改进及流程

人机合作遗传算法是将人工个体与算法个体在遗传算法基因层面上相互结合的一种智能优化算法。其中，人工个体是指针对某类具体问题，根据相关领域的专业知识和经验，结合客观实际要求，以及算法提供的可交互信息等，由设计者参与设计所获得的问题的解。与之对应的是算法个体，算法个体是指对于待求解问题，完全通过算法计算推理后求得的问题的解。为了方便计算，人工个体和算法个体通常是以编码字符串的形式存在于计算机中。计算机存储人工个体的区域称为人工个体池（又称为人工解池）[158]。

在 3.4 节爬山遗传算法的基础上进行改进得到的人机合作遗传算法的基本流程如图 6.4 所示[159]。

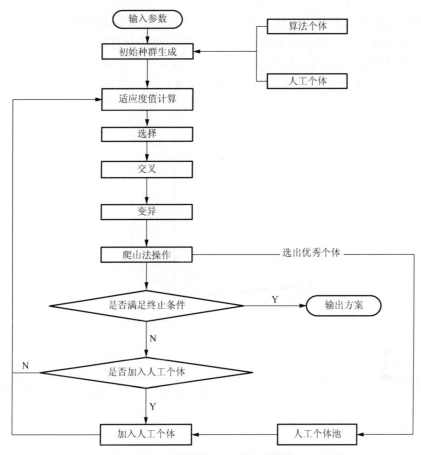

图 6.4　人机合作遗传算法流程图

6.3.2　仿真实验

　　为了方便比较，本仿真实验的实验条件、实验模型、编码方法、适应度函数、遗传策略等都与 3.4 节相同。相关参数设置如表 6.1 所示。

表 6.1　计算参数

参数名称	参数值	参数名称	参数值
种群规模	$M = 40$	权重参数 1	$a = 3$
迭代次数	$t = 200$	权重参数 2	$b = 3$
交叉概率	$P_c = 0.8$	权重参数 3	$c = 4$
变异概率	$P_m = 0.06$	权重参数 4	$d = 20$
参数	$A = 10\ 000$	人工个体池规模	$R = 200$

进过 100 次数值仿真实验，得到如图 6.5 所示的管路布局路径。表 6.2 是实验结果的比较分析，其中算法编号 1 代表人机合作遗传算法，算法编号 2 为 3.4 节爬山遗传算法（见图 3.27），算法编号 3 为 3.3 节自适应退火遗传算法（见图 3.28）。可以看出，人机合作遗传算法布局优化效果明显。

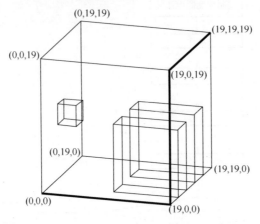

图 6.5　人机合作遗传算法管路布局

表 6.2　结果对比

算法编号	管路长度	弯头数/个	迭代次数	计算时间/s
1	57	2	44	16
2	57	4	46	15
3	57	5	80	30

通过比较可以发现，利用人机合作爬山遗传算法获得的船舶管路布局优化设计方案要优于仅靠爬山遗传算法获得的船舶管路布局优化设计方案，并且能够满足工程实际设计需要，证明了人机合作遗传算法的有效性和可靠性。

6.4　基于人机合作蚁群优化算法的船舶单管路布局优化设计

蚁群优化算法在解决组合优化问题上具有很强的优越性，具体表现在其具有优良的并行计算能力、较强的鲁棒性以及较强的扩展性等特点。并且，随着研究者对其研究的不断深入和其应用方面的不断扩展，蚁群优化算法已在很多领域表现了其优越的求解问题的能力。考虑到蚁群优化算法是一种模拟蚂蚁觅食行为的路径寻优仿生算法，并且管路布局优化设计与路径寻优相似，本节在 4.1.3 节奖惩蚁群优化算法的基础上，采用基于人机合作的蚁群优化算法对船舶单管路三维布局问题进行优化设计。

6.4.1　关键参数设计及模型建立

针对船舶管路三维布局优化设计的蚁群优化算法进行如下参数设计。

利用计算机进行蚁群优化算法的管路布局优化设计求解。首先需要将现实中的布局问题转化为计算机可以求解的数学优化问题，也就是空间模型的数值化，这是计算机优化设计的基础。通常情况下可以将现实中的管路布局空间简化为长方体空间模型，再根据空间中所布置管路直径及弯头的大小将空间进行三维网格化。网格化操作后的空间中有很多节点，每个节点对应一个空间坐标值 (x_i, y_i, z_i)，这就实现了空间位置与坐标数值的一一对应。布局空间网格化模型如图 6.6 所示。

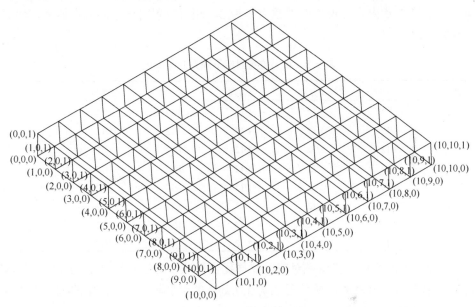

图 6.6　布局空间网格化模型

现实空间中的管路布局形式在网格化模型空间中表现为从一个节点到另一个节点连接而成的多个折线段。折线段的长度是可变的，即在空间中布局的管路长度是可变的。一条折线段上的任意两个节点坐标值都不相同，即在空间中布局的一条管路不能两次经过同一个空间位置。此外，路径上节点 (x_i, y_i, z_i) 的下一个节点坐标值必为 (x_i-1, y_i, z_i)，(x_i+1, y_i, z_i)，(x_i, y_i-1, z_i)，(x_i, y_i+1, z_i)，(x_i, y_i, z_i-1) 或 (x_i, y_i, z_i+1) 中的一个，即保证空间中的管路不能走斜线。

参照第 2 章的内容和方法建立障碍物模型、布局优劣区域模型和管路模型，并在路径生成过程中采用方向指导机制。

对单条管路来说要在布局空间中找到一条从起点到终点的最短路径，需满足管路不与障碍物相交，管路弯头数量尽可能少，并且尽量沿着舱壁等区域布局管路，即管路上节点的能量值尽可能低。算法的单管路优化目标函数如式（2.3）所示。

6.4.2　算法实现

1. 蚁群初始化及设定启发信息

蚁群中各蚂蚁的初始路径是根据方向指导机制随机生成的。方向指导机制如下：蚂蚁从一个节点到下一个节点时，选择路径终点方向相邻节点的概率比选择终点反方向相邻节点的概率大，即由起点向终点方向前进的概率大于反方向的概率。根据第 2 章内容，设方向参数大小为 3，相对位置对应不同方向概率值根据表 6.3 确定。

表 6.3　相对位置对应不同方向概率值

情况	$+x$ 方向	$-x$ 方向	$+y$ 方向	$-y$ 方向	$+z$ 方向	$-z$ 方向
1	1/12	3/12	1/12	3/12	1/12	3/12
2	3/12	1/12	1/12	3/12	1/12	3/12
3	3/12	1/12	3/12	1/12	1/12	3/12
4	1/12	3/12	3/12	1/12	1/12	3/12
5	1/12	3/12	1/12	3/12	3/12	1/12
6	3/12	1/12	1/12	3/12	3/12	1/12
7	3/12	1/12	3/12	1/12	3/12	1/12
8	1/12	3/12	3/12	1/12	3/12	1/12

表 6.3 中的节点选择概率对应于蚁群优化算法中的启发信息 $\eta(i, j, k)$。另外，设定空间中所有节点的初始信息素 $T_0(i, j, k) = 0$，考虑到人机合作的加入时机问题，可以选择在初始化时加入一定比例的人工个体。

2. 确定方向选择概率

蚂蚁在布局空间中从起点到终点所走过的路径即为空间中的一条管路路径，也就是算法的一个解。在蚂蚁进行路径搜索的过程中，要不断地进行从当前节点到另一个相邻节点选择过程，而位于节点 (x, y, z) 上的蚂蚁 k，选择下一节点的概率的计算公式见式（4.9）和式（4.10）。

3. 构造算法个体

在初始化蚁群路径中，蚂蚁选择节点和搜索路径完全根据启发信息来进行，而在之后的迭代过程中，算法个体的构造要同时根据启发信息和节点的信息素浓度来产生。在构造算法个体时，基于人机合作的思想，可以选择一定数量的算法个体，用加入的人工个体来代替它们，并对加入的人工个体进行如下操作：首先，遍历人工个体与算法个体，将有相同节点的人工个体与算法个体在相同节点处交换路径，若有多个相同节点，则随机选取一个节点交换，同时标记已交换的人工个体和算法个体；然后，随机选取一个从未交换路径的算法个体，使其与未交换路径的人工个体交叉，交叉的方式是分别在两条路径上随机选取一个中间节点，蚂蚁交换路径，同时生成子路径，直到所有的人工个体都参与过交叉为止。

4. 局部搜索与启发式操作

由于蚁群优化算法的信息反馈方式为正反馈，算法易收敛到管路布局空间的局部最优解。因此，可通过增加局部搜索操作，让收敛结果跳出局部最优解，扩大搜索范围，提高解的质量，使其尽量收敛于管路布局空间的全局最优解。

可通过以下两种方式实现局部操作、提高解的质量。第一，首先，设定一个临界值 margin，当算法收敛后连续 kmargin 代都没有进化，则判断 kmargin 与临界值 margin 的大小；若连续不进化代数 kmargin 小于临界值 margin，则继续按照原来的方式迭代，否则，对收敛的局部最优解进行变异操作，即蚂蚁从收敛的解路径中随机选取两个中间节点，进行路径再生成操作，使其跳出原来的收敛圈，然后继续进化。第二，当未进化代数 kmargin 大于临界值 margin 时，加入人工个体，使人工个体与收敛的算法个体在基因层面上杂交，即两个蚂蚁若具有相同节点则在相同节点处交换路径，若没有相同节点则在两条路径上随机选取两个中间节点，蚂蚁交换路径，同时生成子路径。两种局部搜索算法的伪代码如下所示。

```
The local search（局部搜索）:
(1)Only computer solving method（纯计算机算法）
Begin
    If(kmargin<margin)
        Losearch.Mutation(P,Pnew)
        If(Fitness(Pnew)>Fitness(P))
            P=Pnew;
        Else
            P=P;
    Else
        Losearch.Mutation(P,Pnew)
        P=Pnew;
End
```

(2) Human-computer cooperative solving method（人机合作算法）

```
Begin
    If(kmargin<margin)
        Losearch.Mutation(P,Pnew)
        If(Fitness(Pnew)>Fitness(P))
            P=Pnew;
        Else
            P=P;
    Else
    Add(P_human);
    P_better=Crossover(P,P_human);
    P=P_better;
End
```

上述的第 2 部分的伪代码就是基于人机合作的思想实现的，这样的处理不仅能使算法跳出局部最优解的圈子，而且能使人工个体与算法个体在基因层面上更好地融合，有利于让设计者的经验在算法中得以保留和应用。除了局部搜索操作外，还要对管路进行交叉操作和启发式变异操作。主要的启发式变异操作有三种：去弯头操作、绕障操作和去回路操作。启发式变异操作原理见图 3.12。

5. 信息素更新

信息素更新完成得如何是蚁群优化算法能否成功收敛的关键，本节管路布局中的蚁群优化算法信息素更新方式主要有以下两种。

第一种，局部信息素更新。是指对蚂蚁已访问过的路径节点上的信息素进行一定程度的挥发操作，这有利于获取离散解，增加解的多样性，数学表达式如下：

$$T_{t+1}^k(i,j,k) = \rho \cdot T_t^k(i,j,k) \tag{6.2}$$

式中，$T_t^k(i,j,k)$，$T_{t+1}^k(i,j,k)$ 分别表示蚂蚁 k 在 t 代和 $t+1$ 代循环中节点 (i,j,k) 上的信息素浓度；ρ 为全局信息素残留系数。

第二种，全局信息素更新。是指进行完一次循环后，即当所有蚂蚁从起点走到终点后，对所有蚂蚁经过的所有节点进行的信息素更新。这个操作使得较优路径上信息素浓度增加，较差路径上信息素浓度降低，有利于算法向最优解收敛，淘汰差解。其具体数学表达式如下：

$$T_{t+1}^k(i,j,k) = \rho \cdot T_t^k(i,j,k) + \omega \cdot F_t^k(p), \ k < m \tag{6.3}$$

式中，$F_t^k(p)$ 表示蚂蚁 k 在第 t 步循环中的路径适应度值；m 表示蚂蚁数量；

$$\omega = \begin{cases} \text{const1}, & \text{点}(i,j,k) \in \text{迭代最优路径} \\ \text{const2}, & \text{点}(i,j,k) \in \text{迭代最差路径} \\ \text{const3}, & \text{其他} \end{cases} \tag{6.4}$$

其中，ω 根据路径的优劣情况分别取不同的常数值，并且三个数的取值满足不等式关系 $\text{const1} \geqslant \text{const3} \geqslant \text{const2}$。

6. 停止准则

一般优化算法通常设置最大循环次数为停止准则。鉴于本节优化算法是在人机合作条件下进行的，设置两种方式作为停止准则：一种是把最大迭代次数作为算法停止准则；另一种是在构造算法个体的过程中加入人工个体或采用局部搜索的第二种方式时，将未进化代数作为停止准则。

基于人机合作蚁群算法的船舶单管路布局优化设计步骤如下。

步骤 1：设置各参数并初始化空间节点信息素 $T_0(i,j,k)$。

步骤 2：方法一，仅利用方向指导机制，即启发信息 $\eta(i,j,k)$ 对所有管路路径初始化；方法二，在所有管路个体中，选择一定数量的个体，其路径用人工个体代替，另外的管路路径用方法一生成。

步骤 3：若步骤 2 采用方法二生成初始管路路径，则将人工个体与算法个体在相同节点处杂交，即在相同节点处交换路径，并标记参与杂交的个体；对于没有相同节点的人工个体和算法个体，分别在两条路径上随机选取一个中间节点，交换两管路路径同时生成子路径，直到所有的人工个体都参与过交叉为止。否则，直接进行步骤 4。

步骤 4：计算所有管路路径的适应度值 $F_0^k(p)$，然后按照式（6.3）进行全局信息更新。

步骤 5：按照式（4.9）和式（6.3）计算出的方向选择概率进行新解的构造，并保留与人工个体杂交的个体，同时按照式（6.2）进行局部信息素更新，记录全局最优解和迭代次数 $t=t+1$。

步骤 6：若步骤 2 采用方法一生成初始管路路径，则在适当条件下加入人工个体，进行人机合作操作以及局部搜索和启发式操作；若步骤 2 采用方法二生成初始管路路径，则只进行基本的局部搜索和启发式变异操作。

步骤 7：再次求解所有管路路径的适应度值 $F_t^k(p)$，然后按式（6.3）进行全局信息素更新。

步骤 8：检验是否满足停止准则。若满足，则终止迭代，输出优化结果；否则，转步骤 5。

基于人机合作蚁群优化算法的船舶单管路布局优化设计流程图如图 6.7 所示

（以初始时加入人工个体为例）。

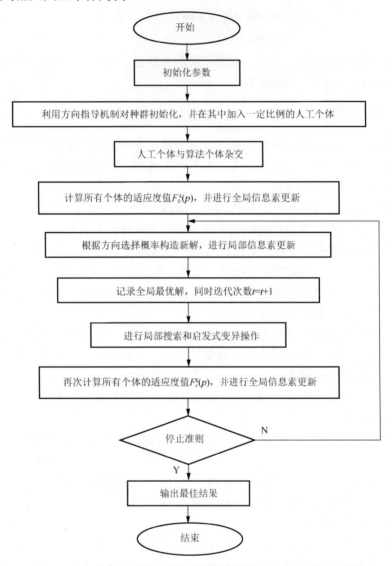

图 6.7　人机合作蚁群优化算法的船舶单管路布局优化设计流程图

6.4.3　仿真实验

　　分别应用两种不同的方法对相同的管路布局空间模型及相同的管路布局始末点进行管路布局优化设计仿真实验，并对实验结果进行比较分析。算法一，应用奖惩蚁群优化算法进行迭代求解；算法二，在奖惩蚁群优化算法基础上加入人工个体，实现人机合作，对管路布局优化设计进行求解。

　　针对管路布局所用的蚁群优化算法，经过大量实验确定参数设置如表 6.4 所示。

表 6.4　算法相关参数设置

参数名称	参数值
适应度函数参数	$\alpha=0.015$，$\beta=0.02$，$\gamma=0.015$，$\lambda=2.5$
种群规模	$M=50$
最大迭代次数	$t_{max}=200$
固定常数	margin=10
每个算法的运行次数	20
信息素更新规则参数	$\rho=0.6$，$\omega=0.8$
选择概率参数	$a=1,b=1$
阶段控制常数	const1=2，const2=0，const3=1
转化规则参数	$q_0=0.9$
初始信息素值	$T_0(i,j,k)=0$
人工个体加入比例	20%

　　实验中构造对角点坐标为（0,0,0）和（50,50,50）的模型空间，如图 6.8 所示。对空间进行网格化后，得到 50×50×50 个小立方体单元。布局空间中有 7 个障碍

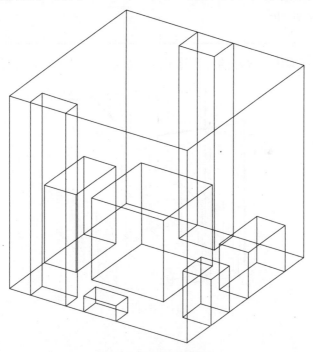

图 6.8　布局空间模型

物，其对角点坐标依次为（6,0,0）、（16,5,50），（21,0,0）、（30,5,4）、（42,10,0）、（50,18,12）、（42,26,0）、（50,42,12）、（20,42,0）、（30,50,50）、（0,15,0）、（9,32,20）、（14,14,0）、（34,35,21）。布置管路的起点坐标为（0,0,0），终点坐标为（50,50,50）。

　　针对该布局空间模型，两个算法分别进行 20 次求解实验，每次实验的迭代次数为200。其中，人工个体的加入方式如下：当未进化代数到达 margin 值时加入人工个体，加入数量为 10 个，加入的人工个体是由算法求解并经过人工适当修改得到的。表 6.5 列出了两种不同算法针对该模型的求解结果，最优解平均适应度值为20次求解中的最优个体适应度值的平均值；平均收敛代数为 20 次求解中每次收敛代数的平均值；平均收敛比例为 20 次求解中每次收敛代数占种群总数比值的平均值；200次迭代平均用时为20次求解中每次迭代所用时间的平均值；收敛平均时间为 20 次求解中每次迭代收敛时间的平均值。另外，由于该管路布局模型相对简单，可以人工求出理论值，其理论适应度值为0.0992。

表 6.5　不同算法的求解结果

比较项目	纯计算机迭代求解	人机合作迭代求解
最优解平均适应度值	0.0917	0.0972
平均收敛代数	134.8	113.7
平均收敛比例/%	92	96
200 次迭代平均用时/s	394.3	367.2
收敛平均时间/s	219.6	166.4

　　基于奖惩蚁群优化算法的纯计算机求解最优结果管路布局如图 6.9 所示。

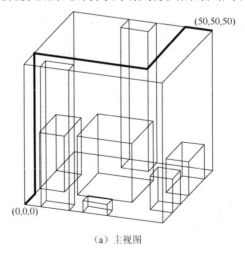

（a）主视图

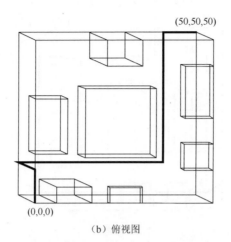

（b）俯视图

图 6.9　计算机求解最优结果管路布局图

由图 6.9 可知，纯计算机迭代能得到的最优管路能成功避开所有障碍物，并且管路能够根据设定的能量值大小选择低能量值区域布局，即沿着舱壁或障碍物表面布局，同时，管路布局的起点到终点之间没有回路。另外，纯计算机求解所能达到的最优结果有 4 个弯头，该条管路的适应度值为 0.0978，与理论值有偏差。人机合作迭代求解结果中，加入人工个体的比例为 20%，即加入 10 个人工个体，在种群初始化时加入，并且加入的人工个体性能适中，其适应度值均在 0.07~0.08 范围之内。优化结果中，最优管路布局如图 6.10 所示，该最优管路不仅能避开所有障碍物，而且弯头数量达到理论值（3 个），其适应度值也达到了 0.0992 的理论值。

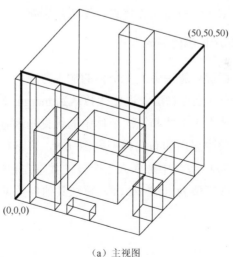

（a）主视图

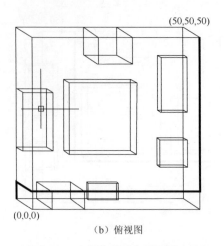

（b）俯视图

图 6.10　人机合作求解管路布局图

由表 6.5、图 6.9 及图 6.10 可知，基于人机合作蚁群优化算法比蚁群优化算法性能要高，不仅提高了算法收敛速度、种群收敛比例，而且能够在一定程度上提高解的质量。另外，由于实验中模型相对简单，解的质量改善程度不太明显，但随着模型复杂程度的提高，基于人机合作蚁群优化算法的优越性将会大幅提高。

6.4.4　人工个体加入参数的敏感性分析

如 6.2 节所述，人工个体的加入原则主要有三个：加入人工个体的时机要适时；加入的人工个体数量要适当；加入的人工个体的性能要适中。本节通过仿真实验来考察这三个原则对管路布局优化设计结果的影响。

1．加入时机对算法性能的影响

基于人机合作蚁群优化算法中人工个体的加入方式主要有两种：一种是在种群初始化时加入；另一种是当算法未进化代数达到 margin 时加入。加入的人工个体与算法个体杂交，使人工个体和算法个体中的优良基因有更大的结合机会，从而改善解的质量。实验中采用的布局模型同图 6.8，管路布局的起点和终点分别是（0,0,0）和（50,50,50），算法中加入人工个体的数量占种群总数的比例为 20%，加入的人工个体的适应度值为 0.07~0.08，算法其他参数见表 6.4（下同）。实验结果如表 6.6 所示。

表 6.6　加入时机仿真结果

比较项目	初始化种群时加入	达到 margin 时加入
最优解平均适应度值	0.0941	0.0972
平均收敛代数	121.1	113.7
平均收敛比例%	95	96
200 次迭代平均用时/s	396.4	367.2
收敛平均时间/s	197.6	166.4

由表 6.5 及表 6.6 可知，在种群初始化时加入人工个体进行迭代求解比纯计算机迭代求解在算法性能上有大幅度的提高，但相比于当种群未进化代数达到设定值时再加入人工个体的迭代求解方法，还有一定差距。具体原因可能是在种群初始化时加入的人工个体经过多次杂交迭代后，不少优良基因已被分解得支离破碎，被算法淹没，没能充分被继承。由实验结果可知在种群未进化代数达到设定值时加入人工个体，人工个体的利用程度更高，对算法性能的改善效果更佳。

2. 加入数量对算法性能的影响

人工个体的加入数量要适中。加入数量过多会导致算法很快收敛到人工个体，不能充分发挥算法个体的性能，同时也会增加设计者的工作量；加入数量过少，设计者的引导作用不能在算法中充分体现，即人工个体很容易在算法迭代中被淹没。针对加入人工个体数量，利用之前建立的模型进行实验研究，加入的人工个体占种群总数的比例分别是 10%、20%、30%、40%。分析实验结果，最优解平均适应度值与人工个体加入比例的关系如图 6.11 所示。

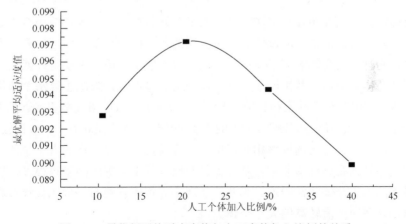

图 6.11　最优解平均适应度值与人工个体加入比例的关系

由实验结果及图 6.11 可知, 在基于人机合作蚁群优化算法中, 人工个体的加入数量占种群总数的 20%左右时, 对算法性能的改善效果最佳。

3. 加入性能对算法性能的影响

人工个体采用第二种方式加入, 即在局部搜索时加入 20%数量的人工个体, 进行不同的人工个体性能对算法性能影响的比较。

在研究人工个体的加入时机及加入数量时, 加入的人工个体的性能适中, 其适应度值均在 0.07～0.08。这里研究人工个体的性能, 即人工个体适应度值的大小对算法性能的影响。实验中, 人工个体加入的时机是在算法未进化代数达到 margin 时, 加入的数量比例为 20%, 分别对加入人工个体适应度值为 0.05～0.06, 0.06～0.07, 0.07～0.08 及 0.08～0.09 的四种情况进行研究。分析实验结果, 最优解平均适应度值与人工个体适应度值的关系如图 6.12 所示。

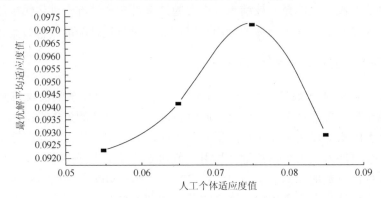

图 6.12　最优解平均适应度值与人工个体适应度值的关系

根据实验结果及图 6.12 可知, 加入人工个体后对算法的优化效果有一定的改善, 但加入的人工个体性能过低时, 对算法的改善程度有限; 而当加入的人工个体性能过高时, 也会影响人工个体对算法的改善能力, 原因主要是性能过高的个体与算法个体杂交后, 其性能在所有个体中仍明显占优, 限制了算法个体优良基因在迭代过程中的有效继承和利用, 导致算法最终的收敛结果性能更接近于人工个体的性能。对于该布局空间模型, 加入的人工个体适应度值在 0.07～0.08 比较合适。

由于建立的管路布局模型相对简单, 很容易找到性能较优的人工个体。而现实中的船舶管路布局环境非常复杂, 管路布局过程中考虑的因素也很多, 要找到性能最优的人工个体非常困难。因此, 在现实大规模管路布局优化设计过程中, 应尽量加入适应度值较高的人工个体。

6.5　基于人机合作的多蚁群协同进化算法 多管路并行布局优化设计

协同进化算法是由自然界中生物的共同进化思想发展而来的，是指多个种群在自然环境中通过相互影响、相互作用、相互关联共同进化的一种优化算法。由于这一算法可以较好地解决复杂系统的优化改进问题，已被应用在多个领域。协同进化算法与传统的人工智能优化算法如遗传算法、蚁群优化算法等相比，考虑了环境以及其他个体对进化个体的影响，同时，还能使进化个体和其他环境中的个体达到共同进化的目的，在优化效果上更具优越性。而在船舶管路布局优化设计中，由于船舶管路系统的复杂性、多样性，必然会存在多条管路并行布局的情况，对于这样的管路布局设计问题，仅依靠简单的遗传算法、蚁群优化算法等传统智能优化算法不能很好地解决，这就需要结合协同进化算法来求解。

在船舶管路布局中，有很多管路的布局具有一定的优先顺序，对于这样的管子应按照先后顺序来布局。而很多管子可以并行布局成管束，这样既可以节省布管空间、节约成本，又有利于对管路进行维修和维护，同时能避免管路布局的杂乱无章，增加布管空间的美观性。对于这些可以选择并行布局的管路，其布管次序的不同，会导致不同的布局结果，而要求取整体布局的最优情况，则要对并行布局的多条管路的布局情况进行优化求解研究。图 6.13 展示的是二维空间中三条管路未优化时的可行布置方案，灰色区域代表设备（不可穿过）。

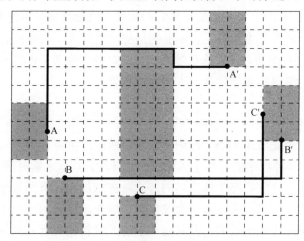

图 6.13　二维多管路布局方案

本节阐述基于人机合作的多蚁群协同进化算法在船舶多管路三维布局优化设计中的实现方法。应用多蚁群协同进化算法可以有效避免组合爆炸问题，求得满意解，而应用人机合作的方法则会提高多管路布局优化效率，同时将设计者的经验体现在多管路布局优化设计结果中[3]。

6.5.1　基于人机合作的多蚁群协同进化算法模型的建立

建立基于人机合作的多蚁群协同进化算法模型如下。

（1）首先将多管路布局问题进行分解，在多蚁群进化算法中每个蚁群对应一条管路，多条管路的布局优化对应多蚁群协同进化算法，所有管路的布局结果构成一个完整解。

（2）每个种群的进化方式与普通的进化方式相同，在适当的时机加入性能适当、数量合适的人工个体，同样要进行局部搜索和启发式变异操作等。

（3）在每一次迭代中，多个蚁群在进化过程中的进化优先次序都是随机的，这有利于发现好的完整解。

（4）多蚁群中的每个个体的评价函数值（适应度函数值）大小不仅与个体自身的优劣有关，还与该被评价个体所处的环境有关，即受到其他蚁群个体管路布局情况的影响。这样的评价方式使得多蚁群中布局的多条管路相互关联，协同进化，使进化结果趋向于整体最优。求解多管路并行布局优化设计问题就是在满足多管路不穿越障碍物、总弯头数尽量少和总长度尽量短的前提下尽可能成束布局。下面针对多管路并行布局问题，提出两种方式建立适应度函数。

第一种方式：

$$\text{fitness}(p) = 1/\exp\{\alpha \cdot [L(p) - L_r(p)] + \beta \cdot B(p) + \gamma \cdot E(p) + \lambda \cdot O(p)\} \quad (6.5)$$

式中，$L_r(p)$ 表示管路 p 与其他管路重合的长度，可通过重合节点数求得，$L_r(p)$ 相当于奖励项，重合长度越长，管路 p 的适应度值越大，布置越合理；其他参数的含义与式（2.3）相同。该方法在管路较少时，较为高效；但当管路增多，搜寻相同节点时会产生组合爆炸现象，大大降低布管效率。

第二种方式：

$$\text{fitness}(p) = 1/\exp[\alpha \cdot L(p) + \beta \cdot B(p) + \gamma \cdot E(p) + \lambda \cdot O(p)] \quad (6.6)$$

式中，各参数的含义与式（6.5）相同。应用该适应度函数求解多管路并行布局问题时，需用到不同种群中的管路个体构成的小环境，具体求解时应加大 $E(p)$ 的权重。这种用小环境评价管路个体优劣的方式，在增加布局管路数量时，只是增加了管路间形成的小环境数量，而不会发生组合爆炸。这样的评价方式在很大程度上提高了管路布局优化的效率，尤其是在求解大量管路并行布局问题时。图 6.14 给出了以布局三条管路为例的多管路个体适应度评价原理。本节研究以该适应度函数对多管路并行布局问题。

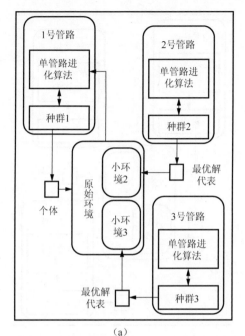

(a)

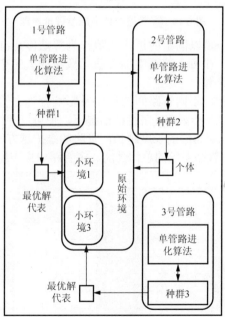

(b)

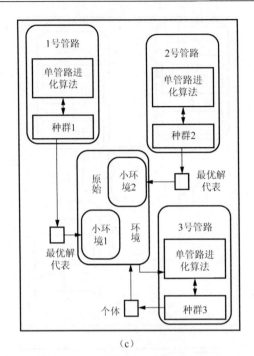

(c)

图 6.14　多管路个体适应度评价原理

（5）停止准则：一是以固定的进化代数作为算法停止准则；二是当未进化代数达到设定的数值时，在每个蚁群中加入适当数量的人工个体，继续迭代，直到算法不再进化时停止计算。

对多管路布局问题，不同管路间的协作及影响行为在管路优化过程中起到促进协同布局的作用，即在不影响经济性的前提下，使可以并行布局的多条管路能够成束布局，多条管路成束布局的长度越长，管路的维护越方便，管路所占布局空间越小，并且有利于提高管路系统的总体性能。多管路成束布局过程如图 6.15 所示。

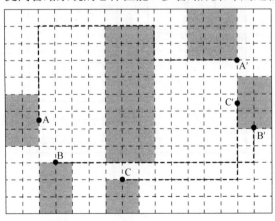

(a)

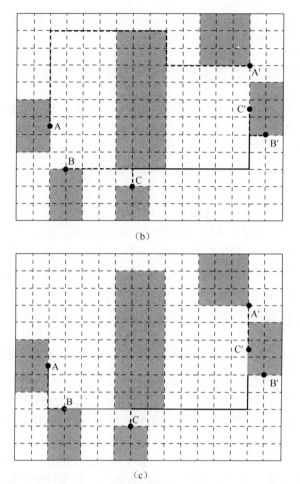

(b)

(c)

－ － － 为单条管路布局段；────为两条管路并行布局段；━━━ 为三条管路并行布局段

图 6.15　多管路成束布局过程

要布置的三条管路分别为 AA′、BB′、CC′，图 6.15（a）为三条管路单独布置的方案，该布置方案中的每条管路不仅路径最短，而且弯头数较少，同时也能免于穿过设备，多条管路之间没有成束布局，占据了较大的布局空间，不仅降低了空间的利用率，而且还不利于对管路的维护。相比于图 6.15（a），图 6.15（b）的布局空间利用效果较好，利用效果最好的是图 6.15（c）。尽管图 6.15（c）相比于图 6.15（a）总的管路长度及弯头数略有增加，但并行布局长度大幅增加，带来的是管路系统性能的提高和空间利用率的提高。

随着人们对船舶使用要求及人性化设计程度要求的提高，对于不发生干涉现象的多管路应尽量成束布局设计。尽管有时成束布局的管路会增加管路长度和弯头数，但成束布局的管路能节约施工成本、提高空间利用率、便于管路的安装和系统维护，还提高舱室人性化设计程度等。

6.5.2　基于人机合作的多蚁群协同进化算法及流程图

　　基于人机合作的多蚁群协同进化算法中人工个体的加入时机主要有两个：一是在初始化种群时加入，加入方法同 6.4.3 节中单管路布局优化设计中人工个体的加入方法，最后当算法迭代到一定程度，未进化代数 kmargin 达到设定值 margin 时，对个体进行变异操作，使其跳出原来的局部收敛圈；二是当算法未进化代数 kmargin 达到设定值 margin 时，在每个种群中加入一定比例的人工个体，当算法再次出现未进化代数达到设定值时，可以选择再次加入人工个体或停止迭代，如果选择多次加入人工个体，加入的次数可以根据具体问题的实际情况确定。算法流程图如图 6.16 所示，其中人工个体采用第二种方法加入。

　　另外，在该算法优化进程中，加入的人工个体采用如下处理方式：将人工个体与算法个体进行杂交操作，使算法个体与人工个体在基因层面上可以更好地交流、融合，从而使设计者的专业知识和经验对算法的迭代求解起到更好的引导作用。

　　以三个种群 i, j, l 组成的生态系统为例，基于人机合作的多蚁群协同进化算法的多管路并行布局优化设计步骤如下。

　　步骤 1：设置各参数并初始化空间节点信息素 $T_0(i,j,k)$。

　　步骤 2：方法一，仅利用方向指导机制，即启发信息 $\eta(i,j,k)$ 对所有蚂蚁路径初始化，产生初始种群 i, j, l；方法二，分别在三个种群 i, j, l 中，选择一定数量的个体，其路径用人工个体代替，其他的蚂蚁路径用方法一生成。

　　步骤 3：若步骤 2 采用方法二生成初始路径，则进行如下操作：将每个种群中的人工个体与该种群内的算法个体在相同节点处杂交，即在相同节点处交换路径，并标记参与杂交的个体；对于没有相同节点的人工个体和算法个体，分别在两条路径上随机选取一个中间节点，蚂蚁交换路径，同时生成子路径，直到所有的人工个体都参与过交叉为止。否则，直接进行步骤 4。

　　步骤 4：计算各蚁群中所有蚂蚁路径的适应度值 $F(i)_n$, $F(j)_n$, $F(l)_n$（n=1, 2, 3, …, m, m 为种群规模），并记录各蚁群中的最优个体 $P(i)_{best}$, $P(j)_{best}$, $P(l)_{best}$，然后进行全局信息更新。

　　步骤 5：根据各种群最优个体适应度值更新未进化代数 kmargin。

　　步骤 6：记录进化代数 t 和已完成进化的种群个数 km。

　　步骤 7：从当代未完成进化操作的种群中随机选择一个种群 i。

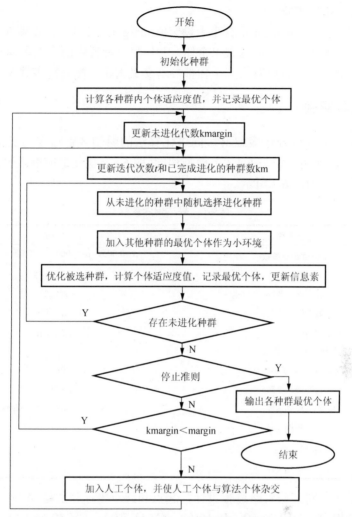

图 6.16　基于人机合作多蚁群协同进化算法的多管路布局优化设计流程图

步骤 8：在布局环境中设置当前最优个体 $P(j)_{\text{best}}$ 和 $P(l)_{\text{best}}$ 为障碍物，即个体 $P(j)_{\text{best}}$ 和 $P(l)_{\text{best}}$ 所经过各节点的状态值 $o_{(x,y,z)}=1$，并设置当前最优管路 $P(j)_{\text{best}}$ 和 $P(l)_{\text{best}}$ 周围各节点的能量值 $e_{(x,y,z)}=0$。

步骤 9：对所选定的种群 i 执行信息素更新操作，并记录当前种群最优个体 $P(i)_{\text{best}}$。

步骤 10：判断是否存在未进化种群，如果存在，转步骤 6；如果不存在，执行步骤 11。

步骤 11：判断是否满足停止准则，如果满足，停止计算输出各种群最优个体；

如果不满足，执行步骤 12。

步骤 12：判断 kmargin 是否小于设定值 margin，若是，转步骤 5；若不是，在每个种群中加入一定比例的人工个体，并使每个种群中的人工个体与该种群内的算法个体杂交，直到所有人工个体都参与交叉为止，然后转步骤 5。

6.5.3 仿真实验

下面对基于人机合作多蚁群协同进化算法的船舶多管路布局优化设计进行仿真实验。实验所用模型与 6.4.3 节模型相同（图 6.8），优化适应度函数为式（6.5）。其中，参数设置如表 6.7 所示。

表 6.7 算法相关参数

参数名称	参数值
适应度函数参数	$\alpha=0.003$，$\beta=0.004$，$\gamma=0.006$，$\lambda=0.5$
种群个数	popnum=3
每个种群规模	$M=20$
最大迭代次数	$t_{max}=200$
固定常数	margin=10
算法的运行次数	20
信息素更新规则参数	$\rho=0.6$，$\omega=0.8$
选择概率参数	$a=1,b=1$
阶段控制常数	const1=2，const2=0，const3=1
转化规则参数	$q_0=0.9$
初始信息素	$T_0(i,j,k)=0$
人工个体加入比例	20%

该实验中，对三条管路进行设计，起点和终点坐标分别是 A（4,15,10）、A′（42,34,6），B（9,23,10,）、B′（46,10,6），C（11,5,0）、C′（30,46,12），如图 6.17 所示。

实验过程中，在算法未进化代数达到临界值 margin 时加入人工个体，加入的数量为种群规模的 20%，所加入的人工个体是经过算法迭代求解并经过适当人工修改后得到的个体。小环境的生成方式为将其他蚁群的最优管路路径上的节点能量值设为 0，状态值设为 1。

实验结果如图 6.18 和图 6.19 所示。其中，图 6.18 为基于顺序蚁群优化算法的布局结果图，该布局优化过程中没有发挥小环境的作用，进化方式也不是协同进化，尽管每条管路的布局效果较优，但作为管路系统，它们的布局比较分散，不仅占用了较多的空间，而且不利于管路的维护。图 6.19 为基于人机合作多蚁群协同进化的多管路并行布局结果图，在该布局结果中，管路系统的总长度和总弯头数有一定增加，但三条管路基本能成束布局，管路系统的总体性能较优。

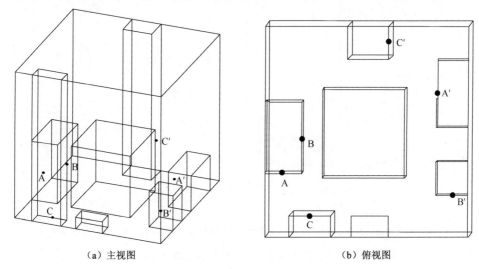

（a）主视图　　　　　　　　　　　　　（b）俯视图

图 6.17　管路起点和终点位置图

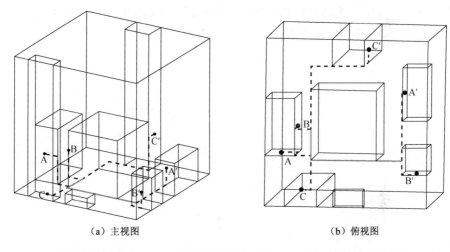

（a）主视图　　　　　　　　　　　　　（b）俯视图

- - - 为单条管路布局段；——为两条管路并行布局段；——为三条管路并行布局段

图 6.18　顺序蚁群布局结果图

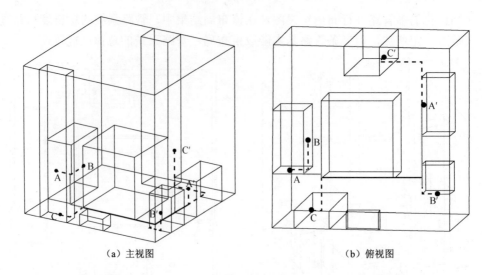

（a）主视图　　　　　　　　　　（b）俯视图

- - - 为单条管路布局段；——为两条管路并行布局段；——为三条管路并行布局段

图 6.19　人机合作多蚁群协同进化的多管路并行布局结果图

　　另外，本节还对基于协同进化多蚁群多管路布局优化算法及基于人机合作的多蚁群协同进化多管路并行布局优化算法进行了性能比较研究，此处人工个体是在初始化种群中加入的，比较结果如图 6.20 所示。

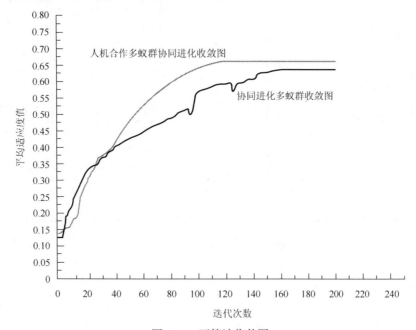

图 6.20　两算法收敛图

　　两种算法分别运行 20 次并统计实验结果，主要对平均适应度值、平均收敛时间以及平均收敛代数进行简单比较，见表 6.8。

表 6.8　两算法性能参数比较表

参数	协同进化多蚁群优化算法	人机合作多蚁群协同进化算法
平均适应度值	0.632	0.657
平均收敛代数	160	120
平均收敛时间/s	780	670

　　由仿真实验可知，基于人机合作的多蚁群协同进化算法在优化管路布局问题上，能够保证在管路系统总长度和弯头数不显著增加的情况下，尽量沿着能量较低的区域成束布局。同时基于人机合作的多蚁群协同进化算法与顺序蚁群优化算法相比具有较大优越性，与协同进化多蚁群优化算法相比在收敛速度以及求解结果上更优，体现了人机合作的优越性。因此，基于人机合作思想进行船舶管路布局优化设计是今后管路智能布局优化设计中的一个重要发展方向。

参 考 文 献

[1]   付锦云. 船舶管路系统[M]. 哈尔滨: 哈尔滨工程大学出版社, 2009.

[2]   穆传仕, 李恒斌. 船舶管路现场预制加工工艺[M]. 北京: 国防工业出版社, 1982.

[3]   赵学国. 基于人机合作的船舶管路布局优化设计研究[D]. 大连: 大连理工大学, 2014.

[4]   Wangdahl G E, Pollock S M, Woodward J B. Minimum trajectory pipe routing[J]. Journal of Ship Research, 1974, 18(1): 44-49.

[5]   Lee D M, Kim S Y, Moon B Y, et al. Layout design optimization of pipe system in ship engine room for space efficiency. Journal of the Korean Society of Marine Engineering, 2013, 37(7): 784-791.

[6]   李金慧. 后金融危机时期中韩船舶产业国际竞争力比较研究[D]. 青岛: 中国海洋大学, 2013.

[7]   高金燕, 王彦辉, 李秀娜. 智能 CAD 技术在农业机械设计中的应用[J]. 农机化研究, 2007, 9:179-181.

[8]   夏祥胜. 基于参数化客船总布置绘图系统的研究[D]. 武汉: 武汉理工大学, 2002.

[9]   徐小红. 基于参数化设计的智能 CAD 开发平台的研究与开发[D]. 武汉: 华中科技大学, 2005.

[10] Brooks R L, Smith C A B, Stone A H, et al.The dissection of rectangles into squares[J]. Duke Math, 1940,7: 312-340.

[11] Gilmore P C, Gomory R E. A linear programming approach to the cutting stock problem[J]. Operations Research, 1961, 9:849-859.

[12] Sweeney P E, Paternaster E R. Cutting and packing problems: a categorized, application-orientated research[J]. Journal of Operation Research Society, 1992, 43(7):691-706.

[13] 刘朝霞, 刘景发. 一种求解圆形 Packing 问题的模拟退火算法[J]. 计算机工程, 2011, 37(19): 141-144.

[14] 邢文训, 谢金星. 现代优化计算方法[M]. 北京: 清华大学出版社, 2005.

[15] Polya G. How to Solve it? [M].Princeton:Princeton University Press,1948.

[16] Ghandforoush P, Daniels J J. Heuristic algorithm for the guillotine constrained cutting stock problem[J]. ORSA Journal on Computing, 1992, 4(3): 351-356.

[17] 戴佐, 袭俊良, 查建中. 一种基于八叉数结构表达的三维实体布局启发式算

法[J]. 软件学报, 1995, 6(10): 629-636.

[18] 张宏亮. 两个 2D 布局问题的知识启发式算法研究[D]. 湘潭: 湘潭大学, 2013.

[19] Holland J H. Adaptation in Natural and Aritificial Systems [M]. Michigan:The University of Michigan Press,1975.

[20] Jong K A. An analysis of the behavior of a class of genetic adaptive systems[D]. Michigan: University of Michigan, 1975.

[21] Davis L. Handbook of Genetic Algorithms [M]. New York:Van Nostrand Reinhold, 1991.

[22] 李云, 龚昌奇. 改进的遗传算法在游艇舱室布局优化设计中的应用[J]. 船海工程, 2010, 39(1): 34-37.

[23] 王运龙, 王晨, 纪卓尚, 等. 船舶居住舱室智能布局优化设计方法研究[J]. 中国造船, 2013, 54(3): 139-146.

[24] 胡耀, 姜治芳, 熊治国, 等. 基于改进型遗传算法的舰船舱室布局优化[J]. 中国舰船研究, 2014, 9(1): 20-30.

[25] 王金敏, 陈东祥, 马丰宁, 等. 布局问题的模拟退火算法[J]. 计算机辅助设计与图形学学报, 1998, 10(3): 253-259.

[26] Kirkpatrick S, Gelatt C D, Vecchi M P. Optimization by simulated annealing [J]. Science, 1983, 220 (4598): 670-680.

[27] Jajodia.S, Minis.I, Harhalakis.G, et al. CLASS: computerized layout solutions using simulated annealing [J]. International Journal of Production Research, 1992, 30(1): 95-108.

[28] 陶庆云, 邹庆云. 模拟退火算法求解矩形物体布局问题[J]. 湖南文理学院学报(自然科学版), 2009, 01: 11-15.

[29] 李俊华, 陈宾康, 应文烨, 等. 退火演化算法在舰艇舱室优化布置设计中的应用[J]. 武汉交通科技大学学报, 2000, 24(4): 360-362.

[30] 赵川, 杨育, 曾强. 基于混合遗传算法的制造车间布局问题[J]. 重庆理工大学学报(自然科学版), 2010, 24(2): 43-48.

[31] 李道亮, 傅泽田, 田东. 智能系统: 基础、方法及其在农业中的应用[M]. 北京: 清华大学出版社, 2004.

[32] 张梅. 专家系统在船舶舱室划分与布置设计中的应用[D]. 大连: 大连理工大学, 2007.

[33] 陈宾康, 张东海. 长江大中型客船甲板布置设计专家系统[J]. 计算机辅助工程, 1993, 4: 5-13.

[34] Lee K H S, Lee J K, Park N S, et al. Intelligent approach to a CAD system for

the layout design of a ship engine room[J]. Computer and Industrial Engineering, 1998, 34(3): 599-608.

[35]　邓小龙. 船舶智能总布置设计若干关键技术研究[D]. 上海：上海交通大学, 2012.

[36]　范小宁. 船舶管路布局优化方法及应用研究[D]. 大连：大连理工大学, 2006.

[37]　胡勇, 刘光武, 王呈方. 船舶制造中的现场取样管人工样杆的数字化[J]. 船海工程, 2004, 6: 36-38.

[38]　陈宁, 马哲树, 袁志飞. 船舶管系计算机辅助放样方法的研究[J].华东船舶工业学院学报(自然科学版), 2001, 15(5): 66-69.

[39]　谢友柏. 现代设计理论和方法的研究[J]. 机械工程学报, 2004, 40(4):1-9.

[40]　戴汝为. "人机结合"的大成智慧[J]. 模式识别与人工智能, 1994, 7(3): 181-190.

[41]　Han S Y, Kim Y S, Lee T Y, et al. A framwork of concurrent process engineering with agent-based collaborative design strategies and its application on plant layout problem[J]. Computers and Chemical Engineering, 2000, 24(2-7): 1673-1679.

[42]　樊江, 马枚, 杨晓光. 基于协进化的管路系统智能寻径[J]. 航空动力学报, 2004, 19(5): 593-597.

[43]　Sandurkar S, Chen W.GAPRUS: genetic algorithms based pipe routing using tessellated objects[J]. Computer in Industry, 1999,38(3): 209-223.

[44]　王志红, 郑芳圃, 聂义勇. 三维管线布局优化[J]. 计算机辅助设计与制造, 1997, 11:22-25.

[45]　Van Der Tak C, Koopmans J J G. The optimum routing of pipes in a ship's engine room[J]. Computer Applications in the Automation of Shipyard Operation and Ship Design II, ICCAS, 1976,2:333-341.

[46]　Lee C Y. An algorithm for path connections and its applications[J]. IRE Transactions on Electronic Computers, 1961, EC-10:346-365.

[47]　Rourke P W. Development of a three-dimensional pipe routing algorithm[D]. Bethlehem: Lehigh University, 1975.

[48]　Mitsuta T, Kobayashi Y, Wada Y, et al. A knowledge-based approach to routing problems in industrial plant design[C]. Proceedings of the Sixth International Workshop Expert System and Their Applications, Avignon, 1986:237-253.

[49]　陈鹰, 余越, 赵长春. 液压管道布置策略的研究及其软件实现[J]. 动力工程, 1998, 18(1):65-70.

[50]　樊江, 马牧, 杨晓光. 航空发动机外部管路自动敷设研究[J]. 机械设计,

2003, 20(7):21-23.

[51] Hightower D W.A solution to line routing problems on the continuous plane[C]. Proceedings of Sixth Design Automation Workshop, San Francisco, 1969:1-24.

[52] Schmidt-Traub H, Koster M, Holtkotter T, et al. Conceptual plant layout[J]. Computers Chemical Engineering, 1998, 22(l): 499-504.

[53] Burdorf A, Kampczyk B, Lederhose M, et al. CAPD: computer-aided plant design[J]. Computers and Chemical Engineering, 2004, 28:73-81.

[54] Kniat A, Gdansk T U. Optimization of three-dimensional pipe routing[J]. Schiffstechnik (Ship Technology Research), 2000, 47:111-114.

[55] Mandl C. Applied Network Optimization[M]. London: Academic Press, 1979.

[56] Nicholson T A J. Finding the shortest route between two points in a network[J]. The Computer Journal, 1966, 9(3):275-280.

[57] Newell R G. An interactive approach to pipe routing in process plant[J]. Journal of Small Business & Enterprise Development, 1971, 21(4):548-564.

[58] Guiradello R. Optimization of process plant layout [D]. Wisconsin: University of Wisconsin Madison,1993.

[59] Yamada Y, Teraoka Y. An optimal design of piping route in a cad system for power plant[J]. Computers and Mathematics with Applications, 1998, 35(6): 137-149.

[60] Zhu D, Latombe J. Pipe routing=path planning (with many constraints) [C]. Proceedings of the 1991 IEEE International Conference on Robotics and Automation, Sacramento, 1991:1940-1947.

[61] Ito T. A genetic algorithm approach to piping route path planning[J]. Journal of Intelligent Manufacturing,1999,10:103-114.

[62] Ito T. Piping layout wizard: basic concepts and its potential for pipe route planning[C]. International conference on indratrial & engineering applications of artifical intelligence & expert systems, Castellón, 1998,1:438-447.

[63] Kim D G, Corne D, Ross P. Industrial plant pipe-route optimization with genetic algorithms[C]. Parallel Problem Solving From Nature IV, Berlin,1996:1012-1021.

[64] Kim D G. Pipe route design optimization using genetic algorithms[EB/OL]. 1997. http://citeseer.ifi.unizh.ch/kim97pipe.html.

[65] 范小宁, 林焰. 基于自适应退火遗传算法的船舶管路布局优化方法[J]. 大连理工大学学报, 2007, 47(2):221-225.

[66] Wu B C, Young G S, Schmidt W, et al. Applying fuzzy functions and sequential

coordination to optimization of machinery arrangement and pipe routing[J]. Naval Engineers Journal, 1998,11:43-54.

[67] Kang S, Myung S, Han S. A design expert system for auto routing of ship pipes[J]. Journal of Ship Production,1999,15(1):1-9.

[68] 张大船. 专家系统在管道工程设计中的应用[J]. 炼油设计, 2001, 32(1): 41-45.

[69] Colorni A, Dorigo M, Maniezzo V. Distributed optimization by ant colonies[C]. Proceedings of the First European Conference on Artificial Life, Paris, 1991: 134-142.

[70] Dorigo M, Maniezzo V, Colorni A. The ant system: optimization by a colony of cooperating agents[J]. Transactions on Systems, Man and Cybernetics, 1996, 26(1):29-41.

[71] 段海滨. 蚁群算法原理及其应用[M]. 北京: 科学出版社, 2005.

[72] 张纪会, 徐心和. 一种新的进化算法——蚁群算法[J]. 系统工程理论与实践, 1999, 19(3): 84-87.

[73] 陈烨. 带杂交算子的蚁群算法. 计算机工程[J], 2001, 27(12):74-76.

[74] 范小宁, 林焰, 纪卓尚. 多蚁群协进化的船舶多管路并行布局优化[J]. 上海交通大学学报, 2009, 43(2):193-197.

[75] 曲艳峰, 蒋丹. 基于动态蚁群算法的三维管路路径规划[J]. 东华大学学报(自然科学版), 2011, 37(4): 387-391.

[76] 王晓林. 基于栅格法的仿生机器鱼路径规划研究[D]. 天津: 天津大学, 2010.

[77] 姜文英. 船舶主船体高效率布置设计方法研究[D]. 大连: 大连理工大学, 2015.

[78] 李敏强, 寇纪淞. 遗传算法的基本理论与应用[M]. 北京: 科学出版社, 2002.

[79] Grefenstette J J. GENESIS: a system for using Genetic search procedures[C]. Proceedings of the 1984 Conference on Intelligent Systems and Machines, Rochester, 1984: 161-165.

[80] Goldberg D E. Genetic Algorithms in Search, Optimization and Machine Learning[M]. Massachusetts: Addison-Wesley Publishing Company, 1989.

[81] Michalewicz Z. Genetic Algorithms + Data Structure = Evolution Programs[M]. 3rd edition. Berlin: Springer-Verlag, 1996.

[82] Grefenstette J J. Optimization of control parameters for genetic algorithms[J]. Transaction on System, Man and Cybernetics, 1986, 16(1): 122-128.

[83]　范小宁, 林焰, 纪卓尚.基于变长度编码遗传算法实现船舶管路三维布局优化[J]. 中国造船, 2007,48(1):82-90.

[84]　Eshelman L J. The CHC adaptive search algorithm: how to have safe search when engaging in non-traditional genetic recombination[M]//Rawlins G J E. Foundations of Genetic Algorithm. San Mateo: Morgan Kaufmann Publishers, 1991: 265-283.

[85]　Goldberg D E, Korb B, Deb K. Messy genetic algorithm: motivation, analysis and first results. Complex Systems, 1989,3: 493-530.

[86]　Srinivas M, Patnaik L M. Adaptive probabilities of crossover and mutations in genetic algorithms[J]. SMC, 1994, 24(4): 656-667.

[87]　王雪梅, 王义和. 模拟退火法与遗传算法的结合[J]. 计算机学报, 1997, 20(4): 381-384.

[88]　王小平, 曹立明. 遗传算法——理论、应用与软件实现[M]. 西安: 西安交通大学出版社, 2003.

[89]　王运龙, 王晨, 韩洋, 等. 船舶管路智能布局优化设计[J], 上海交通大学学报, 2015, 49(4):513-518.

[90]　王鹏. 基于新型爬山搜索算法的最大功率点跟踪控制研究[D]. 北京：北京交通大学, 2014.

[91]　Bonabeau E, Dorigo M, Theraulaz G. Inspiration for optimization from social insect behavior[J]. Nature, 2000, 406(6): 39-42.

[92]　Dorigo M, Gambardella L M. Ant colony system: a cooperative learning approach to the traveling salesman problem[J].IEEE Transactions on Evolutionary Computation, 1997, 1(1): 53-66.

[93]　Stützle T, Hoos H H. MAX-MIN ant system[J]. Future Generation Computers Systems, 2000, 16(8): 889-914.

[94]　Bullnheimer B, Hartl R F, Strauss C. A new rank-based version of the ant system: a computational study[J]. Central European Journal for Operations Research and Economics, 1999, 7(1): 25-38.

[95]　胡小兵. 蚁群优化原理、理论及其应用研究[D]. 重庆：重庆大学, 2004.

[96]　Fan X N, Lin Y, Ji X S. Ship pipe routing design using the ACO with iterative pheromone updating[J]. Journal of Ship Production, 2007,23(1):36-45.

[97]　范小宁, 林焰, 纪卓尚. 迭代更新蚁群管路敷设系统参数的敏感性分析[J]. 计算机工程, 2007, 33(15):36-39.

[98]　陈峻, 沈洁, 秦玲, 等. 基于分布均匀度的自适应蚁群算法[J]. 软件学报, 2003, 14(8): 1378-1387.

[99] Fan X N, Lin Y, Ji S Z. The ant colony optimization for ship pipe route design in 3D space[J]. World Congress on Intelligent Control and Automation, 2006, 4: 3103-3108.

[100] Jiang W Y, Lin Y, Chen M, et al. An ant colony optimization-genetic algorithm approach for ship pipe route design [J]. International Shipbuilding Progress, 2014, 61(3-4): 163-183.

[101] 王德利, 高莹. 进化竞争与协同竞争[J]. 生态学杂志, 2005, 24(10): 1182-1186.

[102] Tanese R. Parallel Genetic algorithm for a hypercube[C]. Proceedings of the Second International Conference on Genetic Algorithms, Cambridge, 1987:177-183.

[103] Tanese R. Distributed genetic algorithm[C]. Proceeding of 3rd International on Genetic Algorithms, Fairfax, 1989:434-439.

[104] Muhlenbein H, Schomisch M, Born J. The parallel genetic algorithm as function optimizer[J]. Parallel Computing, 1991,17(6-7):619-632.

[105] Starkweather T, Whitley D, Mathias K. Optimization using distributed genetic algorithm[C]. Parallel Problem Solving From Nature, Jerusalem, 1991: 176-184.

[106] Petty C C, Leuze M R. A theoretical investigation of a parallel genetic algorithm[C]. Proceeding of 3rd International on Genetic Algorithms, Fairfax, 1989: 398-405.

[107] Kroger B, Schwenderling P, Vornberger O. Parallel genetic packing of rectangles[C]. Parallel Problem Solving From Nature, Jerusalem, 1991: 160-164.

[108] Murayama T, Hirose T, Konagaya A. A fine-gained parallel genetic algorithm for distributed parallel system[C]. Proceedings of the 6th International Conference on Genetic Algorithms, Pittsburgh, 1995:184-190.

[109] Schleuter M G. ASPARAGOS: an asynchronous parallel genetic optimization strategy[C]. Proceeding of 3rd International Conference on Genetic Algorithms, Fairfax, 1989: 422-427.

[110] Tamaki H, Nishikawa Y. A parallel genetic algorithm based on neighborhood model and its application to the job shop scheduling[C]. Parallel Problem Solving From Nature II, Brussels, 1992: 573-582.

[111] Baluja S. Structure and performance of fine-grain parallelism in genetic search[C]. Proceedings of the International Conference on Genetic Algorithms,

Morgan Kaufmann, 1993:155-162.

[112] Tahk M J, Sun B C. Coevolutionary augmented Lagrangian methods for constrained optimization[J]. Evolutionary Computation,2000,4(2): 114-124.

[113] 关志华, 寇纪淞, 李敏强. 基于 ε-约束方法的增广 Lagrangian 多目标协同进化算法[J]. 系统工程与电子技术, 2002, 24(9): 33-37.

[114] 郑浩然. 基于生态特征的进化与协同研究[D]. 合肥: 中国科学技术大学, 2000.

[115] Cao X B, Li J L, Wang X F. Research on coevolutionary optimization based on ecological cooperation[J]. Journal of Software,2001,12(4): 521-528.

[116] 曹先彬, 王煦法. 基于生态竞争模型的遗传强化学习[J]. 软件学报, 1996, 10(6): 658-662.

[117] 曹先彬, 罗文坚, 王煦法. 基于生态种群竞争模型的协同进化[J]. 软件学报, 2001, 12(4): 556-562.

[118] Hillis W D. Coevolving parasites improve simulated evolution as an optimization procedure[J]. Physica D Nonlinear Phenomena, 1990, 42(1-3): 228-234.

[119] Paredis J. Steps towards coevolutionary classification neural networks[C]. Proceedings of the 4th International Workshop on the Synthesis and Simulation of Living Systems, Cambridge, 1994:102-108.

[120] Paredis J. Coevolutionary constraint satisfaction[C]. Parallel Problem Solving From Nature 2, Berlin,1994:46-55.

[121] Paredis J. Coevolutionary computation[J]. Artificial Life Journal, 1995, 2(4): 355-375.

[122] Potter M A, De Jong K A. A cooperative coevolutionary approach to function optimization[C]. Parallel Problem Solving From Nature, Berlin, 1994: 249-257.

[123] Potter M A, De Jong K A. Cooperative coevolution: an architecture for evolving coadapted subcomponents[J]. Evolutionary Computation,2000,8(1):1-29.

[124] Potter M A, De Jong K A. Evolving neural networks with collaborative species[C]. Proceedings of the 1995 Summer Computer Simulation Conference, Ottawa, 1995: 340-345.

[125] Potter M A, De Jong K A, Grefenstette J J. A coevolutionary approach to learning sequential decision rules[C]. The Proceedings of the 6th International Conference on Genetic Algorithms, Pittsburgh, 1995:366-372.

[126] 郑浩然, 唐爱军, 何劲松. 共生进化在参数学习中的应用[J]. 计算机工程与应用, 2002, 38(15): 11-12,17.

[127] Seredynski F, Zomaya A F. Coevolution and evolving parallel cellular automata-based scheduling algorithms[C]. 5th International Conference on Evolution Artificielle, Heidelberg, 2001: 362-374.

[128] Seredynski F. Coevolutionary Game-Theoretic Multi-Agent Systems: the Application to Mapping and Scheduling Problems[C]. International Computer Science Institute, Berkeley, 2001:40-76.

[129] Seredynski F. Loosely Coupled Distributed Genetic Algorithms[C]. Parallel Problem Solving From Nature-PPSN III, Berlin, 1994:514-523.

[130] Bouvry P, Arbab F, Seredynski F. Distributed Evolutionary Optimization[J]. Information Sciences, 2000, 122(2-4):141-159.

[131] Kim J Y, Kim Y H, Kim Y K. An endosymbiotic evolutionary algorithm for optimization[J]. Applied Intelligent, 2001,15:117-130.

[132] Naoyuki K, Koji S, Fukuda T. The role of virus infection in virus-evolutionary genetic algorithm[C]. Proceedings of the IEEE International Conference on Evolutionary Computation, Nagoya, 1996:182-187.

[133] Kubota N, Arakawa T, Fukuda T,et al. Fuzzy manufacturing scheduling by virus-evolutionary genetic algorithm in self-organizing manufacturing system[C]. Proceedings of the 6th IEEE International Conference on Fuzzy Systems, Barcelona, 1997:1283-1288.

[134] Kubota N, Arakawa T, Fukuda T, et al. Trajectory generation for redundant manipulator using virus evolutionary genetic algorithm[C]. Proceedings of 1997 IEEE International Conference on Robotics and Automation, Albuquerque, 1997: 205-210.

[135] Kubota N, Fukuda T. Schema representation in virus-evolutionary genetic algorithm for knapsack problem[C]. Proceedings of 1998 IEEE World Congress on Computational Intelligence, Anchorage, 1998:834-839.

[136] 胡仕成, 徐晓飞, 李向阳. 项目优化调度的病毒协同进化遗传算法[J]. 软件学报, 2004, 15(1): 49-57.

[137] Paredis J, Coevolutionary algorithms[M]//Back T, Fogel D, Michalewicz Z, et al. The Handbook of Evolutionary Computation. Oxford: Oxford University Press, 1997.

[138] Olsson B E. Algorithms for coevolution of solutions and fitness cases in asymmetric problem domains [D]. Devonshire: University of Exeter, 2000.

[139] Husbands P. Distributed coevolutionary genetic algorithms for multi-criteria and multi-constraint optimization[M]//Fogarty T. Evolutionary Computing. Leeds:

Springer-Verlag, 1994.

[140] Pena C A, Sipper M. Fuzzy CoCo: balancing accuracy and interpretability of fuzzy models by means of coevolution[J]. Transactions on Fuzzy Systems, 2001, 9(5):727-737.

[141] 邬君. 基于协同进化的船舶分支管路空间布局优化[D]. 大连: 大连理工大学, 2008.

[142] Jiang W Y, Lin Y, Chen M, et al. A co-evolutionary improved multi-ant colony optimization for ship multiple and branch pipe route deign [J]. Ocean Engineering, 2015, 102(1): 63-70.

[143] Lenat D B, Feigenbaum E A. On the thresholds of knowledge[C]. Proceedings of the International Workshop on Artificial Intelligence for Industrial Applications, Oakland, 1988: 291-300.

[144] 钱学森, 于景元, 戴汝为. 一个科学新领域——开放的复杂巨系统及其方法论[J]. 自然杂志, 1990, 13(1): 3-10.

[145] Jones P M, Mitchell C M. Human-computer cooperative problem solving Ⅱ —Atheory and an implementation[J]. International Conference on Systems, Man and Cybernetics, 1990,3(1): 671-673.

[146] Jones P M, Chu R W, Mitchell C M. A methodology for human-machine systems research: knowledge engineering, modeling and simulation[J]. Transactions on Man and Cybernetics, 1995, 25(7): 1025-1038.

[147] Woods D D, Roth E M, Bnett K. Explorations in joint human-machine cognitive systems[J]. In Cognition, Computing and Cooperation, 1990: 123-158.

[148] Lucas W, Babaian T, Coopride J. Applying human-computer collaboration for improving ERP usability[C]. 2010 International Symposium on Collaborative Technologies and Systems, Chicago, 2010, 396-397.

[149] 路甬祥, 陈鹰. 人机一体化系统科学体系和关键技术[J]. 机械工程学报, 1995, 31(1):1-7.

[150] 李耀东, 崔霞, 戴汝为. 综合集成研讨厅的理论框架、设计与实现[J]. 复杂系统与复杂性科学, 2004, 1(1): 27-32.

[151] 钱志勤, 滕弘飞, 孙治国. 人机交互的遗传算法及其在约束布局优化中的应用[J]. 计算机学报, 2001, 24(5): 553-559.

[152] 李广强, 赵洪伦, 赵凤强, 等. 人机合作的免疫算法及其在布局设计中的应用[J]. 计算机工程, 2005, 31(21):4-7.

[153] 霍军周, 李广强, 滕弘飞, 等. 人机结合蚁群/遗传算法及其在卫星舱布局设计中的应用[J]. 机械工程学报, 2005, 41(3): 112-116.

[154] Liu Z W,Teng H F. Human-computer cooperative layout design method and its application[J]. Computers and Industrial Engineering, 2008,55(4):735-757

[155] 范文, 余隋怀, 王文军, 等. 蚁群算法求解人机布局优化问题[J]. 机械科学与技术, 2013, 07: 955-962.

[156] 何再明, 陈登凯, 宗立成. 人机结合的智能虚拟布局设计关键技术研究[J]. 机械设计与制造, 2013,11: 92-94.

[157] 王晨. 基于遗传算法的船舶智能布局优化设计研究[D]. 大连：大连理工大学, 2014.

[158] 苗玉彬, 刘成良, 赵爽, 等. 一种基于人机交互的退火遗传算法[J]. 上海交通大学学报, 2003, 37(11): 1713-1718.

[159] 王运龙, 王晨, 彭飞, 等. 基于人机结合遗传算法的船舶管路布局优化设计[J]. 中国造船, 2015, 56 (1): 196-202.